영적전쟁—십계명과 하나님의 형상 회복

A Dissertation Submitted to the Faculty of
Faith Theological Seminary & Christian College
in Partial Fulfillment of the Requirements for the
Degree of Doctor of Philosophy in Theology

Faith Theological Seminary & Christian College
December, 2011

영적전쟁: 십계명과 하나님의 형상 회복

오 세 광

엠북스

나의 삶에서 하나님의 형상 회복을 위한 귀중한 책

오세광 박사의 『영적전쟁: 십계명과 하나님의 형상 회복』은 영적전쟁 분야에 새로운 장을 여는 귀중한 책이다. 우리 그리스도인에게 하나님의 형상 회복은 영적전쟁을 통해서만이 가능하다고 하고, 모든 영적전쟁의 대상과 주제가 십계명에 모두 포함되어 있다고 전제한다.

오 박사는 십계명은 하나님께서 친히 기록하여, 우리 인간에게 주신 말씀으로서, 1-4계명까지는 하나님과의 관계에서, 그리고 5-10계명까지는 사람과의 관계에서의 영적전쟁이라고 한다. 십계명을 통한 영적전쟁에서 패할 때는 하나님의 형상을 상실하기 때문에 멸망의 저주요, 승리할 때는 하나님의 형상을 회복하기 때문에, 영생의 축복과 구원임을 구약의 수많은 사건들을 예를 들어 상세히 기술하고 있다.

예를 들어, 저자는 제 1계명에서 이집트의 태양신 '레'와 '아몬'을 결합한 '아멘레' 신, 이시스, 오시리스, 가나안의 바알 신과 아세라, 모압의 그모스 신, 암몬의 밀곰과 몰록 신, 시돈 지방의 아스다롯, 블레셋의 다곤, 달신, 폭풍의 신, 산신, 강신, 질병의 신 등 각종 신들을 취급하고, 그리고 무신론, 진화론, 인본주의, 불가지론, 다신론 등과의 관계에서 영적전쟁을 통해 어떻게 하나님의 형상을 상실하고, 회복하는 가를 극명하게 설명하고 있다.

또한 저자는 제 1계명에서 이스라엘 백성의 영적전쟁을 심리학적으로 자살 콤플렉스, 퇴행심리, 비관주의, 허무주의, 충동적인 반응, 부정적 강박관념 등으로도 잘 설명하고 있다.

저자는 제 10계명의 "탐내지 말라"에서 "탐심"의 히브리어 개념을 설명하고, 물질, 신분, 사람에 대한 타심에서 이웃의 아내나, 그의 남종이나, 여종에 대한 탐심 등 배타적인 소유권이 무엇인가를 아브라함과 롯을 예를 들어 극명하게 설명하고 있다. 이 장을 읽어나가다 보면, 겁이 와락 나기도 한다.

오늘을 살아가는 그리스도인이 십계명의 영적전쟁을 통해 하나님의 현상을 회복함으로, 축복과 구원의 역사를 나의 것으로 받도록 하기 위해 이 좋은 책을 모든 분들에게 추천하고자 한다.

국제크리스천학술원 원장
한국기독교영성총연합회 총재
LIFE Theological Seminary 총장
예영수 박사(Ph. D., Th. D., SEd. D.)

거울은 우리의 있는 모습을 그대로 보여줍니다. 책은 지은이의 내면세계와 영성의 모습을 피어오르게도 하며, 상상의 날개를 펴게도 합니다. 오늘날의 교회와 성도들을 위하여 기도하는 많은 사람들이 '지금 이대로는 안 되는데...'라는 말을 합니다. 지금 우리들이 사는 시대는 어려운 경제와 불확실한 미래로 인해, 신앙의 열기가 점점 식어져가고 있습니다. 이러한 때에 오세광 목사님의 책은 자신의 신앙을 돌아볼 수 있도록 해 줍니다.

목회자들은 책을 많이 읽기 때문에 책의 위력과 책의 소중함을 느낍니다. 특히 성서주석가들의 책을 통하여 큰 영감을 받기도 하며, 난해한 내용을 깨닫기도 합니다. 저는 그 중에 영국의 신학자요, 성서주석가인 메튜 헨리의 주석에서 영감과 폭넓은 안목을 얻었습니다. 메튜 헨리는 그 주석을 펴는데 무려 40년이 걸렸으며, 그것은 매일 10시간 이상을 성경과 기도와 노트와 묵상을 통해서 나온 것을 알았을 때, 더욱 은혜가 되었습니다.

오세광 목사님의 책을 보면서, 힘겨운 환경에서 많은 시련과 연단의 고통가운데서 몸부림치면서 짜낸 작품이라는 것이 느껴집니다. 이 책이 하나님과 멀어져 가는 사람들과 희미해져 가는 하나님의 형상의 사람들에게, 하나님께로 가까이 가게하고, 그리고 참 하나님의 형상이 회복되는 원동력이 되었으면 합니다. 브라질 숲속의 작은 날개짓이 미국 대륙에 태풍을 몰고 오는 나비효과처럼, 이 한 권의 책의 몸부림이 많은 이들의 삶속에 회복과 꿈과 용기, 그리고 성령의 바람과 은혜의 물결이 넘쳐나기를 바라면서, 기쁜 마음으로 추천합니다.

기독교 대한 하나님의 성회 중경 총회장
김경철 목사

신앙과 신학은 목회자뿐만이 아니라, 크리스천들에게도 매우 중요합니다. 간단하게 말하면 신앙은 생활이며, 신학은 이론입니다. 신앙이 없는 신학은, 이론과 형식에 치우치게 되는 현대적 바리새인들을 만들고, 신학이 없는 신앙은 잘못된 길로 들어서게 되는 이단들을 만들게 됩니다. 오늘날의 교회에는 신학과 신앙이 잘 조화를 이루는 목회자와 크리스천들이 많아야 한다고 생각합니다.

오세광목사님은 제가 30년 가까이 지켜본 목회자이자, 제자입니다. 오세광목사님이 박사논문인 '영적전쟁 : 십계명과 하나님의 형상 회복'을 책으로 출간하는 것을 축하하며, 이 책을 모든 목회자와 크리스천들에게 추천을 합니다. 이 책은 이론적으로 치우친 신학적인 책이 아니라, 신학과 신앙의 조화를 잘 이루고 있습니다. 그래서 많은 목회자와 크리스천들에게 큰 유익을 줄 것으로 기대합니다.

하나님께서는 이스라엘 백성들에게 십계명을 주셨습니다. 십계명을 지킨 사람들에게는 은혜를 베푸시고, 십계명을 어긴 사람들에게는 징계를 하셨습니다. 십계명을 지키고, 안 지키는 것은 영적전쟁으로서,

이것은 오늘날 하나님의 계명을 지키는 우리들에게도 똑같은 원리로 적용됨을 이 책은 말하고 있습니다. 바라기는 오늘날 여러 가지 유혹이 크리스천들을 공격하는 이때에, 이 책이 많은 크리스천들에게 큰 유익이 되리라 믿으며, 기쁨으로 이 책을 추천합니다.

월드 선교회 유지재단 이사장

최창업 목사

| 책을 내면서 |

본 연구자가 "영적전쟁: 십계명과 하나님의 형상 회복"을 끝까지 연구하여 마무리 할 수 있게 된 것을, 먼저 하나님께 감사를 드린다. 되돌아보면 정말 하나님의 은혜였었다. 하나님의 도우심과 인도하심이 없었더라면, 결코 이룰 수 없었던 일이였기 때문이다. 도중에 몇 번이나 망설이고, 그만 두려고 했었던 적도 있었다. 그럼에도 불구하고 이렇게 마무리 할 수 있었던 것은, 부족한 사람을 끝까지 붙잡고, 지도하여 주신 예영수 박사님의 사랑과 가르침이 있었기 때문이다.

분량으로 인해 많은 내용이 빠지게 된 아쉬움이 있지만, 이러한 연구 결과를 한 권의 책으로 나올 수 있도록 해 주신 하나님께 다시 한 번 감사를 드리고, 책이 나올 수 있도록 힘써 주신 예영수 총장님과 박한규 목사님, 홍리야 전도사님과 여상호 목사님, 그리고 원고를 감수해 주신 김일환 목사님께 깊은 감사를 드린다.

힘들고 어려운 가운데서도 묵묵히 옆에서 기도하며, 내조하여준 나의 영원한 동역자인 정은주 사모에게도 고마움과 감사하다는 말을 하고, 공부한다는 이유로 잘 해주지 못한 두 아들 한빛과 한솔에게도 고

맙다고 말한다. 그리고 긴 세월동안 동지이자, 형제로서 기도해주며, 함께 교제해온 김일환 목사님, 한승환 목사님, 이덕재 목사님께도 감사하다고 말한다. 다시 한 번 이 책을 은혜 가운데 끝나게 해 주신 하나님께 다시 한 번 감사를 드리며, 이 책을 읽는 모든 분들에게 승리하게 하시는 하나님의 은혜가 임하길 기도한다.

오세광 목사

차례 C·O·N·T·E·N·T·S

1. 연구의 전제

영적전쟁, 십계명, 하나님의 형상

사람들이 하나님의 형상이 회복되면, 개인이나 가정, 국가나 사회도 그만큼 정화될 수 있다고 본다. 이러한 하나님의 형상 회복은 영적전쟁을 통해서만이 가능한 것으로, 그리스도인에게는 필수라고 생각한다. 사탄은 예수 그리스도 당시에는 활동하였으나, 지금은 하지 않는다는, 그 생각 자체가 바로 그리스도인들을 향한, 사탄의 전략 중 하나라는 사실을 기억해야 할 것이다.[1] 그러므로 그리스도인들이 하나님의 나라를 이루기 위해서는 사탄을 물리치는 전쟁, 즉 영적전쟁을 해야 하기 때문이다. 따라서 본 연구자는 영적전쟁을 연구할 때 십계명을 통해서 하고자 한다.

십계명은 짧은 열 가지 계명이지만, 십계명이 미치는 영향력은 말로 다 할 수 없다. 십계명은 하나님께서 직접 기록하여 주신 것이고, 예수 그리스도께서도 가르치실 때 십계명을 근거로 해서 시작하셨으며,[2) 초대교회에서 사도들이 편지에서 십계명을 반복적으로 언급했다는 사실과 교회가 일주일 중 특별히 한 날을 구별해서 안식일로 지켜 나가는 것을 당연하게 생각했다는 사실은,[3) 십계명이 오늘날에도 하나님의 말씀으로서 권세가 있다는 사실이다. 이런 사실은 본 연구자로 하여금 십계명에 관심을 가지게 만들었다. 그러므로 본 연구자는 십계명을 통하여 영적전쟁을 함으로, 하나님의 형상이 회복되는 것을 연구하고자 한다.

영적전쟁: 하나님께서 아담에게 "선악을 알게 하는 나무의 열매는 먹지 말라 네가 먹는 날에는 반드시 죽으리라"(창 2:17) 라고 하심으로서, 사람에게 완전한 선택의 자유를 주셨다. 먹고, 안 먹는 것은 사람의 선택에 달렸지만, 먹는 날에는 반드시 죽는다는 것이다. 그런데 사람은 하나님의 말씀에 불순종하여 선악과를 따 먹음으로서, 죽음을 자초한 것이다. 본 연구자는 최초의 사람의 타락이 "사람이 하나님에 말씀에 순종하느냐?", "사탄의 말에 순종하느냐?"에 따라, "승리하느냐?", "죽음을 경험하느냐?"가 달려있음을 깨닫게 되었고,[4) 영적전쟁이란 결국 사람 자신의 선택에 대한 갈등(conflict)이요, 싸움임을 깨닫게 되었다. 본 연구자는 성경에 나타난 영적전쟁이 어떤 것인가를 연구하기 시작했다.

아담 이후의 인류 역사는 영적전쟁의 연속이었으며,[5) 구약의 아브라함, 이삭, 야곱을 거쳐 다윗과 엘리야, 그리고 신약의 베드로와 바울을 비롯한 사도들에 이르기까지, 모든 개인의 신앙생활은 지속적인 영적전쟁임을 알게 되었으며, 그 영적전쟁의 승패에 따라 개개인의 구원의 문제가 달려있음도 발견하게 되었다. 영적전쟁은 초대교회 교부들에게도 계속되는 영적 갈등이었으며,[6) 중세 교회 종교개혁시대에도 영적전쟁의 자취는 어디서나 찾아 볼 수 있었으며, 오늘 날에도 영적전쟁은 그리스도인의 삶에서 지속되고 있음을 극명하게 볼 수 있었다.[7]

영적전쟁의 주제는 기독교 문학에서도 취급되고 있는데, 어거스틴은 〈신의 도성〉(The City of God)에서 "하늘의 도성"과 "땅의 도성" 간의 지속적인 영적전쟁을 기술하고 있으며, 존 번연은 〈천로역정〉(Pilgrim's Progress)에서 기독도가 천성을 향해 순례의 행진을 하는 과정에서, 마지막 천성에 들어가는 날까지 영적전쟁을 하고 있음을 묘사하고 있다. 또한 독일의 문호 괴테는 〈파우스트〉(Faust)에서, 그리고 영국의 셰익스피어와 동시대 작가인 크리스토퍼 말로우도 〈파우스투스 박사〉(Doctor Faustus)에서 영적전쟁을 죽음의 순간까지 치루고 있음을 극명하게 보여주고 있음을 보았다.

영적전쟁에 대하여, 피터 와그너(Peter Wagner)박사는 다음의 세 영역으로 나누고 있다. 첫 번째의 영적전쟁은 '지상 수준의 영적전쟁'인데, 이것은 귀신을 내어 쫓는 사역이고(눅 10:17; 행 8:7), 두 번째 영적전쟁은 '주술적 차원의 영적전쟁'으로, 귀신의 힘을 의지한 무당, 주술가, 마술사, 사탄 숭배자들, 점쟁이들과 대항하는 것이며, 세 번째 영적전쟁은 전략적 수준으로 더 악한 지역 귀신(territorial spirits)과의 싸움이라고 하고 있다.[8] 피터 와그너박사가 말하는 축귀사역이나 사탄숭배의 주술적 차원이나 지역귀신의 차원은, 모두 1계명에서 4계명의 "하나님과 사람과의 관계"에서 일어나는 영적전쟁을 말 한 것이다. 그러나 5계명에서 10계명의 "사람과 사람과의 관계에서 영적전쟁"도 필수적이다.

딘 셜만(Dean Sherman)은 이런 영역을 크게 두 영역으로 줄이면, 광범위한 우주적인 차원이고, 또 다른 하나의 차원은 개인적이고, 인격적인 차원으로 나눌 수 있다고 한다.[9] 본 연구자는 딘 셜만이 말한 것처럼 "우주적인 영적전쟁"(하나님과의 관계에서의 영적전쟁)과 개인적이고, 인격적인 차원의 영적전쟁(사람과의 관계에서 영적전쟁)을 십계명을 통하여 "하나님과의 관계에서 영적전쟁"(제 1계명에서 제 4계명)과 "사람과의 관계에서 영적전쟁"(제 5계명에서 제 10계명)을 연구하고자 한다. 즉 사탄과 사탄의 추종세력들은 그리스도인들을 공격하여 타락시킴으로서, 하나님의 형상을 상실하여 사탄의 종이 되도록 하기 위하여, 사람의 생각과 마음을 공격한다는 것을 알게 되었다. 사탄은 사람의 생각과 마음에 하나님이 자리 잡지 못하도록 환경을 통해서나, 내적 감정 문제, 영적 갈등 문제, 성적 유혹 문제, 개인의 프라이드(pride)를 건드리는 등 사소한 문제에 이르기까지 여러모로 유혹하고, 공격하고 있는 것이다.

그 반면에 주님의 영이신 성령께서는 그리스도인들을 위로하고, 붙들어 주시고, 인도하시고, 승리하도록 기름 부어 주시는 것이다. 그러므로 본 연구자가 생각하는 영적전쟁은 그리스도인들의 생각과 마음이 "성령에 인도함을 받는가?", 아니면 "사탄의 유혹에 빠져드는가?" 하는 선택을 하는 과정이라고 보고 있다. 하나님께서는 이것을 아셨기에 십계명을 이스라엘 백성들에게 주셨다. 십계명은 이스라엘 백성들이 "하나님의 음성을 듣는가?", 아니면 "사탄의 음성을 듣는가?" 하는 것을 알 수 있는 기준이 되었다.

십계명: 본 연구자는 십계명은 하나님께서 친히 기록하여 주신 말씀이며, 제 1계명에서 제 4계명까지는 하나님과의 관계에서의 영적전쟁이며, 그리고 제 5계명에서 제 10계명까지는 사람과의 관계에서의 영적전쟁으로서, 모든 영적전쟁의 대상과 주제가 모두 포함되어 있다는 것을

인식하게 되었다. 그리고 십계명을 통한 영적전쟁에서 패할 때는, 하나님의 형상을 상실하기 때문에 멸망의 저주요, 승리할 때는 하나님의 형상을 회복하기 때문에, 영생의 축복임을 극명하게 깨닫게 되었다.

십계명은 하나님께서 모세를 통하여 이스라엘 백성에게 주신 하나님의 말씀으로서, 이스라엘 백성의 그 복잡한 율법인 토라 전체가 이 10가지 계명 속에 압축되어 있기 때문에, 십계명은 토라의 핵심이며, 그 정수이기도 하다.[10] 토라는 613개의 조항의 계명, 혹은 율법의 형태로 되어있는데, 613개의 조항 중에 248개는 긍정의 계명(~을 하라)이고, 나머지 365개는 부정의 계명(~을 하지 말라)이다. 흥미로운 것은 긍정의 계명의 수인 248개는 사람의 뼈마디 수와 일치하며, 부정하는 계명의 수 365개는 일 년의 날 수와 동일하다. 흥미로운 것은 탈무드에서는 이것을 두고, 248개의 뼈로 이루어진 사람은 365일 동안 하루도 빠짐없이 계명을 지켜야 한다고 말한다.[11]

613개의 계명을 10개의 계명으로 줄인 것이 십계명이다. 예수 그리스도께서는 마태복음 22:37-39에서 십계명을 크게 두 가지로 줄이셨다. 즉 네 마음을 다하고, 네 목숨을 다하고, 네 뜻을 다하여, 주 너의 하나님을 사랑하라 하셨으니, 이것이 가장 중요하고, 으뜸가는 계명이다. 두 번째도 이것과 같은데 네 이웃을 네 몸 같이 사랑하라고 하셨다(표준새번역). 즉 십계명은 그리스도인들이 이 땅에서 살면서 하나님과의 관계를 어떻게 맺을 것이며, 사람들과의 관계를 어떻게 해야 할 것인가를 말하고 있다. 이러한 십계명을 영적전쟁을 통해서 지키면, 하나님께서는 축복을 주신다고 선언하셨다.

그러나 영적전쟁에서 실패하여 십계명을 지키지 못하면, 하나님의 형상을 상실하여, 자신은 죽임을 당하며, 집안은 몰락하고, 가문은 저주를 받아 하나님 나라를 유업으로 받지 못하게 된다. 십계명은 이스라엘 백성들에게 생명과 저주를 결정하는 기준이었다. 다시 말해서, 십계명은 이스라엘 백성들에게 주신 영적전쟁의 지침서인 것이다. 그러므로 본 연구자는 열 가지 밖에 안 되는 계명이지만, 너무나도 큰 영향력을 지니고 있다는 것을 알게 되었기에, 십계명을 주제로 영적전쟁을 연구함으로서 하나님의 형상 회복에 대한 인식을 군건히 하려고 한다. 왜냐하면 하나님의 형상은, 하나님께서 우리 사람에게 주신 제일 큰 은혜이자, 축복이며, 우리가 이 땅에서 사는 동안 지켜야 할 근본이기 때문이다.

하나님의 형상: 하나님께서 말씀하시기를 "우리의 형상을 따라 우리의 모양대로 우리가 사람을 만들고"(창 1:26)라고 하셨다. 사람은 창조의 클라이맥스였다. 사람은 땅으로 된 것이면서, 하나님으로 된 것이다. 사람은 육체적 세계에 속한 것이면서, 영적 세계에 속한 것이다. 사람은 육신이면서, 영이다. 사람은 지구의 동물과 관계되면서, 하나님과 관계되어 있다. 사람 속에 땅과 하늘이 대표되고 있으며, 사람 속에 현재와 영원의 바람이 있으며, 그리고 사람 속에 물리적인 세계와 영적인 세계를 경험하고 있다. 이러한 하나님의 형상을 사람들에게도 허락하셨다는 것이다. 따라서 하나님의 형상은 하나님과의 유사성이다. 하나님과의 유사성이란 즉 첫째, 하나님과 관계를 가질 수 있으며, 둘째, 하나님의 모습을 나타내 보여주는 하나님의 대표자이고, 셋째, 사람은 하나님께 대해 책임을 지고 있다는 것이다.[12]

그러므로 '하나님의 형상'은 '사람만이 가지는 사람의 존엄성'인데, 이 존엄성은 사람 자체에서 나온 것이 아니라, 하나님에게로부터 온 존엄성이다.[13] 하나님으로부터 온 존엄성은, 곧 하나님의 완전하심과 빛과 영광과 거룩, 그리고 사랑과 영원성으로 나타난다. 하나님께서 완전하신(perfect) 것처럼 사람도 완전하게 창조되었다. 어떤 흠(flaw)도 결함(defect)도 없는 완전한 인격적 존재로 지으심을 받았으며, 완전한 몸과 마음을 가졌고, 완전한 건강과 지력을 가졌다는 것이다. 그러기에 사람은 죽지 않고, 영원히 살 수 있었다. 예수님께서 "그러므로 하늘에 계신 너희 아버지의 온전하심과 같이 너희도 온전하라"(마 5:48)라고 말씀하셨다.

하나님께서는 빛(light)시며, 영광과 광채로 충만하신 것처럼, 사람을 하나님의 빛의 영광으로 옷 입혀 창조하셨다는 것이다. 사도요한은 "우리가 그에게서 듣고 너희에게 전하는 소식은 이것이니 곧 하나님은 빛이시라 그에게는 어둠이 조금도 없으시다는 것이니라"(요일 1:5)라고 했다. 하나님께서는 거룩(holy)하시고, 죄가 없으시고, 의로우시고, 순전하시고, 도덕적이신 것처럼, 하나님께서는 사람을 거룩하고, 죄가 없고, 의롭고, 순전하고, 도덕적으로 완전하게 창조하셨다. 하나님께서는 사람을 거룩한 삶을 살도록 창조하셨고, 그리고 사람은 도덕적인 선택을 할 수 있는 자유와 책임을 가진 존재로 창조하셨다. 그러기에 예수님께서는 "기록되었으되 내가 거룩하니 너희도 거룩할지어다 하셨느니라"(벧전 1:16)라고 하셨다.

하나님께서는 사랑이시고, 긍휼하시고, 자비로우시고, 우아하신 것처럼 사람을 사랑하고, 긍휼하고, 자비롭고, 우아하게 창조하셨다. 요한 사도는 "사랑하는 자들아 우리가 서로 사랑하자 사랑은 하나님께 속한 것이니 사랑하는 자마다 하나님으로부터 나서 하나님을 알고 사랑하지 아니하는 자는 하나님을 알지 못하나니 이는 하나님은 사랑이심이라"(요일 4:7-8) 라고 하였다. 하나님께서 영원한 영이시오, 생명

(Life)이신 것처럼, 하나님께서 사람에게 영원한 생명을 주셨으며, 영적으로 영이신 하나님과 교제하도록 창조하셨다.

사람에게 하나님의 형상이 회복되면, 두 가지 특징적인 표식이 나타난다. 그 하나는 사람 속의 하나님의 형상은 영원불멸의 능력(the power of immortality)이다. 하나님처럼 사람은 이 땅(earth) 너머 영원히 살 수 있다. 사람은 이 땅 너머 영원을 위해 창조되었다. 사도 요한은 "영생은 곧 유일하신 참 하나님과 그가 보내신 자 예수 그리스도를 아는 것이니이다"(요 17:3)라고 말했다. 그 둘째는 사람 속의 하나님의 형상은 예배하는 충동과 능력이다. 사람은 논리적으로 추론하고, 서로 관계를 갖는 혼적인 능력 뿐 아니라, 하나님을 추구하는 불굴의 영적 충동을 갖고 있으며, 하나님과 관계를 갖고자 하는 불굴의 충동과 능력을 갖고 있다. 예수님께서는 "하나님은 영이시니 예배하는 자가 영과 진리로 예배할지니라"(요 4:24)라고 말씀하셨다. 영적전쟁을 통하여 하나님의 형상을 회복하여야 한다.

2. 연구 목적

영적전쟁을 통한 하나님의 형상 회복

하나님께서는 우리를 통해 하나님 자기 자신의 형상을 비추어 보신다. 하나님께서는 그리스도인 각 개개인들이 하나님의 완전하심과 빛과 영광과 거룩, 그리고 사랑과 영원성을 나타내시길 원하고 계신다. 하나님의 성품이 완전하시고, 빛과 영광과 거룩, 그리고, 사랑과 영원하시기 때문에, 그분의 뜻이 나타날 때도 그렇게 나타난다. 천지 만물을 만드신 후에 '보시기에 좋았더라'라고 하셨다. 이 말은 창조하시면서 7번이나 나타나는데, '좋았더라'(good)에 해당하는 히브리어 '토브'(טוב)는 "좋은, 선한, 즐거운, 선, 이익, 번영, 복지" 등의 뜻으로 사용된다.[14] 하나님께서 창조하신 세상 안에는 사람도 포함이 되어 있다. 특히 사람을 창조하시고 '보시기에 좋았더라'라고 하신 것은, 사람이 하나님의 형상대로 지음을 받았기 때문일 것이다. 하나님께서는 하나님의 형상을 입은 사람에게 모든 생물을 다스리는 권세를 주시고(창 1:28), 에덴동산에서 하나님의 음성을 듣고, 하나님과 교제하는 생활을 하게 하셨다(창 3:9).

하나님의 형상을 입은 아담과 하와는 하나님으로부터 온 존엄성으로 모든 자연과 모든 동식물을 다스리며, 하나님의 완전하심과 빛과 영광과 거룩, 그리고 사랑과 영원성을 나타내며 살았다. 그러나 사탄은 이것을 공격하며 방해했다. 즉 사탄은 하나님의 형상대로 지음을 받은 사람을 공격하여, 하나님의 형상을 상실하게 만들었다. 본 연구자는 그리스도인에게 영적전쟁의 궁극적인 목적은, 사람의 시조인 아담과 하와가 하나님의 명령에 불순종함으로서 상실하게 된 하나님의 형상을 다시 회복하는 것에 있다고 본다. 영적전쟁은 그리스도인들의 구원과 직접적인 관계가 있다. 그리스도인이 영적전쟁에서 승리하게 되면, 하나님의 형상이 회복됨으로 구원과 축복이 따르지만, 영적전쟁에서 패하게 되면, 하나님의 형상이 상실됨으로 멸망과 저주가 뒤따르게 된다. 그러므로 본 논문의 목적은 다음과 같은 3가지 내용을 강조하면서 영적전쟁에 관한 주제를 다루는데 있다.

첫째, 하나님의 형상(Imago Dei)이란 말이 구약시대에는 흔히 쓰였던 말이지만, 오늘날에는 그 의미가 애매모호하게 되었다.[15] "하나님의 형상"에 대해 여러 가지의 견해와 해석 중에 창세기 1:26에 나오는 "하나님의 형상"이 무엇이며, 하나님의 형상이 이루어질 때 어떻게 나타나는가를 연구하고, 둘째로, 그리스도인 개개인이 하나님의 형상을 상실하게 하려는 "사탄과 그의 추종세력들의 지배를 받느냐?", 아니면 하나님의 형상을 회복하게 하려는 "성령의 인도하심으로 예수 그리스도의 구원의 말씀을 수용하느냐?" 하는 영적전쟁에 대한 것을 십계명을 중심으로 연구하고자 한다. 왜냐하면 십계명은 제 1계명에서 제 4계명은 하나님과 나와의 관계에서 경험하게 되는, 모든 영적전쟁의 주제를 모두 포함하고 있으며, 제 5계명에서 제 10계명은 나와 다른 사람들과의 관계에서 경험하게 되는 모든 영적전쟁의 주제를 모두 포함하고 있기 때문이다.

셋째로, 영적전쟁에서 십계명의 각 계명이 주어진 시대적, 종교적, 문화적 배경을 영적으로 접근하여 연구하고, 각 계명의 핵심 주제에 따른 영적전쟁의 장면이 어떻게 전개되는 가를 연구한다. 그리고 영적전쟁의 결과, 영적전생에서 패하면 어떤 저주와 심판이 따르느냐와, 영적전쟁에 승리하면 어떤 축복과 영광의 상을 받게 되는가를 연구함과 동시에 각 항목마다 영적전쟁에서 승리할 때 하나님의 형상(Imago Dei)이 어떤 모양으로 회복되는가를 연구하고자 한다.

I. 영계에서의 영적전쟁

영계에서의 영적전쟁에 들어가기 전에 십계명의 위치를 살펴보고자 한다. 십계명은 하나님 나라를 전제로 제정되었으며, 통지권자로서의 하나님 주권 사상을 잘 표현하고 있다.[16] 카이저(Kaiser)는 십계명은 하나님의 도덕법[17]이라고 했지만, 본 연구자는 하나님께서 이 땅에 십계명을 주신 것이 단순히 '도덕과 윤리'만을 위해서 주었다고 보지 않는다. 왜냐하면 십계명 이전에 고대 근동지역에서는 '우르-이님기나 법전',[18] '우르-남무법전',[19] '리피트-이쉬타르 법전',[20] '에쉬눈나 법전', [21] '함무라비 법전',[22] '힛타이트 법전'[23]과 같은, 십계명과는 다른 도덕과 윤리법이 있었기 때문이다. 이스라엘 백성들 주위에 사는 사람들이 이미 자신들만의 도덕과 윤리법을 가지고 있는 상황에서 하나님께서 십계명을 주신 것은, 분명 어떤 목적을 가지고 계실 것이라고 생각된다.

이스라엘이 애굽에서 하나님의 도움으로 나왔다는 것은 그들에게 두 가지 의미가 있다. 하나는 '종살이 하던 집'이라는 표현을 볼 때, 억

압된 노예생활에서의 해방이고, 다른 하나는 하나님의 백성으로서의 탄생이다.[24] 이스라엘은 이 계약을 통해서 노예의 굴레에서 벗어나, 하나님의 통치를 받는 백성이 되었다. 또한 더 이상 자신들이 노예가 아닌, 하나님을 예배하고, 경배할 수 있는 존재로 바뀌게 되었음을 알게 된다.[25] 하나님의 피조물인 사탄은 스스로 타락하여 하나님께 도전을 했다. 사탄의 타락은 사탄의 타락으로 끝나는 것이 아니라, 사탄이 하나님께 도전하고, 하나님의 형상대로 지음을 받은 사람들을 공격할 것을 하나님께서는 아셨다. 하나님께서는 사람들이 사탄의 공격을 방어할 수 있도록, 사람들에게 법을 주신 것이 십계명이라고 생각한다.

본 연구자는 십계명이 이 땅의 윤리와 도덕만을 위한 법이 아니라, 영적세계와 사람세계에서 일어나는 영적전쟁을 위한 지침서라고 본다. 그러므로 하나님께서 십계명을 주신 이유로는 첫째로, 하나님께서 선택한 이스라엘 백성들이 하나님만을 섬기길 원하셔서 십계명을 주신 것이다(출 23:23-24). 이 사상은 십계명의 첫 번째 계명이자, 성경 전체의 사상이다. 이스라엘이 하나님의 백성이라고 하는 것과 이스라엘이 하나님의 백성다운 삶을 살아야 한다는 것은, 동전의 양면과도 같아서 서로 떼려야 뗄 수 없는 관계에 있다.[26] 하나님께서 이스라엘을 부르신 것은 그들의 하나님이 되시기 위함이고(레 26:12; 렘31:1, 33, 34:24; 겔 34:24, 37:27), 그것을 위해서 십계명을 주신 것이다. 이 십계명을 지킴으로써, 하나님 형상이 회복된 하나님의 백성이 되어, 다른 민족과는 다른 유일하신 하나님을 섬기는 선민이 되었다.

둘째, 다른 이방 사람들이 가지고 있는 법을 비롯한 정치, 종교, 문화 등, 악에 물들지 말고, 구별된 삶을 위해서 주신 것이다. 이스라엘 백성들이 들어갈 가나안 땅에는 이미 다른 신을 섬기고 있었고, 그것으로 인해 정치, 사회, 경제, 문화가 자리 잡고 있었다. 십계명의 의미는 애굽의 노예들에게 새로운 세계관을 열어준 출애굽에서 시작된다. 애굽이란 악의 현실성을 상징한다. 악으로부터의 탈출이 곧 출애굽이다. 십계명은 악으로부터 벗어나서, 악에 물들지 말고, 악과 구분이 되라고 주신 법이다.[27] 하나님께서 이스라엘 백성들 앞에서 쫓아낼 민족의 풍속을 따라 살지 말 것을 경고하셨는데, 그것은 쫓아내는 민족들이 그러한 풍속대로 살았기 때문에, 그들을 싫어하여 쫓아내셨기 때문이다(레 20:22-23).

셋째, 하나님 성품을 보여주시면서, 그 성품대로 살 것을 명하신 것이다. 첫째와 둘째는 1-4계명의 성격에서 나온 것이라면, 5-10계명인 부모공경, 살인, 간음, 거짓 증거, 도적질, 탐심 등은 하나님께서 사람들을 사랑하시는 하나님의 성품이다. 그러므로 십계명은 하나님 중심으로, 생명의 길을 선택해서 살게 하기 위한 강령이다. 신약성서에서 예수를 구주로 영접하는 자는 예수 안에서 한 형제가 되는 것과 마찬가지로, 이 계약 문서를 시인하고, 이 문서를 통해서 여호와 하나님을 자신의 하나님으로 인정하는 사람은, 모두 하나님의 백성이 될 수 있었던 것이다.[28] 이러한 이유로 인해 하나님께서는 이스라엘 백성들에게 십계명을 주신 것이라고 본다. 이것은 십계명에서만 찾아볼 수 있는 특별하고도 유일한 법이다. 이와 같이 십계명은 하나님께서 하나님의 백성들에게, 하나님의 백성들답게 살라고 주신 것이다. 그러기 위해서는 이것을 방해하는 사탄과의 영적전쟁을 해야만 하는 것이다. 그러므로 하나님께서 주신 십계명은 하나님의 형상 회복과 유지를 위한 영적전쟁의 지침서이다.

1. 나 외에 다른 신을 두지 말라(출 20:3)

1) 영적 배경

당시의 이스라엘 백성과 그 주변의 사람들은 이미 다른 신들을 섬기고 있었기 때문에 하나님께서 이 계명을 주신 것이다. 창세기 4장-5장에 보면, 아담의 후손과 카인의 후손들이 번창하여 많은 사람들이 생육하고, 번성하였다. 그러다 창세기 6장에 와서 '하나님의 아들들'이 '사람의 딸들'의 아름다움을 보고 결혼을 하였다(창 6:2). 하나님께서는 이 결혼을 기뻐하시지 않으시고 "나의 신이 영원히 사람과 함께 하지 아니하리니"(창 6:3)라고 한탄하셨다(창 6:6). 이러한 하나님의 한탄은 결국 홍수로 세상을 심판하셨다. 그러면 '하나님의 아들과 사람의 딸들'이 누구인가를 살펴볼 필요가 있다.[29] 칼빈을 비롯한 많은 신학자들이 '하나님을 섬기는 사람들과 하나님을 떠난 사람들'을 말하는 것으로 보고 있다.[30] 그렇다면 이미 이때부터 하나님을 섬기는 사람들과 하나님을 떠나서, 다른 신을 섬기는 사람들이 있었다는 것을 추론할 수 있다.

여호수아가 "열조가 강 건너편에서 섬기든... 너희가 선택하라"(수 24:2)라고 했을 때, 이미 다른 신이 많이 있었다는 것을 알 수 있다. 그리고 노아의 홍수 사건으로 다른 신을 섬겼든 모든 사람들이 사라진 후에, 새로운 인류가 시작이 되어도 다른 신을 섬기는 일은 반복되었다. 노아의 홍수 사건이 지나고 많은 시간이 흐른 후에, 사람들은 또 다른 신을 섬기면서 하나님께 도전을 하게 되었는데, 그것이 바벨탑 사건이었다(창 11:3-4). 바벨탑을 세우게 되는 사람들의 조상을 살펴볼 필요가 있다.

바벨탑을 세우게 되는 사람들의 조상은 창세기 10:8-12에 나오는 니무롯(Nimrod)이다. 니무롯은 함의 장자 구스의 아들이었는데(창 10:8; 대상 1:10), 그는 `세상에 처음 영걸'이자(창 10:8), 특이한 사냥꾼이었다(창 10:9). '영걸'이라는 말은 '강하거나 용감한 자'를 가리키고(창 10:8), '특이한 사냥꾼'이란 말은 '능한 사냥꾼'을 가리킨다. 니므롯은 강한 자, 곧 폭군 내지 전제군주였으며, '능한 사냥꾼'은, 분명히 사람을 사냥하여 그들을 노예로 삼은 자였다. 창세기 10:9에 "··· 속담에 이르기를 아무는 여호와 앞에 니므롯 같은 특이한 사냥꾼이로다"라는 속담이 생길 정도로 그의 이름은, 그 시대의 사회에서 악을 뜻하는 속담이 되었다.³¹⁾ 고대 성경의 영걸인 니무롯을 초기의 바벨론의 비문에 있는 전설적인 인물과 동일 인물로 보기도 한다. 그를 바벨론의 국가적 영웅 길가메시(Gil-gamesh, 전에는 이즈다발〈Izdubal〉 이라고 읽었다)와 동일시하는 설이다. 이것은 후자가 성취한 어려운 대사업을 생각할 때 타당하다고 생각된다.³²⁾

니무롯은 사냥꾼, 정치가, 건축가로서 위대한 재능을 나타냈다. 니므롯의 왕국은 알려진바 최초의 제국이었다. 니무롯은 시날 땅의 바벨과 엘렉, 악갓, 갈레를 접수하고, 그것들을 그의 왕국의 시초로 삼았다(창 10:10). 바벨론부터 그는 앞으로 나아가 니느웨와 르호보딜, 갈라, 레센을 건설했다. 니느웨는 모세 시대에도 거대한 도시였다. 이 성은 계속 성장하여 요나 시대에는 '삼일 길'의 큰 성읍이 되었다(욘 3:3). 성의 창설자를 따라 니느웨는 그 잔인성과 호전성으로 유명했고,³³⁾ 미가 5:6에서도 "그들이 칼로 앗수르 땅을 황무케 하며 니므롯 땅의 어귀를 황무케 하리라..."라고 하면서, 니므롯 땅은 앗수르 땅에 견줄만했다는 것을 알 수 있다(창 10:11-12). 니무롯은 하나님 보시기에 악한 사람이었다. 자신을 위하여 제국을 건설하여 사람으로부터의 영광과 명예, 인정을 받기 위해서 그는 넓은 땅을 정복하였다.

이러한 행위는 사탄과 아담과 하와와 마찬가지로 "우리의 이름을 내고"라고 하면서, 하나님과 같아지려는 교만의 죄를 범하고 있다. 니무롯의 후손들 역시 니무롯의 악함을 본받아 바벨탑을 쌓게 되었던 것이다. 하나님께서는 '다시는 홍수로 멸하지 않는다'고 하셨지만, '성과 대를 쌓아 대 꼭대기를 하늘에 닿게 하여'라고 하면서, 하나님의 말씀에 도전하고 있다. 하나님의 말씀을 믿지 못하고, 하나님의 존재를 부인하고 있는 것이다. 이것은 사탄의 속성이다. 사탄의 모습, 즉 사탄이 타락하기 전의 모습은 에스겔 28:12-17과 이사야 14:12-14에 나오는 두로 왕에 대한 이 구절로 살펴볼 수가 있다. 성서학자들은 이 구절이 사탄을 상징한다고 한다. 즉 하나님에 의해 창조되어 타락하기 전의 사탄의 상태를 알게 해 준다고 말하고 있는데, 이 부분을 살펴보면 천사의 타락을 추측할 수가 있다.[34]

사탄이 하나님과 같이 되고 싶어서 타락한 것처럼, 바벨탑을 세웠던 당시의 사람들도 하나님께 도전을 하고 있었다. 즉 사탄을 따라 하나님이 아닌, 다른 신을 섬기고 있었다는 것을 알 수 있다. 하나님의 형상을 입은 당시의 사람들은 자신의 이름을 높이고, 하나님께 도전하며, 반항한 것이다. 그러면서 말하길 '온 지면에 흩어짐을 면하자'라고 말하고 있다. 하나님께서는 인류가 땅에서 번성하고, 편만하기를 원하셨지만 (창 1:28; 9:1, 7), 타락한 사람들은 '흩어짐을 면하자'라고 하면서, 하나님의 말씀을 거역하고 있다. 이러한 것을 보신 하나님께서는 사람들을 흩어지게 하셨다. 이러한 사상을 가지고 흩어진 사람들은 각각 자기가 섬기던 신을 가지고 흩어졌다. 이것은 여호수아가 말한 것을 보면 알 수 있다(수 24:2).

십계명을 받았을 때에 이스라엘 백성들은 다른 신들을 잘 알고 있었다. 가나안 땅의 원주민들이 섬기던 바알(Ba'al) 신과 배우자 여신 아세라(Asherah), 모압 지방의 그모스(Chemo-sh) 신, 암몬 사람들의 밀곰(Milcom)과 몰록(Molech) 신, 시돈 지방의 여신 아스다롯(Ashtaroth), 블레셋 사람들이 섬기던 다곤(Dagon), 그리고 이집트 사람들의 아몬(Amon)과 레(Re) 신을 비롯한 수많은 만신전의 신들, 그 외에 태양신, 달신, 폭풍의 신, 산신, 강신, 질병의 신 등 각종 신들이 있었고, 또한 성읍과 도시들도 제각기 그들의 수호신을 가지고 있었다.[35] 아낫(Anath)은 바알의 여동생이다. 아낫은 또한 쿠두슈(Qudusu, holiness)라고 불렸는데, 그 뜻은 '거룩한 자(the holy one)란 의미이다. 그에게 바쳐지는 남성을 '카데쉬'(Qa-desh)라고 불렀는데, 한국 번역은 '미동' 또는 '남색 하는 자'라고 되어 있다(왕상 14:24, 15:12, 22:46; 왕하 23:76). 아스다롯(Ashtaroth, Astarte)은 농경 재생산과 결부된 중요 다산의 여신이면서 한편 사랑과 열락, 음탕의 여신이기도 했다.[36] 모트(Mot) 신은 바알신의 원수로, 불행과 불임과 죽음의 신이었다. 가끔 다산과 생명의 신인 바알에게 도전해서 잠시 동안 승리하여 왕좌에 오르면, 이 기간 동안에는 기근이 온다. 아스타르(Athar)는 바알 신화집에서는 지능적이며, 야망이 있는 젊은 신으로, 바알이 비를 주는 신이라면, 아스라르는 습기를 주는 신으로 묘사되어 있다. 그 밖의 신으로 곡식의 신 다간(Dagan), 장인, 마술, 음악의 신 코샤르(Koshar), 전쟁의 신 호란(Horan), 달의 신인 신(Sin), 태양신 샤마쉬(Sha-mash) 등이 있다.[37]

2) 다른 신을 섬기지 말라

A. 하나님

"너는 나 외에는 다른 신들을 네게 있게 말지니라"(출 20:3)라는 제
1계명에서 '나 외에'라고 하신 것은, 오직 한 분이신 하나님, 유일하신
하나님을 말한다. 십계명이 '하나님 유일 신앙'으로 시작된 것은 애굽의
신들과 깊은 관계가 있다. 왜냐하면 이스라엘이 약 400년간 종살이했
던 애굽은 다신교 사상에 젖어 있었기 때문에, 그들 역시 하나님에 대
한 정확한 이해가 부족했다. 우주의 창조주 하나님 역시 그들이 알고
있던 일반 신들 중의 하나로 생각할 수 있었기 때문이다.[38] 성경의 맨
처음 말씀은 '태초에 하나님'이다. 성경이 역사의 이야기를 하나님으로
시작하는 것과 똑같이 율법도 하나님으로 시작한다. 그것은 모든 것이
하나님으로부터 시작된다는 것을 말하고 있다. 한 분이신 하나님 여호
와께서는 절대적인 신앙과 전적인 충성을 요구하며, 이 점에 있어서는
어떠한 타협이나, 관용도 허락하지 않는다. 이스라엘의 유일신 신앙은
우상숭배뿐만 아니라, 어떠한 혼합 종교도 용납하지 않는다.

B. 다른 신들

'다른'에 해당하는 '아헤르'(אַחֵר)의 원래 의미는 '이상한, 헛된'이다.
따라서 이는 하나님 외에도 다른 참된 신들이 있음을 인정한 것이 아니
라, 사람들에게는 일반적으로 '헛된 신들', 혹은 '이상한 존재'를 추구하
는 잘못된 속성이 있음을 지적하는 말임을 알 수 있다. 이는 당시 근동

지방에서 널리 행해지던 다신숭배 행위 뿐 아니라, 하나님보다 더 위하고, 섬기던 각종 유형, 무형의 존재들을 염두에 둔 말이다.[41] 오늘날에서의 '다른 신'의 개념을 살펴 볼 필요가 있다.

첫 번째로 하나님과 함께 살 수 없는 '다른 신'이다. 지금, 자신 스스로 믿는 것으로 인해 하나님과 영원히 함께 살 수 없는 것이 있다면, 그것이 '다른 신'이라고 할 수 있다. 먼저 생각해 볼 수 있는 것은 무신론(無神論. atheism)이다. 무신론은 신이나, 절대자, 또는 그것에 해당되는 존재를 부인하는데, 계몽에 의하여 무지를 극복함으로써 신을 부정하고, 종교를 부정할 수 있다고 생각한다. 여러 종교 중에는 인격신(人格神)이 아니라, 본래 비인격적인 마나(mana),[42] 법(法:다르마),[43] 로고스, 도(道) 등을 숭배대상으로 하는 것이 적지 않다. 따라서 불교나 도교 등은 원리적으로는 무신론이라고 한다.[44]

그 다음은 진화론(進化論. evolution theory)이다. 진화론은 좁은 의미에서의 생물 진화요인(進化要因)에 관한 학설이며, 넓은 의미로는 생물의 진화에 관해 연구하는 학문분야를 말한다. 이 진화론은 고대 그리스의 자연철학자들로부터 시작하여, 근대에 이르기까지 많이 연구되어 왔고, 발전되어 왔다. 체계적인 진화론을 처음으로 제시한 사람은 라마르크가 '동물철학'(1809)이라는 그의 저서를 발표하면서 체계화 되었다. 확립한 사람은 E. 다윈의 손자인 찰스 R. 다윈인데, 그의 저서 '종의 기원'(The Origin of Species)에서다.[45] 이러한 진화론은 다른 종에서 다른 종으로 바뀌었다고 하는 것으로, 하나님의 창조를 정면으로 부인한다.

마지막으로 인본주의(人本主義. humanism)다. 인본주의는 인문주의(人文主義)로서 '인간다움'을 존중하는 것이라고 할 수 있다. 15~16세기의 유럽에서는 고대의 문예를 부흥시키려는 운동이 일어나, 중세

이래의 신학(神學) 중심 학문체계에 반기를 들고, 새로운 시대의 학자들 간에 '보다 인간다운 학예(學藝)를!'이라는 외침이 일어났다. 즉 고대의 학예를 부활시킴으로써, 교회적 권위 아래 질식되어가는 자연스런 인간성을 회복하려고 하였던 것이다.[46] 인본주의는 출발부터 하나님을 반대하면서 나온 철저한 사탄의 공격이다. 인본주의가 발전하면 할수록, 보이지 않는 하나님을 믿으며, 하나님께 헌신하고, 희생하는 것은 어리석은 일이 된다. 인본주의는 오늘날 최고의 '다른 신'이다.

두 번째로 생각해 볼 수 있는 것은 하나님의 존재를 의심하는 '다른 신'이다. 하나님의 존재를 의심하게 하여, 하나님을 믿고, 섬기지 못하게 하는 '다른 신'에는 먼저 불가지론(不可知論. agnosticism)이 있다. 불가지론은 초경험적(超經驗的)인 것의 존재나 본질은 인식 불가능하다고 하는 철학상의 입장이다. 불가지론은 고대 그리스의 소피스트(sophists)나 회의론자로 거슬러 올라가서 그 기원을 찾을 수도 있으나, 신의 본체는 알 수 없다는 중세의 신학사상에서 비롯되었다고 보는 편이 타당하다.[47] 이 불가지론이란 보이지 않고, 겪어보지 않는 것은 확신할 수 없기에 믿을 수 없다는 것이다.[48] 이러한 불가지론은 보이지 않는 하나님을 믿는 것을 정면으로 부인한다(히 1:6). 이 불가지론은 현대 과학과 문명이라는 옷을 입은 강력한 '다른 신'이다.

그 다음에는 다신교(多神敎. polytheism)이다. 다신교는 말 그대로 다수의 신들을 믿고, 숭배하는 것으로, 이러한 다신교는 사람을 포함한 우주의 변화가 다양한 신의 지배 아래 있다고 믿는 신앙이다. 고대 바벨론종교나 고대 그리스·로마, 그리고 초기 힌두교 등에서 볼 수 있는 것처럼, 다신교는 어느 정도 발전된 사회문화적 배경을 기반으로 하는 것이 일반적이고, 신들의 성격이 매우 사람적인 것 또한 다신교의 특징이다.[49] 이러한 다신교는 사람들이 살면서 자신이 처해진 환경이나, 상황에서 위로받고, 힘을 얻기 위해 사람이 만들어낸, 사람의 노력의 결과로, 오늘날 우리 주위에서 흔히 볼 수 있는 '다른 신'이다.

정확하게 말해서 무(無)에서 유(有)를 창조하고, 사람과 교통할 수 있는 '신'이라고 불리는 '다른 신'은 없다. 하나님을 흉내 내는 사탄과 사탄의 부하들이 있을 뿐이다. '너는 내 앞에'라는 말은 '하나님 옆에 다른 신을', 즉 '하나님과 다른 신을 함께'라는 뜻이다.[50] 즉, 하나님만 섬기는 것이지, 하나님과 함께 다른 신을 섬기는 것을 금했다. 이 계명은 다른 민족들이 숭배하는 신들이 존재하지 않는다는 것이 아니다. 단지 하나님의 백성들이 그 신들에게 경배해서도 안 되고, 또한 그 신들이 권위나 능력을 인정해서도 안 되며, 오직 하나님만 섬겨야 한다는 것이다.[51]

아담과 하와가 뱀의 말을 들었을 때, 그들은 첫 번째 계명을 어겼다. 그 이후로 이 계명은 계속해서 도전을 받고 있다. 성경은 다른 신들을 섬기는 사람들이나 성읍은 반드시 죽이고(신 17:6), 불태우라고 했다(신 13:12-16). 그만큼 다른 신을 섬긴다는 것은 하나님께서는 용납하시지 않는다. 왜냐하면 전 우주에 있는 모든 것이 하나님의 피조물들이고, 하나님께서는 오직 한 분 유일하신 하나님이시기 때문이다. '있게 말지어다'는 말은 히브리 원어의 뜻으로 보면, '그런 일이 일어나더라도 너희들은 그런 일이 일어나지 않도록 하라'는 말씀이다. 즉 이 말씀은 '사탄은 이스라엘 백성들을 비롯한 모든 사람들에게 하나님 외에 다른 신을 두려고 한다'는 말이 된다. 사탄은 하나님의 형상을 가진 하나님의 자녀들을 공격한다. 사탄은 비록 예수 그리스도께 패하여 권세가 깨어졌지만, 그러나 그것을 무시할 정도의 약한 것은 아니다. 성경은, 사탄이 매우 영리하며, 교활하고 위험한 존재라고 말하고 있다.[52]

C. 사탄의 도전

하나님의 백성들은 사탄의 성질과 권세에 대해서 정확히 알아야 된다. 사탄의 성질은 간교하고(창 3:1; 고후 11:3), 헐뜯고(욥 1:9), 교만하며(딤전 3:6), 권세가 있으나(엡 2:2), 더럽고(눅 8:29), 비겁하다(약 4:7). 또한 사탄은 악하며(요일 2:13), 때로는 광명한 천사로 가장하기도 하며(고후 11:14), 뛰어난 기억력(마 4:6; 시 91:11-12)과 아주 훌륭한 조직 능력을 갖고 있다(딤전 4:1; 계 12:4). 무엇보다도 사탄은 하나님에 대한 최초의 반란을 꾸미고 주도했고, 하나님께 대한 마지막 반란 역시 꾸미고 주도 할 것이다(계 20:7-8). 사탄을 따르는 무리가 모이는 교회가 있고(계 2:9), 가르침이 있는 교리가 있으며(딤전 4:1), 신비가 있으며(계 2:24; 살후 2:7), 보좌가 있고(계 2:13; 13:2), 사탄의 왕국이 있다(눅 4:6; 요 14:30; 5:19). 그리고 그를 숭배하는 자들이 있고(계 13:4), 사탄의 사자들이 있으며(계 12:7), 일군들도 있고(고후 11:15), 놀라운 기적도 일으키며(살후 2:9), 사람들로부터 제사를 받기도 하며(고전 10:20), 강력한 군대도 있다(사 24:21; 계 14:14-17, 16:16).

하나님께서는 아담을 창조하시되 '하나님의 형상'대로 지으셨고, 복을 주시며, 모든 것을 다스리는 권세를 주셨다(창1:26, 28). 그런데 어느 순간에 이 세상은 사탄이 다스리고 있는 것을 볼 수 있다(단 2:31-45; 눅 4:5-6). 그래서 사탄은 세상 임금이라 불리게 된다(요 12:31, 16:11). 사탄이 이 세상을 통치하기 때문에, 이 땅에서 하나님의 역사와 영광이 나타나는 것을 방해하고, 도전한다. 하나님께서 아름답게 하신 것을 부정하고, 그것을 더럽게 만들려고 한다는 것이다. 아더 매튜(Arthur Mathews)는 "우리는 성경에서 사탄의 동기와 방법에 대해 명백한 많은 증거를 찾을 수 있다. 사탄의 주된 목적은 인간의 마음속에 계신 하나님을 끌어내리고, 자신이 그 자리를 차지하려는 것이다"[53]라고 했다. 하나님께서는 '스스로 계시는 분'이시다(출 3:14). 다시 말하면 그분은 영원 전부터 계셔서 누구에 의해서가 아니라, 스스로 움직이시고, 또 그분이 결정한 것을 다른 사람들이나 천사들이 반대할 수가 없다(계 3:7). 그런데 이런 사실을 거부하며, 하나님의 영광에 반대하고, 도전하는 것이 바로 사탄이다.[54]

사탄이 타락하기 전에는 천사였다. '완전한 피조물인 천사들이 어떻게 타락할 수 있었을까?'하는 질문은 '왜 하나님께서는 사람을 만드실 때 타락하지 못하게 만드시지 않았느냐?' '왜 하나님께서는 선악과를 만들어 아담과 하와가 먹게 하셨나? 만들지 않았으면 되었을 텐데...'라는 질문과 같은 맥락이다. 즉 하나님께서는 자신의 일을 하는 천사나 사람들을 지으실 때, 스스로 생각하고, 스스로 결정하여, 하나님을 섬기는 존재로 만드셨다. 그러므로 사탄의 타락은 사탄 자기 스스로의 결정으로, 하나님과 같은 위치에 있고 싶은 교만함과 자신의 위치를 지키지 않고 스스로 떠남으로 사탄이 되었다(유 1:9).

첫 번째 사람 아담에게 사탄은 도전을 했다. 사탄은 하나님의 말씀과 뜻을 거부하며 도전을 한다(창 3:4-5). 사탄은 자신이 하나님께 도전을 하다 쫓겨났기 때문에, 그것을 그대로 하와에게 할 것을 종용했다. 사탄의 말을 들은 하와가 선악과를 바라보았을 때 '먹음직'(육신의 정욕), '보암직'(안목의 정욕), '지혜롭게 할 만큼'(이생의 자랑)의 사탄의 공격에 넘어 가게 되었다. 사도 요한은 이러한 것들이 사탄의 공격임을 말했다(요일 2:16). 사탄은 두 번째 아담인 예수 그리스도께 도전을 했다. 사탄은 예수 그리스도께서 공생애를 앞두고 금식하며 기도하실 때

"돌들을 떡으로 만들라"(육신의 정욕), "성전에서 뛰어 내리라"(이생의 자랑), "나에게 경배하라"(안목의 정욕)라고 하면서 예수 그리스도를 공격했다(마 4:1-10). 사탄은 하나님의 영광이 나타나려고 하는 곳에는 반드시 나타나서 방해를 하고, 도전하여, 하나님이 아닌, 다른 신, 다른 것을 따르게 한다.

D. 다른 신에 대한 예수 그리스도의 가르침

예수 그리스도께서는 바리세인들에게 말씀하실 때, "진실로 진실로 너희에게 이르노니 아브라함이 나기 전부터 내가 있느니라"(요 8:58)라고 하시면서, 아브라함이 나기 전부터 계셨다고 하셨으며, 겟세마네에서 기도하실 때에는 창세전부터 함께 하셨음을 말씀하셨다(요 17:5, 24). 아버지와 함께 계셨던 예수 그리스도께서는 이 땅에 오셔서 보이지 않는 하나님을 보이셨고(요 14:9), 아버지와 하나이심을 말씀하셨다(요 10:30). 그러므로 예수 그리스도를 본 것은 아버지를 본 것이고, 예수 그리스도를 믿는 것은 하나님을 믿는 것이며, 예수 그리스도를 사랑하는 것은 곧 하나님을 사랑하는 것이다. 예수 그리스도께서는 "내가 곧 길이요, 진리요, 생명이다"(요 14:6)라고 하시면서, 예수 그리스도 외에는 다른 신, 다른 길은 없다고 하셨다.

3) 하나님의 형상 회복과 상실

A. 하나님 형상 상실

사탄은 사람들이 하나님의 형상을 상실하도록 공격하고 있다. 하나님께서는 사람들이 하나님의 형상을 상실하지 않고, 회복되기를 원하시고 계시며, 그것을 위해 이스라엘 백성들에게 십계명을 주셨다. 그럼에도 불구하고 다른 신을 섬기면, 하나님의 마음을 아프게 하고(시 81:11), 하나님의 이름을 모독 받도록 하여(롬 2:23-24), 하나님께 가증스러운 존재가 된다(딛 1:16). 이렇게 하나님의 형상이 상실되면, 개인적으로는 거짓되고, 허무한 우상을 따르게 되므로 인해(고전 12:2), 영광스럽지 못한 삶, 유익되지 못하고, 가치 없는 삶을 살게 되고(렘 2:11), 공허하고 곤고한 삶, 영적 안식과 평강이 없는 삶을 살게 되며(히 4:11; 시 78:32-33), 절망적인 삶을 살게 된다(눅 8:12-13; 엡 2:12).

또한 다른 신을 섬기는 사람들은 어리석은 자가 되어서 진리를 부인하고(시 14:1), 위선적인 삶을 살게 되며(롬 1:18-23), 죄의 노예가 되어(갈 4:8-9), 마음의 양심이 오염된다(딛 1:15). 다른 신을 섬기게 되면, 표적과 기사에만 의존하게 되며(요 4:48), 마음이 혼미하여 그리스도의 복음의 구원의 빛을 볼 수 없게 되고(고후 4:4), 경건하지 못한 삶, 예수 그리스도를 모독하는 삶을 살게 되고(유 1:18; 벧후 3:3-5; 행 17:18; 시 73:11-12), 멸망시키신다고 하셨다(요 12:48; 벧후 3:7; 유 1:14-15; 시 1:4-6). 다른 신을 섬김으로 멸망한 것은 성경에 많이 나와 있지만, 본 연구자는 출애굽한 이스라엘 백성을 통하여 살펴보고자 한다.

출애굽한 이스라엘 백성들이 가나안을 향해 나가는 과정은, 천국을 향해 나가는 그리스도인들에게 주는 모형이다. 이스라엘 백성들이 무기를 들고 싸웠다면, 그리스도인들의 전쟁은 눈에 보이지 않는 영적전쟁인 것이다. 이스라엘 백성들은 하나님의 크신 구원을 보았다(히 3:9). 애굽에서 나오게 된 것도 이스라엘 백성들의 탄원의 결과였다(출 2:23-

25). 이러한 이스라엘 백성들은 애굽에서의 열 가지 재앙을 통하여 하나님의 영광과 위엄을 보았고, 애굽의 병사들을 홍해에 빠지게 함으로, 하나님께서 구원하시는 것도 보았다. 그래서 이스라엘 백성들은 여호와를 경외하며, 여호와와 그 종 모세를 믿었다고 했지만(출 14:31), 그들은 변하지 않았다.

광야에서 순간순간 하나님의 이적과 기사를 보았음에도 불구하고, 그들은 하나님께 불순종하고, 다른 신을 따랐다. 이스라엘 백성들이 광야에서 어려움을 당할 때마다, 그들은 하나님을 믿기보다는 불평과 원망을 하며, 과거 자신들이 이방 신을 섬기고 살았던 애굽으로 돌아가자고 했다. 마라에서는 물이 쓰므로 불평하였고(출 15:24-26), 르비딤(출 17:3-4)과 가데스에서는 물이 없음으로 불평하고, 애굽으로 돌아갈 것을 요구했다(민 20:2-13). 먹을 양식으로 인해 불평하고, 원망했을 때에는 만나를 주셨으며(출 16:1-15), 고기가 먹고 싶었을 때에는 메추라기를 보내 먹게 하셨음에도 불구하고(출 16:13), 원망하고, 불평을 했다(민 21:4-9). 순간순간 이스라엘 백성들은 영적전쟁에서 실패를 했다. 그러다 결정적인 사건이 생기게 된다. 여호수아와 갈렙을 포함한 열두 지파를 대표한 열두 명이 가나안 땅을 정탐하고 와서 보고를 한 것이 바로 그 사건이다.

이것은 이스라엘 백성들이 최종적인 영적전쟁에서 패한 것임을 말한다. 열 지파의 대표들이 "자신들은 메뚜기 같았다"(민 13:33)고 하는 보고를 들은 이스라엘 백성들은, 모세와 아론을 원망하며, 애굽으로 돌아가자고 하면서 밤새도록 통곡했다(민 14:2-4). 이스라엘 백성들이 보인 모습을 보면 영적전쟁에서 질 수밖에 없었다. '죽었거나 죽었더라면'(민 14:2)은 자살 콤플렉스(suicidal complex)의 징후이고, '애굽으

로 돌아가자'(민 14:4)라는 것은 '퇴행심리'(psychological regression)로
서, 이것은 하나님께서 뜻하신 약속의 땅에 대한 역사성을 부정하는 행
위이고, 이적과 기사를 보여주신 하나님께 대한 배은망덕한 행위이다.
회중이 소리 높여 부르짖으며, 밤새도록 통곡한 것은 비관주의적 태도
(pessimists attitude)로서, 허무주의(nihi-lism)에 빠져있었다. 이스라
엘 백성들은 모세와 아론을 원망하고, 여호수아와 갈렙을 돌로 쳐 죽
이려고 하였다(민 14:10). 이것은 충동적인 반응(impulsive reaction)으
로서 선동적이고, 육체적, 정신적, 영적 살인 행위이다. 그리고 이스라
엘 백성들은 스스로 '네피림'과 '메뚜기'를 비교함으로 부정적 강박관념
(negative obsession)에 빠져있었다.

　　이스라엘 백성들이 보여준 태도들은 하나님께서 베풀어 주신 은혜
와 축복을 무시하고, 부정하는 행위였다. 그 결과 하나님께서는 전염병
으로 이스라엘을 멸하시어 후예를 끊어버리려고 하셨다. 그러나 모세
의 중보기도(출 32:11-14)로 인해 20세 이상의 장정들만 벌하시고, 여
호수아와 갈렙, 그리고 19세 이하의 만나세대만 가나안에 들어가게 하
셨다. 영적전쟁에서 패한 이스라엘 백성들은 열 번이나 하나님의 마음
을 아프게 했다(민 14:22). 하나님께서는 이스라엘 백성들이 불평하는
모든 말을 들으셨고(민 14:27), 이스라엘 백성들이 말한 그대로 행하셨
다(민 14:28). '자신들이 메뚜기 같다'(민 13:33)고 고백을 한 것을 하나
님께서는 들으시고, 그들의 고백처럼 살게 하셨다. 즉 메뚜기는 광야에
서 산다. 이스라엘 백성들은 광야에서 살다가 죽게 된다(민 14:32-33).
하나님께서는 이스라엘 백성들이 다른 신을 섬기자고 한 그 죄의 대가
를, 그들의 자녀들이 지게 된다고 말씀하신 것이다. 다른 신을 섬기는
것의 무서운 결과를 알 수 있다.

영적전쟁에서 실패하여 하나님의 형상을 상실하는 다른 경우는 욥의 부인을 볼 수 있다. 욥의 아내는 욥에게 "하나님을 욕하고 죽으라"(욥 2:9)라고 말했다. 욥의 부인의 말은 '하나님을 버리고 다른 신을 섬기라'는 것이다. 이 말은 사탄이 욥의 부인을 통해서 한 말이라고 생각한다. 이러한 사탄의 공격에 욥은 입술로 범죄치 않았다(욥 2:10). 욥이 모든 환란, 즉 영적전쟁을 마친 후에, 욥에게 "하나님을 욕하고 죽어라"고 말했던 욥의 부인에 대한 기록이 없다. 분명 욥은 아들 일곱 명과 딸 셋을 두었고, 140세까지 살면서 손자 사대까지 보았다(욥 42:16). 욥이 낳은 자녀들은 욥의 부인에게서 낳은 자녀가 아닌 것으로 추측이 된다. 욥의 부인은 영적전쟁에서 실패함으로 그의 이름이 나오지 않는다. 이것이 영적전쟁에서 실패하여, 하나님의 형상을 상실한 사람들에게 주어지는 결과이다. 하나님의 형상을 상실하게 되면, 생명책에서 그의 이름이 없을 것이다(시 69:25; 빌 4:3; 계3:5; 13:8; 17:8; 20:12, 15; 21:27).

영적전쟁에서 패하여 하나님 형상을 상실한 사람들의 개인적인 삶은, 하나님의 심판을 초래하게 된다. 다른 신을 섬기면 하나님께서도 그들과 사이를 두시고(겔 14:5), 하나님으로부터 버림을 당하여(롬 1:28), 하나님의 얼굴을 보지 못하고(신 32:20), 하나님의 분노와 진노가 임하게 된다(요 3:36, 8:24; 롬 11:20; 살후 2:12; 유 1:5). 그리고 죄 가운데서 지옥 감으로(마 7:21-23; 요 8:24; 살후 2:11-12; 계 21:8), 하나님의 나라를 유업으로 받지 못한다(고전 6:9-10). 이것의 무서움은 이 죄의 대가가 후손들까지 영향이 미친다는 것이다(렘 9:13-16; 겔 20:18-21; 암 2:4).

B. 하나님의 형상 회복

영적전쟁에서 승리하여 하나님의 형상을 회복, 유지하는 사람들에게는 하나님께서 축복을 하신다고 성경은 말하고 있다. 다른 신을 섬기지 않고, 하나님을 믿고 섬기면, 하나님께서는 그 믿는 믿음을 의로 여기시며(창 15:6; 롬 4:16-17, 23-25), 이런 사람은 구원받아 정죄함이 없으며(롬 6:23; 10:9-10; 엡 2:8-10; 시 34:22), 하나님의 진노를 피해 하나님과 예수 그리스도와 영원히 함께 살게 되며(요 3:36; 5:24; 11:25; 14:1-2; 롬 10:9; 시 125:1), 하나님의 구성원이 되고, 놀라운 상을 받는다(출 19:5; 신 26:16-19; 히 11:6). 또 영적전쟁에서 승리하여 하나님의 형상을 회복, 유지하게 되면 하나님을 인격으로 알게 되고(빌 3:10; 신 4:35; 사 43:10; 요 7:16-17), 완전한 평강과 확신 속에서 살게 되며(사 26:3; 롬 5:1), 매일 하나님의 힘을 공급받아(사 26:4). 모든 시련과 유혹을 이겨내고, 안전할 것이며(잠 29:25; 롬 8:35-39), 하나님의 돌보심과(시 37:5; 벧전 5:7), 하나님의 인도하심과(잠 3:5), 하나님의 사랑과 능력을 체험하게 된다(시 31:19; 롬 8:28). 그러므로 영적전쟁에서 승리하는 사람들은 세상을 이기며(요일 5:4-5), 사탄의 유혹을 이기며(엡 6:16), 기도의 응답을 받게 된다(마 21:22).

성경을 통해서 '다른 신들과의 영적전쟁'에서 승리함으로 하나님의 형상을 회복한 사람들 중에 여호수아와 갈렙, 그리고 욥과 엘리야를 살펴보고자 한다. 출애굽 할 때의 당당함은 사라지고, 초라한 광야에서 죽어가는 이스라엘 백성들은 참으로 아이러니하다. 여호수아와 갈렙이 가나안 땅에 들어가게 된 이유는 "하나님을 온전히 좇았기 때문"이었다(민 14:24). 여호수아와 갈렙은 가나안에 살고 있는 '네피림의 후손 아낙자손'을 본 것이 아니라, 하나님께서 주시겠다고 하신 아름답고 풍요로운 땅을 보았고(민 13:27; 14:7), 그리고 하나님께서 이루실 것을 확신하였으며(민 13:30; 14:8), 두려워하는 이스라엘 백성들에게 두려워하지 말 것을 두 번이나 반복하여 선포했다(민 14:9).

하나님을 신뢰함으로 영적전쟁에서 승리한 여호수아는 하나님의 형상을 회복함으로 모세의 후계자가 되어, 이스라엘 백성들의 지도자가 되었고(수 1:1-2), 하나님께서 함께 하셔서 땅을 밟는 곳마다 정복하는 축복을 받았으며(수 1:3), 평생에 당할 자가 없게 해 주시고(수 1:5), 무엇을 하든지 형통하게 해 주신다는 축복을 받았다(수 1:7-9). 갈렙 역시 영적전쟁에서 승리하여 하나님의 형상을 회복함으로 가나안 땅에 들어가는 주인공이 되었고(민 14:24), 헤브론 땅을 기업으로 받아 그 자손들이 땅을 차지하였다(수 14:13). 갈렙은 85세였으나 40대의 건강을 유지하는 장수와 건강의 축복을 받았고(수 14:10-11), 전쟁이 없는 평화의 때를 허락받았다(수 14:15). 여호수아와 갈렙은 영적전쟁에서 승리함으로 하나님께서는 약속을 지키시는 완전하심과(마 5:48), 자신을 섬기는 백성들을 사랑하심과(요1 4:7-8, 16) 그 백성들에게 생명과 충만하게 하심을 나타내었다.

욥의 삶은 하나님의 형상을 회복한 삶을 살고 있었다. 욥은 하나님을 경외하며, 악에서 떠난 자로서(욥 1:1), 하나님께서도 인정하셨다(욥 1:8). 그는 일곱 아들과 세 딸을 두었고(욥 1:2), 부유하고 동방에서 가장 큰 자였다(욥 1:3). 욥을 보고 젊은이들은 숨으며, 노인들은 일어나서 서며, 방백들은 말을 참고 손으로 입을 가렸고, 유지들은 소리를 금하였다(욥 29:7-11). 욥의 삶은 모든 주위의 사람들에게 하나님의 영광과 존엄성을 나타내 보이는 삶이었다(욥 29:12-17). 이러한 욥에게 소유에 대한 고난이 왔었고(욥 1:13-17), 자녀들의 죽음으로 말할 수 없는 상실감이 왔으며(욥 1:19), 발바닥에서 정수리까지 악창이 나서 기와 조각으로 몸을 긁는, 감당할 수 없는 자기 신체에 대한 고통이 왔다(욥 2:7-8). 더 나아가 아내를 통한 핍박이 왔으며(욥 2:9), 가장 절친한 세 친구를 통하여 비난이 왔다(욥: 4:7-9; 8:4-6; 11:6; 35:1-6). 이러한 고난의 시작은 사탄이 있다고 성경은 말한다(욥 1:11-12; 2:4-7). 그러나 이러한 최악의 상황임에도 불구하고, 욥은 범죄하지 아니할 뿐만 아니라, 하나님을 향하여 어리석게 원망하지 않았다(욥 1:21).

욥은 영적전쟁에서 승리함으로 하나님의 영광을 나타냈었다. 그를 비웃고 책망하던 그의 친구들에게, 하나님께서는 욥을 통하여 번제와 기도 할 것을 명하시면서 욥을 높이셨다(욥 42:8-9). 그리고 하나님께서는 욥에게 이전보다 갑절로 축복하셨고(욥 42:10), 욥을 떠나갔던 모든 친척들이 와서 욥에게 재물을 주었으며(욥 42:11), 욥의 딸들은 전국에서도 소문난 아리따운 여자였다(욥 42:15). 욥은 영적전쟁에서 승리함으로 하나님의 영광과 완전하심과 사랑과 은혜 베푸심과 하나님께서 빛 되심을 나타냈다. 욥의 삶은 영적전쟁에서 승리함으로 보게 되는 역설적인 삶이다.

엘리야는 철저하게 영적전쟁을 위한 하나님의 사람으로 훈련되어진 사람이었다. 엘리야는 사람의 손길을 통하지 아니하고, 그릿 시냇가의 물과 까마귀가 가져다 준 것으로 생활을 하였는데, 그것은 오직 하나님만 바라보며, 하나님만 의지하게 하기 위함이었다(왕상 17:2-6). 철저한 하나님의 섭리를 확신한 엘리야에게 하나님께서는 사르밧 과부에게로 보내신다(왕상 17:9). 가진 것이라고는 한 번 먹을 것 밖에 없는 과부에게 엘리야는 "먼저 나에게 가져오고 그리고 너와 너의 아들을 위하라"(왕상 17:13)라고 말한다. 이성과 상식 밖의 말이지만 철저하게 훈련된 엘리야이기 때문에 가능했다.[55] 이러한 훈련이 끝나자 하나님 께서 엘리야에게 "비를 내릴 것이니 아합에게 보이라"라고 하신다(왕상 18:1). 그 명령을 들은 엘리야는 아합에게 바알 선지자 450명과 아세라 선지가 400명을 데리고 갈멜산으로 오라고 한다(왕상 18:16-19).

열왕기상 18:19-에 나오는 갈멜산 사건에서 특이한 점 몇 가지를 생 각해 볼 수 있다. 첫째, 엘리야와 바알 선지자 그리고 아세라 선지자와 의 만남이다. 둘째, 가뭄 기간이다. 셋째, 엘리야가 바알 선지자들에게 '불로 응답하는 신이 참 신'이라고 했을 때 바알 선지자도 동의하고, 백 성들도 동의했다는 것이다(왕상 18:24). 갈멜산 사건에서 이 세 가지 특 이 사항을 살펴봄으로서 영적전쟁의 본질을 이해하고자 한다.

첫 번째 특이점인 엘리야가 바알 선지자와 아세라 선지자들을 만난 것은 영적전쟁을 하기 위함이다. 영적전쟁은 사람과 사람의 싸움이 아 니다(엡 6:12). 갈멜산에서의 전쟁은 엘리야와 바알선지자 450명과 아 세라 선지자 400명과 직접적인 싸움이 아닌, 각자 자기가 섬기는 신의 대리인으로 싸운 영적전쟁이다. 두 번째, 열왕기상 18:1의 3년과 야보 고서 5:17의 3년 6개월의 차이다. 이렇게 6개월의 시간의 차이는 엘리 야가 영적전쟁을 위해서 영적전쟁 준비를 하는 기간이었다고 본다. 엘 리야는 철저하게 하나님의 섭리와 계획 속에서 생활을 한 사람이었다. 갈멜산에 설 때에도 철저하게 영적전쟁을 위한 준비를 했을 것인데, 그 기간이 6개월이 걸렸다고 본다. 세 번째의 특이점도 영적전쟁과 관련 되어져 있다. 엘리야의 입장에서는 능치 못함이 없으신 하나님께서 불 로 응답하신다는 것을 의심해 본 적이 없을 것이다. 그러나 바알 선지 자 입장에서는 하늘에서 불이 떨어지는 것에 동의를 했다는 것은, 그들 역시 자신이 있었기에 동의를 했을 것이다. 바알 종교에서는 비를 주관하는 신은 바알 신이라고 믿었다. 그러므로 수 년 간 가뭄이 올 것이라는 예언자 엘리야의 선언은, 곧 비를 주관하는 하늘의 신이 바알 신이 아닌 이스라엘의 야훼 하나님임을 선언한 것이다.[56] 그러므로 여기에서 눈에 보이지 않는 치열한 영적전쟁이 일어났다.

엘리야가 이런 영적전쟁을 일으킨 원인은 아합과 이스라엘 백성들이 하나님을 버림으로 다른 신을 섬겼기 때문에(왕상 18:18), 아합을 비롯한 이스라엘 백성들을 다시 돌아오게 하기 위함이었다(왕상 18:21). 엘리야는 영적전쟁에서 승리함으로 이스라엘 백성들이 이방신을 따라가지 않고, 하나님께로 돌아오게 함으로 하나님의 형상을 회복하도록 하였다. 엘리야가 벌인 영적전쟁의 결과로 바알 선지자 450명은 목숨을 잃게 된다. 오늘날 사람들이 다른 신을 섬기거나 영적전쟁에서 패한다면 목숨을 잃지 않을지라도, 그 보다 더 중요한 하나님의 형상을 잃게 되고, 영원한 생명을 잃어버리게 된다. 영적전쟁은 우리의 미완성인 삶을 완성으로 만들어가는 과정으로서 하나님을 닮아가는 과정이다.[57]

2. 너를 위하여 우상을 만들어 섬기지 말라(출20:4-5)

1) 영적배경

A. 우상 뒤에 있는 사탄

사탄은 사람들이 인식하지 못하도록 숨어있으면서,[58] 하나님처럼 예배를 받으려는 허망한 정열에 사로잡혀 있다. 이러한 지배적 열정은 예수 그리스도를 자기에게 경배하기만 한다면, 이 세상의 모든 왕국을 주겠다고 한, 그의 제의 가운데서 드러났다(마 4:9).[59] 이러한 사탄은 자기 자신 대신 우상을 내세우고, 자신은 그 뒤에 숨어서 경배를 받는다. 신명기 32:17에 "그들은 하나님께 제사하지 아니하고 마귀에게 하였으니 곧 그들의 알지 못하던 신, 근래에 일어난 새 신 너희 열조의 두려워하지 않던 것들이로다"라고 하였다. 여기서 하나님이 아닌 다른 신은 히브리 원어 '셰드'(שֵׁד)로서 '악마, 마귀'인데, 곧 사탄에게 제사한 것이라고 모세는 말하고 있다.

시편 106:36-37에 "그 우상들을 섬기므로 그것이 저희에게 올무가 되었도다. 저희가 그 자녀로 사신에게 제사하였도다"라고 말하고 있다. 우상을 섬김으로 인해 그것이 올무가 되어, 그 자녀들을 '사신'에게 제사하였다고 했다. 여기에서 '사신'으로 번역된 말 역시 히브리어 원어로 '셰드'(שֵׁד)이다. 우상에게 제사한 것은 사탄에게 한 것이라는 말이다. 이것에 대해 사도 바울은 고린도전서 10:20에서 말하길 "대저 이방인의 제사하는 것은 귀신에게 하는 것이요 하나님께 제사하는 것이 아니니 나는 너희가 귀신과 교제하는 자 되기를 원치 아니하노라"라고 경고하고 있다. 우상은 만들어진 단순한 모형이 아니다. 그 우상 뒤에는 사탄과 사탄의 추종세력들이 있다. 그러므로 하나님의 형상을 회복하려면, 그 우상들을 버리고, 섬기지 말아야 한다.

B. 당시의 우상

원어 '페셀(פֶּסֶל)'은 '우상(idol), 형상(image)'의 뜻으로 구약에 34번이나 나온다. 이스라엘 백성들의 주위에 있던 모든 족속들에게는 신의 우상과 형상이 있었다. 이집트 신들을 보면 아누비스(Anubis)는 자칼의 머리를 가진 남자의 모습으로, 아몬(Amon)은 숫양의 머리를 가진 남자의 모습으로 타조 깃털 장식을 한 모자를 쓰고 있다. 아툼(Atum)은 이중 왕관을 가진 남자의 모습으로, 바스테트(Bastet)는 고양이의 머리를 가진 남자의 모습으로, 베스(Bes)는 인간과 사자의 모습을 가진 작은 소인으로 사자의 가죽을 입고 있다. 가나안 신들을 보면, 엘(EL) 신은 우가릿 만신전의 으뜸가는 신이다. 그는 인격화된 신이며 그를 '힘 있는 신, 황소, 신과 인간의 아버지, 해의 아버지, 지혜로운 신' 이름으로 부르기도 한다. 아낫(Anath)은 '처녀, 거룩한 여신'이라는 별명이 있다. 흔히 그림에서 그는 벗은 몸으로 그려진다. 또 그는 사자 등에 올라서서 한 손에는 백합화를, 다른 손에는 뱀을 움켜쥐고 있어 성적 매력을 돋보이게 한다.[60]

메소포타미아의 신들을 보면 안(AN)은 하늘을 상징하는 신으로, 울음소리가 천둥인 황소로 묘사되고, 아루루(ARURU)는 전능하고, 온화한 대지와 출생의 어머니 여신이다. 이런 신들은 현재 전해지고 있는 유명한 신화에 등장하는 대표적인 신이다. 이 신들은 인간이든, 동물이

든 모두 형상을 가지고 있다.[61] 그 외의 블레셋 신 바알은 일반적으로
인간의 모양, 다곤은 물고기 모양을 하고 있었다. 이러한 때에 하나님
께서는 이스라엘 백성들에게, 하나님의 형상을 만들어 섬기지 말 것을
명하고 있다.[62] 신상이 없는 종교란 생각조차 할 수 없던 시대에 이 명
령은 실로 놀라운 말씀이 아닐 수 없다.

성경에는 많은 우상들의 명칭이 나오고 있다. 태양, 달, 별(신 4:19),
천사의 상(골 2:18), 동물들(롬 1:23), 애굽의 신들(출 12:12), 황금 송
아지(출 32:4), 그물과 초망(합 1:16), 새긴 석상들(민 33:52; 사 2:16),
벽에 그린 우상들(겔 8:10), 장신구 귀걸이나 부적(창 35:4), 드라빔(창
31:19; 삿 18:14; 호 3:4), 몰렉, 몰록, 혹은 밀곰(레 18:21; 왕상 11:5; 왕
하 23:10), 바알(민 22:41; 삿 2:13; 렘 2:8), 바알브릿(삿 8:33; 9:4), 바
알세붑(왕하 1:2), 아스다롯(삿 2:13; 왕하 23:12), 아세라(출 34:13; 왕
하 21:7), 벨(사 46:1; 렘 51:44), 느보(사 46:1), 브로닥(렘 50:2) 그모스
(삿 11:24; 렘 48:7), 숙곳브놋(왕하 17:30), 네르갈(왕하 17:30), 아시
마(왕하 17:30), 니스록(왕하 19:37), 닙하스(왕하 17:31), 다르닥(왕하
17:31), 아드람멜렉(왕하 17:31), 아남멜렉(왕하 17:31), 기윤(암 5:26),
다곤(삼상 5:2) 등이다.

성경을 통해서 보면 이러한 우상에 대하여 여러 형태로 제사를 드린
것을 볼 수 있다. 사람을 제물로(레 18:21; 20:2; 신 12:31; 왕하 21:6),
음란한 제사로(출 32:6; 민 25:1; 왕상 15:12), 번제(왕상 18:26), 전제
(奠祭)(신 32:38; 사 57:6), 피의 전제(시 16:4; 슥 9:7), 소제(겔 16:19),
화목제(출 32:6), 분향(왕상 12:33; 대하 30:14; 호 11:2), 몸을 상하게 함
으로(왕상 18:28; 렘 41:5), 입을 맞춤으로(왕상 19:18; 호 13:2), 절함
으로(왕상 19:18; 렘 1:16; 단 3:7), 우상에게 기도와 노래로(삿 10:14;

16:24; 사 16:12), 예물을 바침으로(왕하 23:11; 단 11:38), 노래와 춤과 연주함으로(출 32:18; 단 3:5) 제사를 드렸다.

C. 바알(Baal)과 아세라

구약에 나오는 우상중에서 이스라엘에게 가장 큰 영향을 미친 것은 바알(Baal)이었다. 바알이란 말이 처음에는 고유명사가 아니었다. 바알은 셈어로 '주'라는 말이었으나,[63] 나중에 고유명사로 사용하게 되었다. 이스라엘이 그 가운데서 살던 민족들 사이에는 많은 바알들이 있었다. 바알이란 인간에 대한 통치권을 나타내는 말이 아니라, 장소나 속성이 소유한 것을 지칭하는 말이었다. 그러나 보통, 어떤 신을 숭배하는 백성들이 주어진 장소를 점유하고 정착했을 때만, 그 신이 바알이라고 불리었다.[64]

구약성경에 나오는 바알은 서 셈족(수리아와 가나안)의 비 신(storm god)이며, 이 이름은 BC 14세기 이후의 애굽 본문들에 나온다.[65] 가나안의 신들 가운데 최고신인데, 비와 우레의 신이고, 풍년에만 나타난다.[66] 즉 바알은 초목을 소생시키는 단비를 주는 비 신(storm god)이다. 가뭄이 드는 것은 그가 잠시 포로로 잡혔거나 심지어 죽었기 때문이었다. 그러나 그가 소생하게 되면, 들짐승 떼, 그리고 가족들은 풍요롭게 되었다.[67] 바알의 이름은 바알갓, 바알다말, 바알랏브엘, 바알하솔, 바알헤르몬 등등으로 불리었다.[68] 바알은 또한 핫두(Had-du=하닷 Ha-dad)로도 불리었다.[69]

이스라엘이 가나안에 정착할 시기에, 그들의 생활에 근본적인 변화가 일어났다. 그들은 가나안 족속에게서 농경 기술을 배웠지만, 그와 동시에 바알과 아스다롯 숭배를 채용하였기 때문이다. 여호와는 원래 광야의 신으로서 인식되어 옥토의 농업 문화에 관계없다고 여겨, 농산물의 풍요는 오로지 그 지방의 소유자인 바알에 달려 있다고 생각하였다. 그렇기 때문에 생산 제사와 여호와 예배와의 절충이 생겨, 가나안 종래의 지방 산당이 여호와의 성소에 채택됨으로써, 더욱더 혼합주의의 색채가 짙어 갔다. 여호와는 이들 지방 산당의 주, 즉 바알로 되고, 식물의 생성을 주장하는 신으로 생각하기에 이른 것이다.[70]

여신 아스다롯(아세라)은 바알과 함께 숭배하였다(삿 2:13; 삼상 12:10). 바알의 배우자인 아세라(Asherah)는 아디랏(Athirat), 아스다롯(Ashtaroth)으로도 불렸는데, 이는 성과 다산의 신이었다. 아모리인들이나 남부 아라비아인들도 숭배를 했는데, 행복을 가져다주는 신으로 알려지기도 했으며, 가나안에서 창조의 여신으로 표현하기도 했다.[71] 아세라는 고대 근동의 여러 지방에서 아모리족과 가나안족이 숭배한 여신의 히브리어 명칭이었다는 것이 명백하다.[72]

바알 종교(Baalism)의 사람들은 바알과 아스다롯(Ashta-roth)의 성혼(聖婚)의 방관자에 그치지 않고, 더한층 생산성을 증대시키기 위하여 바알과 아스다롯의 행위를 극적으로 재현하였다. 이러한 믿음이 성행위를 거룩한 행위로 만들었다.[73] 사람들이 바알과 아세라의 행위를 모방하며, 유감주술(類感呪術. imitative magic)[74]의 효과로 다산의 결과를 가져온다고 생각했고, 그로 인해서 신창제도가 생겨났다. 바알의 신전에는 신전 창기와 남창까지 있어서 종교가 성과 혼합된 형태로 이스라엘 사람들을 유혹했다.[75] 그러므로 바알의 신전에는 거룩한 창녀들(sacred prostitutes)이었던 여사제(priestesses)들의 무리들이 있었다.[76] 신명기는 이것을 '창기'와 '미동'이라고 불렀고, 격렬히 비난하고 있다(신 23:17).[77] 바알숭배는 곧 성을 숭배하게 되었고, 성의 숭배는 이스라엘의 성적문란을 가져왔으며, 사회 부패로 이어졌다. 그렇기 때문에 호세아는 종교 창녀들과 함께 희생을 드리는 사람들을 책망했다(호 4:4).

가나안에 들어간 이후로 이스라엘 백성들은 하나님과 바알 종교를 혼합하여, 결과적으로 하나님을 버리고 바알을 섬기게 되었다(삿 8:33). 바알을 위하여 산당을 세우고(왕상 16:32; 왕하 10:21), 단을 쌓으며(대하 33:3), 바알 우상을 제조하여(왕하 3:2; 대하 28:2), 단을 쌓고(왕하 21:3), 분향하며(왕하 23:5; 렘 7:9, 11, 17), 바알의 상(像)에 입 맞추었다(왕상 19:18). 바알 선지자들은 광적으로 제사를 드리는데(왕상 18:26-28), 아이들을 번제로 불살라 드리기도 하며(렘 19:5), 바알의 이름으로 예언도 하고(렘 2:8; 23:13), 바알의 이름으로 맹세하며(렘 12:16), 제사 후에 그 제사 음식을 먹었다(시 106:28). 이러한 제사는 고대 팔레스틴에서 널리 사용된 증거로는 르호보암의 통치기간 중에 "이는 그들도 산 위에와 모든 푸른 나무 아래에 산당과 우상과 아세라 상을 세웠음이라"(왕상 14:23)라는 말씀을 보면 알 수 있다. 미가 사건(삿 17:1-)은 이스라엘 사람이 가나안 정착 후, 여호와의 정신적 예배로부터 타락하여 우상을 사용하기에 이른 것을 보여 주고 있다. 사사 시대의 역사는 우상숭배에로 인한 타락의 반복이었다.[78] 사사 시대의 인명 여룹바알(삿 6:32), 왕조 시대의 인명 에스바알(대상 8:33), 므립바알(대상 8:34), 브엘랴다(대상 14:7) 등에서 볼 수 있는 신명(神名)인 바알은 분명히 여호와를 가리키며, 바알과 여호와를 동일시하는 혼합주의의 결과를 나타내는 것이다.[79]

2) 우상을 섬기지 말라

A. 우상의 의미

이교예배의 가장 특징적인 것은, 보이는 것을 숭배의 대상으로 하는 일이다. 우상숭배는 인류 역사의 가장 초기부터 행해지고(수 24:2; 창 31:30, 32-35), 애굽, 가나안 등 어디서나 보인다. 제 2계명은 우상을 섬기지 말라는 하나님의 뜻이 계시되어 있고, 질투를 일으키지 말라는 하나님의 성격이 계시되어 있으며, 이 계명을 어길 경우에는 벌하신다는 하나님의 섭리가 계시되어 있다.[81] 예배에 사용하는 모든 신의 형상을 만든 것은 우상이며, 거기 표시하는 모든 존경은 우상숭배이다.[82] 제 2계명에는 '우상을 만들지 말고, 형상을 만들지 말라'고 하셨다. '우상'과 '형상'의 차이를 말하면, 우상은 눈에 보이지 않는 비실재적인 것을 형상화시켜 숭배의 대상으로 삼은 것이라면, 형상은 '자연들'과 같이 형체를 지닌 것을 형상화시켜 경배의 대상으로 만드는 것이다.[83] 성경에서 말하는 우상의 개념을 두 가지로 생각할 수가 있다.

첫째, 자기가 믿는 신의 형태를 만들어 섬기는 우상이다. 오늘날 고고학자들은 팔레스틴과 그 주변의 지역에서도 수많은 신상들을 발굴하고 있다. 발굴된 것을 통해서 알 수 있는 것은, 고대 시대로부터 사람들은 사람의 형태나 동물의 형상을 모방해서, 많은 신들의 형상을 만들었다는 것을 알 수 있다. 창세기 31:30에 나오는 라헬이 그의 아버지 집에서 떠나올 때, 훔쳐온 드라빔(Teraphim)[84]도 일종의 가신상(家神像)이었다.[85] 우상숭배는 갈대아 우르에서 널리 행해졌고(수 24:2, 14), 라반의 집에서 행해졌다(창 31:30).

둘째로, 하나님을 보이는 형태로 만들어 섬기는 우상을 말한다. 제 2계명의 존재 자체에 대해서는 초대교회 시대부터 많은 논쟁이 있어 왔다. 고대 역본인 탈굼(Targum)은 두 개의 계명을 연속적인 집합물로 이해했고, 필로(Philo)와 요세푸스(Jose-phus)는 두 개의 계명을 독립된 계명으로 이해했다.[86] 로마 가톨릭은 차지하고라도, 실제로 개신교 단들인 유럽의 칼빈 교단들은 제 1계명과 제 2계명을 하나의 계명으로 간주하고 있다.[87] 어쨌든 제 2계명은 이스라엘에게 있어서 제 1계명과 크게 혼동되어 해석된 것이 사실이다.[88] 이렇게 제 1계명과 제 2계명은 같은 내용을 말하는 것 같지만, 또한 분명한 차이를 가지고 있다. 제 1계명과 제 2계명, 이 둘 다 다른 신을 섬기는 것에 대해 금하는 계명처럼 보이지만, 그러나 아니다. 제 2계명은 다른 신이나 우상에게 절하는 것만이 아니라 하나님의 우상에게 절하는 것도 금하고 있다.[89] 이스라엘 역사에서 이 계명을 어긴 사건이 몇 번 있었다.

먼저 시내산에서 발생하였다. 시내산에 올라갔던 모세가 빨리 내려오지 않자, 이스라엘 사람들은 아론으로 하여금 금송아지를 만들게 했다. 이렇게 그들은 금송아지를 만들고 말하길 "이스라엘아 이는 너희를 애굽 땅에서 인도하여 낸 너의 신이로다"(출 32:4)라고 했다. 그들은 금송아지를 하나님으로 생각을 하고 섬겼던 것이다. 그 다음에는 솔로몬 왕이 죽은 후, 르호보암에 반대하여 여로보암이 북쪽 열 지파를 분리하여, 북 이스라엘 왕국을 수립했을 때 발생하였다. 여로보암은 이스라엘 백성들이 제사를 드리려고 예루살렘으로 가는 것을 막기 위하여, 그는 단과 벧엘에 예루살렘 성전에 필적하는 성전을 세우고, 그 두 성전 안에 금송아지를 만들어 세웠다(왕상 12:26-27). 그리고 말하길 "너희가 다시는 예루살렘에 올라갈 것이 없도다 이스라엘아 이는 너희를 애굽 땅에서 인도하여 올린 너희 신이라"(왕상 12:28)라고 말했다. 그러므로 이스라엘 백성들은 그 만들어진 금송아지를 하나님으로 알고 숭배했다 (왕상 12:30).

마지막으로는 이스라엘 백성들이 범죄하여 불뱀에 물려 죽어갈 때, 구리뱀을 만들어 장대에 매달아 그것을 바라 본 사람들은 죽지 않았다 (민 21: 6-9). 그러나 세월이 흐른 후에 사람들은 그것에 분향했다. 놋뱀이 신(우상)이 되었던 것이다. 그래서 히스기야 왕이 그것을 부수었다 (왕하 18:4). 이스라엘 백성들은 처음에는 그러한 의도가 전혀 없었을 것이다. 그러나 결과적으로 하나님의 은혜를 우상으로 바꾸어버렸다.

B. 우상을 만드는 이유

첫 번째로, 사람이 하나님으로부터 온 피조물이기 때문이다. 사람들은 하나님의 형상으로 지음을 받은 존재이기에, 사람의 영혼 깊은 곳에서는 하나님께 향하고자 하는 본능이 있다. 이것은 바울이 아텐에서 복음을 전할 때 '알지 못하는 신에게'라는 단을 보고, "그 알지 못하는 신이 바로 하나님"이라고 하면서 복음을 전했다(행 17:13). 우상숭배는 사람들이 볼 수 없는 신을 경배하는 것이 어렵다는 사실을 발견할 때 시작된다. 우상이란 신을 상징하고, 또 신을 더 잘 기억하며, 또 예배를 좀 더 생생한 것으로 할 목적으로 만들었다.[90] 처음에는 그 우상이 신으로 의도되지 않았지만, 결국은 그 신을 나타내는 것이 되고 만다.[91]

두 번째, 사람 자신의 연약함을 위로 받기 위함이다. 제 2계명을 보면 '너를 위하여'라고 하신 말씀은 히브리어 '레'(ל)인데, 이 단어는 '자기 자신'을 위하여 무엇을 만들어 섬기면 안 된다는 말이다. '자기 자신' 즉

'자기중심'은 곧 사탄의 속성이다. 사탄은 자기 자신의 아름다움에 취해 (겔 28:12-14), 자기중심으로 생각해 타락했다(사 14:13-14). 우상은 자기 자신을 위해서 만들어진다는 것을, 하나님께서는 아시고 금하신 것이다. 하나님의 모양이 어떠한가는 중요한 것이 아니다. 왜냐하면 하나님께서는 영이시기 때문이다(요 4:24).

세 번째는 사람의 생각과 마음이 타락했기 때문이다. 사람들이 우상을 만드는 이유에 대하여 사도 바울은 로마서 1:21-23에서 말하길, 사람의 마음이 타락했기 때문에 우상을 섬긴다고 했다. "생각이 허망하여지며", "미련한 마음이 어두워졌나니"라고 말했는데, 헬라 원어로 뜻을 보면, "타락하여 생각이나 의견, 논의 등 모든 것들이 쓸데없이 되어, 어리석게 분별력이 없어 마음중심이 깜깜하게 되었다. 그래서 하나님의 영광을 사람의 모양이나, 새의 모양, 네 발 짐승의 모양, 땅에 기는 모양의 우상으로 바꾸었다"는 말이다. 즉, 생각과 마음이 타락하여 우상을 만들었다는 것이다. 하나님은 영이시기 때문에, 인간의 지극히 불완전한 육안으로는 볼 수 없다. 시내산에서 모세가 하나님의 영광스런 모습을 보여 달라고 했을 때, 하나님께서는 "나를 보고 살 자가 없다"(출 33:20)고 말씀하셨다. 바벨론 포로시대 에스겔은 그발 강가에서 하나님을 만나보는 신비한 체험을 하였으나, 에스겔은 그가 본 것을 여호와의 영광의 형상의 모양을 보았다고 우회적으로 표현했다.[92] 하나님은 신령한 원리에 의해서만 깨달아 질 수 있다. 이 원리가 타락한 인간에게는 죽어 있기 때문에, 인간은 자세히 육체와 연관되는 것을 구하는 것이다.[93]

C. 왜 우상을 만들면 안 되는가?

우상을 만들면 안 되는 이유는 우상을 섬김으로 인해 하나님의 질투를 일으키기 때문이다. 이러한 질투에 대해서 몇 가지 생각해 볼 필요가 있다.

첫째로, 하나님께서 질투를 하시는 이유는 우상숭배가 영적간음이기 때문이다. 하나님께서 아브라함과(창 15:18), 이삭과(창 26:2), 야곱과 언약을 하시었다(창 28:13). 이렇게 언약을 맺으신 하나님께서는 모세에게 나타나실 때, '아브라함과 이삭과 야곱의 하나님'이라고 하시면서 언약을 기억하셨고(출 3:6), 이스라엘을 '내 백성'이라고 하셨다(출 3:7). 이스라엘 백성들은 하나님과 언약으로 맺어진 관계였다. 이러한 관계에서 이스라엘 백성들이 우상을 숭배하는 것은, 하나님과의 관계를 깨트리는 영적간음인 것이다.

둘째로, 질투는 하나님의 "열심"이다. '질투하는'이라는 말은 히브리 원어로 '칸나'(קַנָּא)로서, '카나'(קָנָא)에서 유래했으며, '시샘하는'(jealous)이란 뜻이다. 하나님께서 시샘한다는 말이 재미있다. 하나님께서 어떤 대상에게 시샘할 정도로 능력이 없거나, 마음이 작고, 비좁은 것이 아니다. 그것은 '하나님의 열심'이다. 에스겔 39:25에 "그러므로 나 주 여호와가 말하노라 내가 이제 내 거룩한 이름을 위하여 열심을 내어 야곱의 사로잡힌 자를 돌아오게 하며 이스라엘 온 족속에게 긍휼을 베풀지라"라고 말씀하신 것과 같이 '하나님의 질투'는 이스라엘을 사랑하시는 '하나님의 열심이다'(왕하 19:31).

셋째는, 질투는 이스라엘을 사랑하시는 하나님의 마음이다. 하나님의 질투는 자신의 형상을 입은 이스라엘 백성들이, 그 형상을 상실할까 안타까워하시는 하나님의 마음이다. 하나님의 질투는 이스라엘 백성들을 살리고, 진리 가운데로 이끌려고 하는데 비해, 사탄의 질투는 멸망과 파괴이다. 예수 그리스도처럼 사탄도 이 땅에 왔으나 온 목적은 전혀 다르다. 예수 그리스도께서 "도적이 오는 것은 도적질하고 죽이고 멸망시키려는 것뿐이요 내가 온 것은 양으로 생명을 얻게 하고 더 풍성히 얻게 하려는 것이라"(요 10:10)라고 하셨다.

넷째로, 질투는 '하나님의 징계'를 가져온다. '하나님의 질투'는 '하나님의 징계'를 가져 온다(신 29:20). 이것은 창세기 6:5-7에 나오는 '하나님의 한탄'과 동일한 맥락이라 할 수 있다. '하나님의 한탄'이 '세상의 심판'을 가져왔듯이, '하나님의 질투'는 '하나님의 징계'를 가져온다(신 6:15). 인류의 모든 역사는 우상 숭배에 대항하시는 하나님의 전쟁에 대한 기록이다. 하나님의 오른 손은 대적을 내던지시며, 고대의 우상들을 땅에 내팽개치신다. 니느웨의 폐허더미, 바벨론의 폐허더미, 희랍의 무너진 신전들과 그리고 이교도의 나라 로마의 폐허도 그렇다.[94]

D. 우상에 대한 예수 그리스도의 가르침

누가복음 4:6-7에 보면 공생애를 시작하시려고 할 때, 사탄은 눈에 보이는 것으로 예수 그리스도를 공격했다. 그러나 예수 그리스도께서는 보이지 않는 하나님께 경배할 것을 명하셨다. 예수 그리스도께서는 하나님을 잘 알고 계셨으며, 또한 우상의 본질을 잘 알고 계셨다. 이스라엘 사람들은 예루살렘에서만 제사를 드려야만 된다는 생각에 사로잡혀 있었다. 그러나 예수 그리스도의 가르침은 "이 산에서도, 예루살렘에서도 말라"(요 4:21) 하시면서 "하나님은 영이시니 예배하는 자가 신령과 진정으로 예배할지니라"(요 4:24)라고 하셨다.

3) 하나님의 형상 회복과 상실

A. 하나님의 형상 상실

사탄은 끊임없이 도전하고 있다. 그래서 하나님께서는 사탄에게 절하지 말 것을 명하셨다. 절한다고 하는 말은 히브리어로 '샤하'(שׁחה)인데, '구부리다, 절하다'(bow down)를 의미하고, 섬긴다고 하는 말은, '아바드'(עבד)로서 '일하다'(work), '봉사하다, 섬기다, 시중들다'(serve)를 의미한다. 즉, '절하지 말며 섬기지 말라'는 것은, 그에게 굴복하여 순종하거나 봉사하지 말라는 것이다. '진 자는 이긴 자의 종이라'는 말씀이 있다(벧후 2:19). 우상에게 절하는 것은 이미 우상에게 진 것을 말한다. 즉 하나님의 형상을 입은 사람이 사탄에게 짐으로 사탄의 종이 된다는 것을 말한다.

누가복음 4:6에 "가로되 이 모든 권세와 그 영광을 내가 네게 주리라 이것은 내게 넘겨준 것이므로 나의 원하는 자에게 주노라"라고 말하고 있다. 언제 천하 모든 권세와 영광을 사탄이 가지게 되었는지 알 수가 없다. 그러나 말씀에는 분명 사탄 자신이 가지고 있다고 말했다. 만일 사탄이 거짓말을 하고 있었다면, 주님께서는 분명 그것을 꾸짖었을 것이다. 그러나 예수 그리스도께서는 그것에 반대하지 않은 것은, 곧 사탄의 그 말을 인정하신 것이 된다. 그렇다면 언제 사탄이 그런 권세를 가지게 되었을까? 그것은 아담과 하와가 선악과를 먹음으로 사탄의 공격에 졌기 때문이라고 생각한다. 이 땅의 모든 것은 하나님의 형상대로 지음 받은 아담에게 속하였다(창 1:26-28). 이러한 권세를 가진 첫 사람인 아담과 하와가 사탄의 공격에 패하므로, 하나님의 형상을 상실하며,

이 모든 권세를 빼앗겼다고 본다.

우상을 섬기면 사람들은 자기들의 손으로 신을 만들어 섬기게 되며, 인간의 의식과 가르침을 따르게 되어(사 2:8; 막 7:6-9), "경건의 모양은 있으나 경건의 능력을 부인하는 자"(딤후 3:5)로서 하나님의 능력을 체험하지 못한다. 그리고 선을 행할 수가 없으며(딛 1:16), 어리석고 혼란스럽고, 마음이 어두워져서(롬 1:18-21, 25), 도움을 요청해도 도움을 받을 수 없다(렘 11:12; 합 2:18). 이렇게 우상을 숭배하면, 하나님의 형상을 상실하여 하나님으로부터 멀어지고, 심판과 멸망으로 가게 된다. 우상을 숭배하면 벌을 받고(호 2:13), 파멸에 빠지고(호 8:4), 하나님의 분노가 임하며(렘 51:47; 겔 20:8; 살후 1:7-9; 골 3:5-6), 더 나아가 하나님의 나라를 유업으로 받지 못하고(고전 6:9; 갈 5:19-21), 지옥에 떨어지게 된다(계 21:8).

우상을 섬김으로 하나님의 형상을 상실한 대표적인 것이 이스라엘 왕국과 유다 왕국이다. 북왕국 이스라엘에서는 바알숭배와 우상에 의한 여호와 예배가 병행하여 행하여졌다. 남왕국 유대에서는 므낫세, 아몬, 아하스 등의 치세에 이교 숭배가 행하여진 것뿐 아니라, 한층 정신적인 여호와 예배가 행하여졌다.[95] 우상숭배는 사람으로 하여금 악한 영적 세력들과 접촉을 하게 한다. 그래서 우상숭배는 영적으로 손해를 끼치며, 위험한 것이다. 이스라엘 백성들이 우상숭배 하는 모압 사람들과 접촉함으로 타락해서 하나님의 형상을 잃어버렸다(민 25:1-3). 우상을 만드는 것은 하나님의 인격, 사역, 이스라엘과의 언약의 위반으로서 이스라엘에게 분명히 금지되었다(신 4:15-20). 성전이나 성전 구내에 우상을 세우는 일은 큰 범죄 행위였다(대하 33:7-9; 겔 8:1-6). 하나님께서는 우상을 훼파할 것을 명하셨으며(출 23:24; 신 7:5), 심지어 우상의 제물까지 멀리할 것을 명했다(행 15:20).

하나님께서 우상을 섬긴 이스라엘 왕국에게 멸망이라는 징계를 하셨다, 나라의 흥망성쇠가 우상숭배라는 것에 있다는 것이 참으로 놀라운 일이다. 열왕기하 17:16-18에 보면 하나님께서 우상을 섬기는 이스라엘에게 크게 진노하셨고, 그들을 그의 면전에서 내쫓으시니, 남은 것은 유다 지파뿐이었다고 말하고 있다. 그런데 이상한 것은, 같은 실수나 죄를 계속해서 반복해 일어나는 것을 역사를 통해 볼 수 있다. 잘못한 것을 봤으면 후세대 사람들은 하지 않아야 함에도 불구하고, 후세대 사람들 역시 그 길로 가는 것은 아이러니이다. 북이스라엘이 하나님을 버리고, 우상을 섬김으로 멸망당하는 것을 봤으면, 유다 왕국은 조심하고, 우상을 버려야 함이 마땅함에도 불구하고, 그 길로 가는 것은 참으로 아이러니이다. 결국 하나님께서는 유다 왕국에게도 멸망이라는 징계를 하시었다(왕하 23:26-27).

B. 하나님의 형상 회복

무엇보다도 성령으로 거듭난 사람들에게는 헌신의 수단으로 어떤 형상을 필요로 하지 않음을 기억해야 할 필요가 있다.[97] 사도 바울이 말한 대로 피조물을 조물조보다 더 경배하고, 섬기는 것은 모두 우상숭배인 것이다(롬 1:25). 사탄은 하나님의 형상을 상실하게 하기 위하여, 사람들이 형상을 만들어 우상으로 섬기게 하려고 하고 있다. 우상을 섬기게 하려는 사탄의 공격에서 승리하게 되면, 하나님께서 약속한 축복이 있다. 사람들이 우상을 멀리하고, 우상을 섬기지 않는다는 것은 하나님의 구원을 신뢰하는 것이기에(요 4:22-24; 왕하 17:36; 단 3:18,

28), 이런 사람은 하나님의 임재를 누리게 되고(시 23:6, 8, 27:4, 65:4, 84:2, 122:1). 하나님의 평강과(사 26:3), 기쁨과(눅 24:52; 시 16:11). 영적 안식을 얻게 된다(시 95:6-11; 히 4:9-11).

우상숭배와 영적전쟁을 한 사람 중에 야곱을 살펴본다. 야곱은 할아버지인 아브라함, 아버지인 이삭으로부터 하나님에 대해서 배우고, 섬기는 것을 알았다. 야곱이 외삼촌 라반의 집에서 아버지 집으로 돌아갈 때, 라헬이 라반의 '드라빔'을 가지고 간다(창 31:19). 그리고 이 드라빔이 계속해서 야곱의 가정에 있었든 것을 보아, 야곱의 가정에 많은 우상이 있었음을 알 수 있다(창 35:2-4). 이것은 하나님의 축복 속에 살았던 야곱이지만, 그가 당시 문화 속에 있던 가신상 같은 우상에는 관대했던 것처럼 보인다.

야곱이 외삼촌 라반의 집에서 나와 아버지 집으로 가던 중에 형 에서를 만날 생각에 두려움에 사로잡힌다. 그러던 중에 야곱은 얍복 나루에서 천사를 만나 씨름을 하여 이김으로, '이스라엘'이라는 이름을 받았다(창 32:28). 그리고 야곱은 형 에서를 만나 화해를 하고, 평탄한 여정을 지내다가 세겜으로 갔을 때, 문제가 생겼다. 시몬과 레위가 동생 디나를 욕보인 세겜과 그 부친 하몰을 습격하여 모든 남자를 죽이고(창 34:25), 다른 아들들은 물건들을 노략하는 사건이 나온다(창 34:27-29). 이 사건으로 인해 두려움을 느낀 야곱에게(창 34:30) 하나님께서는 벧엘로 올라가서 단을 쌓으라 하신다(창 35:1). 죽음의 공포에 떨고 있던 야곱에게 하나님께서 벧엘에서 만나자고 하신 것이다.

이때 야곱은 하나님을 만날 준비, 영적전쟁의 준비를 하게 된다. 야곱이 이에 자기 집 사람과 자기와 함께 한 모든 자에게 이방 신상을 버리고, 자신을 정결케 하고, 의복을 바꾸라고 말한다(창 35:3). 성경에는 하나님께서 야곱에게 우상을 버리라는 말씀이 없다. 그리고 이때는 '우상에 대한 경고'도 받은 적이 없는 상태였다(십계명은 그 이후로 받음). 그럼에도 불구하고 야곱은 하나님을 만나기 위해서 모든 우상을 버릴 것을 명했다. 그리고 그들로부터 받은 모든 우상들을 세겜 근처 상수리나무 아래 묻었다(창 35:4). 이것은 영적전쟁에서 승리하여, 하나님의 형상을 회복하려고 하는 자는, 반드시 우상을 멀리해야 하는 것을 야곱이 보여주고 있다. 그런 후에 하나님께서 야곱에게 나타나셔서 '이스라엘'이라는 이름을 확인시키셨다(창 35:10).

처음 '이스라엘'이란 이름을 받을 때에는 살기 위해서 그랬다면, 두번째 '이스라엘'이란 이름을 받은 것은, 온전한 하나님의 형상을 회복하기 위하여, 하나님 만나기 위하여 우상을 버리고 받은 이름이었다. 이렇게 우상을 버리고 하나님을 섬기게 될 때는 마음의 소원을 이루게 되고(시 37:4), 슬픔과 곤란으로부터 건짐 받아 자비로 둘러싸일 것이며(시 32:10-11), 이생의 시험들과 유혹들을 이겨내어 구원받게 되고(히 2:17-18; 4:15-16), 하나님의 부활의 능력을 확신하게 될 것이다(창 22:1-14; 히 11:17-19; 살전 4:14).

북이스라엘 왕국과 남유다 왕국은 우상숭배라는 영적전쟁에서 실패함으로 하나님 형상을 상실하여, 멸망이라는 저주와 포로로 잡혀가는 치욕을 당했다. 반면에 야곱은 다른 이방 우상을 다 버리고, 온전히 하나님을 바라고, 하나님을 섬기려고 했을 때, 하나님께서는 그에게 '이스라엘'이라는 축복을 허락하셨다. 이 축복은 '아브라함과 이삭과 야곱의 하나님'이라는 놀라운 축복의 시작이었고, 오늘날까지 히브리 민족이 '이스라엘'이라고 불리게 되는 축복이었다. 야곱은 한 순간의 것을 바라본 것이 아니라, 하나님의 영원한 나라를 바라보고, 그 하나님만을 섬김으로 인해, 하나님의 형상이 회복 된 것을 볼 수 있다. 하나님의 형상 회복은 두려움에서 떨던 야곱을 오히려 멋지게 승리하는 역설적인 삶 인 것을 알 수 있다.

3. 여호와의 이름을 망령되이 부르지 말라(출 20:7)

1) 영적배경

고대 근동 세계에서는 '신'과 '신의 이름' 사이에 불가분의 관계가 있는 것으로 생각했다. 즉 신의 이름에는 신이 가지고 있는 능력과 힘과 속성이 잠재되어 있다고 생각했다.[98] 히브리인들에게 있어서도 이름은 중요한 의미를 갖는다. 왜냐하면 그들은 이름을 통하여 한 개인의 존재를 나타내었을 뿐만 아니라, 또한 이름 속에서 한 개인의 품성과 속성 및 인격을 찾았기 때문이다.[99] 하나님의 이름은 그 분에 대한 우리의 생각들을 나타내는 것이 아니라, 하나님 자신을 나타내며, 또한 하나님께서 자신에 대한 계시한 것을 나타내는 것이다.[100] 하나님의 백성들이 그 이름을 불러야 하는 이유는, 그 부르는 신과 하나가 되는 것을 말하기 때문이다.[101]

그렇다면 역으로 왜 하나님의 이름을 망령되게 부르지 말라고 하였는가? 즉, 망령되게 하나님의 이름을 부르는 것은 하나님을 우습게 여기는 동시에, 자기 자신의 하나님 형상이 파괴되기 때문이다. 하나님에 대한 개념을 타락시키는 데는, 사람의 손으로만 하나님의 상(像)을 만드는 것이 아니라, 말로써도 그렇게 할 수 있기 때문이다. 특히 조심스런 마음가짐과 경외하는 마음가짐 없이 하나님의 이름을 들먹일 때가 그렇다.[102] 사탄은 보이지 않는 영적전쟁을 통해 하나님의 이름이 우습게 되도록, 하나님의 백성들을 유혹하고 공격한다. 하나님께서는 이것을 아시기에 하나님의 이름을 망령되게 하면 모두 죽이라고 하셨다(레 24:16).

구약 종교에 있어서 신의 이름을 아는 것은, 그와의 교제(혹은 상대)를 위해 특별히 중요한 것이다. 신을 영화롭게 하고, 신의 도움을 확보하기 위해 사람은 신의 이름을 알아야 한다. 야곱은 그와 씨름한 강력한 존재에게 이름을 물었고(창 32:30), 또한 마노아는 신비한 신적 사자에게 이름을 물었다(삿 13:17 이하). 그러나 구약의 다른 곳에서는 하나님께서 친히 자신의 이름을 계시로 알리셨다(창 17:1; 출 3:14; 6:2).[103] 성경적 계시의 가장 기본적이며, 본질적인 특징 중의 하나는 하나님께도 이름이 있다는 사실이다. 그는 인격적인 이름을 가지셨고, 그 이름에 의하여 그를 부를 수 있으며, 또 불러야 한다.[104]

하나님의 이름은 거룩한 진리를 모두 포함한 집대성으로 나타난다(막 4:5; 요17:6). 진실로 하나님의 이름은 그의 인격적 통치와 활동의 강력한 표현이기 때문에, 하나님 자신을 말함에 있어서 그 이름이 대용될 수 있다(레 18:21; 시 7:17; 암 2:7; 믹 5:4). 하나님께서 사람과 접촉하시는 면이 바로 하나님의 이름이며, 하나님의 이름으로써 하나님께서는 자신을 계시하셨다.[105] 하나님께서는 이스라엘의 출애굽 이전까지는 그 누구에게도 자신의 언약적 이름을 가르쳐 주시지 않았다(출 6:3). 오히려 이름을 묻는 야곱에게 그 대답을 거절하기까지 하셨다(창 32:29). 그러나 출애굽 사건을 통해 비로소 하나님은 '여호와'라는 자신의 이름을 가르쳐 주심으로써, 그 이름을 통해 이스라엘이 당신의 사랑과 구원을 기억하도록 하셨다. 이것이야 말로 하나님이 하나님 되심을 나타내는 가장 특징적인 사건이라 할 수 있다.[106]

우리가 하나님의 이름을 알게 됨으로써, 우리는 우리 자신을 알게 되며, 또 우리 속에 부분적으로 하나님의 형상이 담겨 있음을 보게 된다. 이처럼 하나님의 이름에 대한 계시야 말로 언약의 성취를 위한 첫 번째 단계일 것이다.[107] 이렇게 하나님께서는 자신의 이름을 통해 하나님의 속성을 나타내신다. 또한 하나님께서는 그의 이름을 통해서 우리의 필요를 드러내시며, 우리의 구속의 본질도 그의 이름을 통해서 나타난다. 하나님의 이름을 통해서 우리의 삶이 어떠해야 하는지를 알 수 있으며, 그의 이름을 통하여 하나님을 더 잘 알 수 있다. 우리는 그의 이름을 통하여 우리의 참 신분이 주는 축복에 대해 알게 된다.[108]

하나님의 이름은 감추어져 있는 하나님에 관한 것을 알 수 있게 해준다. 우리가 하나님의 이름을 알고, 또 부를 수 있다는 것은 하나님의 신비로운 은혜의 계시다. 하나님의 이름은 바로 하나님을 말한다. 이것을 알기 위해서는 열왕기상 8:27, 29에서 솔로몬이 성전을 건축한 후에 기도한 내용을 살펴보면, 그 성전에 하나님을 모신다고 생각을 하지 않았다. '하늘의 하늘들이라도 주를 용납하지 못하겠거든'이라고 했다. 그러면 솔로몬은 왜 성전을 세웠는가? 그것은 29절 말씀대로 '내 이름이 거기 있으리라'라고 한 이유 때문이다. 하나님께서 우리가 사용 할 수 있도록 하나님의 이름을 주신 것은 큰 축복이며, 은혜이다. 하지만 사람은 죄인이기에 이름을 잘못 사용할 수 있으므로, 이 계명을 주신 것이다.[109] 창조주 하나님의 귀한 이름은 찬양과 예배의 대상이 되어야 하며, 사람의 다른 목적을 위한 수단으로 이용되어서는 안 된다.[110]

오늘날 고고학자들은 고대인들이 신의 이름으로 다른 사람을 저주한 저주 문서(execration texts)들을 많이 발굴해 내고 있다. 사람의 이성과 지성이 발달해서 문자를 사용하기 시작한 이후로, 다른 사람을 축복하는 것 보다는 저주하는 글들이 더 많이 남아있는 것은, 인간성의 한 단면을 보여준다.[111] 골리앗이 다윗과 싸우러 나올 때, 자신의 신들의 이름으로 저주를 하고 나왔다(삼상 17:43). 이와 같이 자신들의 신의 이름으로 저주하는 것은 이교도들의 가장 공통적인 습관이었다. 그것은 그들의 경배에 도덕적인 경외심이 결여되어 있고, 또 더욱 저하시키기까지 하는 요소가 있었기 때문이다.[112] 가나안에 정착한 이후로 이스라엘 백성들은 점차 이방인들의 영향을 받아, 이방인들이 가진 사상에 물들어 하나님을 섬김에 있어서도 이방인들의 사고방식이 들어왔다. 고대에는 신들의 이름으로 다른 사람을 저주하는 일이 많았기 때문에, 제 3계명은 이스라엘 사람들이 남을 저주하는 일에, 거룩하신 하나님의 이름을 사용해서는 안 된다고 명령한 것이다.[113] 당시 사람들이 쉽게 하나님의 이름을 망령되게 부르는 말들 중에 대표적인 몇 가지를 살펴보면 다음과 같다.

첫 번째로, 불경건한 말이다. 사람들이 하나님의 이름을 망령되게 부르는 것 중에 하나가, 불경한 말로 하나님의 이름을 욕되게 하는 것이다(레 18:21; 22:2). 현대 기독교인들이 부지중에 짓는 죄가 바로 이 죄이다. 농담으로 하나님의 이름을 사용하거나, 서양인들의 '갓뎀'(God them), '오 마이 갓'(Oh my God), '지저스 크라이스트'(Jesus Christ) 등은 바로 이 계명을 어기는 것이다.[114] 두 번째는 거짓된 맹세이다. 거짓된 맹세는 하나님의 이름을 욕되게 하는 것이다(렘 5:2). 사람들은 자기 자신의 이익이 관련된 것에 거짓 맹세를 한다. 그러나 기억할 것은 거짓 맹세는 하나님께서 미워하시는 것이고, 하나님을 욕되게 하는 것이다(레 19:12; 슥 8:17). 세 번째가 위선이다. 사람은 위선으로 하나님의 이름을 사용할 수 있다. 하나님을 주로 고백하지만 세상을 위해서 사는 사람, 자신의 계획을 이루기 위하여 사람을 속이거나, 추종자를 얻기 위하여 하나님의 이름을 사용하는 사람들이다(마 7:21-23; 눅 6:46). 이런 사람들은 헛되이 주의 이름을 칭하는 것으로(시 139:20), 하나님의 이름을 망령되게 사용하는 것이다.

2) 여호와의 이름을 망령되이 일컫지 말라

A. 영적전쟁에서 본 하나님의 이름들

하나님의 성품 중에 영적전쟁에 관한 성품을 살펴 볼 필요성이 있는데, 하나님의 성품 중에는 용사의 성품도 있다.[115] 본 연구자는 이 용사의 성품이 하나님의 전능하심 속에 전쟁과 함께 포함되어 있다고 생각한다(창 18:14; 욥 42:2; 막 10:27). 이스라엘 백성들이 애굽에서 나올 때, 두려워하는 백성들을 향해 모세가 말하길 "여호와께서 너희를 위하여 싸우시리니 너희는 가만히 있을 지니라"(출 14:14)라고 했다. 이것은 하나님의 성품 중에 하나님 자신과 그의 백성을 위해 싸우시는 것이 있다는 것을 알 수 있다. 실제로 성경에 보면 많은 곳에서 하나님께서 그의 백성들에게 전쟁을 명하신 것을 볼 수 있다(출 17:16; 민 31:1-2; 신 7:1-2; 삼상 15:1-3).

이렇게 전쟁을 명하실 뿐만 아니라, 전쟁에 함께 하신다. 출애굽한 모세와 이스라엘 백성들에게도 함께 하셨고(출 14:13-14; 신 1:30-32; 7:17, 20:1-4, 31:6-8, 23), 여호수아와 이스라엘 백성들에게도(수 1:5-9), 여호수아 사망 후에 이스라엘 백성들과(삿 1:1-2), 기드온에게(삿 7:9), 입다와(삿 11:29), 다윗에게도 함께 하셨다(삼상 17:45-47). 이렇게 함께 하시면서 그들에게 승리를 주셨다(삼하 23:10). 하나님께서는 전쟁에서 이기게 하시는 분이시다(민 21:3; 신 2:33, 3:3, 4:34; 20:10-15; 삼하 23:10).

또한 하나님께서는 전쟁에서 패배하게도 하신다. 여호수아와 이스라엘 백성들이 크고, 견고한 여리고성을 무너트린 후에, 작은 아이성을 공격할 때에는 실패하게 하셨다(수 7:1-13). 하나님께서는 전쟁에서 이기게도 하시지만, 패하게도 하시는 분이심을 알리셨다(대하 12:5-8; 24:23-24; 시 76:3; 78:66; 사 5:25; 렘 46:15). 왜냐하면 전쟁은 하나님께 속한 것이기 때문이다(삼상 17:47). 이러한 하나님의 성품은 그의 이름에도 나와 있다. 영적전쟁의 입장에서 본 하나님의 이름을 살펴보도록 한다.

첫 번째로 '엘로힘. אֱלֹהִים'(창 1:1)이다. '엘로힘'이란 이름의 어원은 일반적으로 '위대하고 전능하며 두려운 자'라는 뜻을 가진 '엘'(אֵל)로 받아들여지고 있다.[116] 창세기 1장에서만 32회나 언급이 되고, 성경에서 2700회나 언급 된다. '엘로힘'(위대하고 전능하며 두려운 자)은 모든 대적을 굴복시키고, 파괴하며, 물리치는 그런 하나님의 이름이시다. 그런 엘로힘이 사람을 만드실 때, 자신의 형상대로 창조하셨다(창 1:26-27). '위대하고, 전능하며, 두려운 하나님'께서 자신을 바라보며, 자신을 위해 살도록 사람을 창조하신 것이다(사 43:7). 이 엘로힘의 이름에서 하나님께서는 영적전쟁의 능력을 소유하신 분이신 것을 알 수 있다.

두 번째는 '엘 샤다이. שַׁדַּי'(창 17:1)이다. 이 칭호는 욥기에서 가장 많이 출현하며(31회), 구약에서는 48회나 사용되었으며, '전능자'(almighty)를 의미한다.[117] 이 말의 어원으로 여겨지는 것 중에서 가장 유력한 말은, '젖가슴'이란 뜻으로 양육과 만족, 그리고 공급을 암시한다. '엘 샤다이'는 전능하신 하나님께서 하나님의 형상대로 지음을 받은 사람들을, 양육과 공급을 하신다는 것을 알 수 있는 이름이다. '엘 샤다이'는 사탄의 공격과 유혹을 물리치며, 그 택한 백성들을 지키시고, 보호하시는 하나님의 이름이시다.

세 번째는 '아도나이. אֲדֹנָי'(사 6:8)로서 구약성경에서 약 300회나 사용되었다. 이 말은 하나님을 지칭할 때 거의 복수형으로 쓰였으며, 하

나님께서 주되심(Lordship)과 우리 편에서는 청지기 됨(stewardship)
과 순종을 의미하는 이름이다.[118] 유대인들은 십계명의 제 3계명에 근
거해서 성경을 읽을 때, 하나님의 YHWH가 나오면, 그것을 본래의 발
음으로 읽지 않고, '주님'(Lord)이라는 뜻의 단어 '아도나이'(Adonay)라
고 바꿔 읽었다. 이러한 전통은 오늘날까지 전해져 오고 있다.[119] 하나
님을 '주'라고 부르는 것에 대하여 긍정적인 면과 부정적인 면을 생각해
볼 수 있다. 긍정적인 면을 본다면, 그것은 하나님을 경외함으로 인해,
하나님의 이름을 함부로 부를 수 없다는 입장에서 본 긍정이다. 반대로
부정적인 면에서 본다면, 하나님의 이름을 숨기려고 하는 사탄의 공격
이라고 볼 수 있다. 이것은 하나님의 이름 '여호와'(야훼)란 이름을 세계
의 모든 성경에서 제외시키는 무서운 음모라고 할 수 있다.[120] 이러한
아도나이 호칭은 이 세상의 많고 많은 신(사탄과 사탄의 추종세력들)
들과 사람을 비롯한 모든 것 중에, 오직 하나님만이 주인이시라는 것이
다. '주'라는 말은 다른 것보다 우선이 되어야 하고, 다른 것과 비교할
수 없기에, 하나님을 부르면서 하나님의 형상을 회복하고 유지하라는
하나님의 이름이다.

네 번째로는 '여호와. יהוה'(출 3:15)가 있다. 모든 이름 중에 여호와
의 이름이 가장 의의가 깊고 중요하다.[121] 여호와의 호칭에는 '여호와
이레. יראה'(창 22:14)가 있다. 이 호칭은 '여호와께서 준비하시다(또는
보시리라)'를 의미한다. '여호와 이레'라는 하나님의 호칭은, 하나님께
서 자신의 형상을 닮은 백성들을 위해 일하시는 것을 알 수 있다. '여호
와 라파. רפא'(출 15:26)는 하나님 자신에 의해 주어진 호칭이다. 이 말
은 언제나 치유하고 회복시키며, 고치는 것을 의미한다.[122] 이 호칭은
하나님께서 사탄으로부터 공격받아, 하나님 형상을 상실하여 타락한

사람들을, 영적, 내적, 육적으로 다시 하나님 형상을 회복시키시는 분이심을 알게 한다.

'여호와 닛시. יֹסִי'(출 17:15)는 '여호와는 나의 깃발(군기)이시다'를 의미한다. 이 말은 '번쩍이다'라는 뜻을 가진 말에서 파생된 것으로, 유대인들은 이 말을 기적이란 말로 자주 사용했다.[123] 이 호칭은 하나님의 형상을 파괴시키려고 오는 악한 세력들을 대항해서 이길 수 있도록 힘을 주시는 분이심을 알게 한다. '여호와 카데쉬. קָדַשׁ'(레 20:7)는 '너희를 거룩하게 하시는 하나님'이란 뜻이다. 이 호칭은 죄와 구별된, 악한 세상과 구별된 삶을 살게 하시는 분이심을 알게 한다. 하나님께서는 하나님의 백성들이 죄로 인하여 하나님의 형상을 상실한 삶을 사는 것이 아니라, 세상과 구별된 삶을 살기를 원하신다. 이 호칭은 하나님께서 그의 택한 백성들을 하나님의 형상을 회복시키시고, 유지시키시는 분임을 알 수 있다.

'여호와 샬롬. שָׁלוֹם'(삿 6:24) 샬롬이란 말은 '평화(평안)'를 의미하기도 하지만, '충만한', '완전한', '완성된', 또는 '완벽한' 등의 의미로 번역되기도 한다. 이는 모든 사람이 필요로 하는 안식이다.[124] 하나님을 떠난 삶, 하나님의 형상이 상실된 삶에 참 평안은 없다. 이 호칭은 하나님께서 자신의 형상을 회복시킨 백성들에게 세상이 줄 수 없는 충만하고 완전한 평안을 주시는 분이심을 알게 한다(요 14:27). '여호와 라아. רָעָה'(시 23:1)는 '풀을 뜯기다, 방목하다, 풀을 뜯다', 또 '교제하다, 사귀다, 친구가 되다'를 의미한다. 즉 하나님은 우리와 사귀며, 우리에게 풀을 먹이는 우리의 목자라는 말이다. 이 호칭은 하나님께서 하나님 형상을 회복시킨 자기의 백성들을 악한 세력의 공격에 내버려 두시지 않고, 보호하고, 인도하시는 분이심을 알게 한다.

'여호와 찌드케누. צִדְקֵנוּ'(렘 23:6)이다. '찌데크'라는 말은 '엄격한' 또는 '곧은'이라는 뜻이다. 다시 말해서, 그것은 원래 '옳은' 것을 의미하는 것으로, '여호와 우리의 의'라는 말이다.[125] 하나님께서는 불의를 안 하시는 것이 아니라, 행치 못하시는 분이시다. 그 아들 예수 그리스도를 십자가에 못 박을 만큼 불의를 용납하지 못하신다. 이 호칭은 하나님께서는 그의 사랑하시는 백성들을 불의에서 부르시고, 자신의 의로움으로 하나님의 형상을 회복시키시는 분임을 알게 한다. '여호와 삼마. שָׁמָּה'(겔 48:35)는 '여호와께서 거기에 계시다.'는 뜻이다. 하나님의 존재하심은 모든 것을 의미한다.[126] 이 호칭은 사탄이 하나님의 형상을 파괴하려고 공격하는 모든 곳에 하나님께서 함께하시어, 하나님 백성들이 하나님의 형상을 상실하지 않도록 지키시는 분이심을 알게 한다. 지금까지 하나님의 호칭에 대해서 살펴보았듯이 하나님의 이름에는 하나님 자신과 하나님의 백성들을 위하여 영적전쟁을 하시는 분이심을 알 수 있다.

B. 왜 하나님의 이름을 망령되이 부르면 안 되는가?

첫째로, 우리가 하나님의 이름을 망령되게 불러서는 안 될 이유는 타락한 본성 때문에, 망령되이 사용하기 쉽기 때문이다. '망령되이(in vain)'라는 말의 의미는 무엇인가? 가장 오래되고 전통 있는 해석은 유대인들의 해석이다. 그들은 정통적으로 이 계명을 '하나님의 이름으로 거짓 맹세하지 말라"는 뜻으로 해석해 왔다.[127] 흠정역에서 이 말은 종종 헛됨(vanity)으로 번역하고 있다(시 24:4). '망령되이'라는 말이 히브리 원어로는 '샤우'(שָׁוְא)라는 말이다. '샤우'(שָׁוְא)의 일차적 의미는 '공

허, 허무'라는 뜻으로, 물질적, 혹은 도덕적으로 비실질적이고, 비실제
적이며, 무가치한 어떤 것을 지칭한다. 곧 여호와의 이름(즉 그의 명성)
을 '헛되게' 거론한다는 것이며, 오늘날 우리가 이해하는 바의 신성 모
독, 거짓 맹세한다는 의미를 함축하고, 또한 여호와의 이름을 가볍게,
경솔하게, 혹은 기계적으로 사용한다는 의미도 포함하고 있다.[128]

'일컫지 말라'에서 '일컫지'는 히브리 원어로 '나사'(נשא)인데, 이 말
은 '하나님의 이름을 들어 올리는 것, 하나님의 이름을 가져가는 것, 하
나님의 이름을 취하는 것'으로, 하나님의 이름을 부르는 것을 말한다.
종교개혁자 마틴 루터는 제 3계명을 번역할 때 "너는 너의 하나님, 너
의 주의 이름을 오용, 남용하지 말라"(Du Sollst den Namen des Herrn,
deines Gottes, nicht mibbrauchen)로 하여, 이 계명이 포괄적인 의미가
있음을 보여 주었다.[129] 하나님의 이름을 망령되이 부르지 않는다는
것은 최상의 경외심을 가지고, 생각과 말과 행실에 있어서 거룩하게 사
용해야 함을 말한다.[130] 즉 하나님께 경배할 때에 영적 상태를 말하고
있다. 이러한 영적 상태는 우리들이 하나님의 이름을 부르거나, 그의
성호를 찬양할 때, 헛된 마음으로 부르는 것이 아니라, '최상의 신실함
과 겸손함, 그리고 경의의 마음'으로 불러야 한다.[131] 스랍 천사들이 하
나님 앞에서 그들의 얼굴을 가리고 있는 바, 그 하나님에 대해서 말할
때, 언제든지 그의 무한하신 존귀와 영광을 신중하고, 엄숙하게 생각해
야 하며, 그 이름 앞에서 하나님의 백성들 마음에 가장 깊이 엎드린 경
배가 있어야만 할 것이다.[132]

두 번째는 하나님의 이름을 높이고, 영광 돌려야 하기 때문이다. 하
나님의 이름은 하나님께서 스스로 계시하심으로 사람들에게 알려지게
되었다(창 17:1; 출 3:14; 6:2). 요한복음 17:6에 "세상 중에서 내게 주

신 사람들에게 내가 아버지의 이름을 나타내었나이다…"라고 말씀하시면서, 하나님의 이름은 예수 그리스도 자신을 통하여 나타나게 되었다고 하셨다. 요한복음 17:12과 17:26의 말씀을 정리하면, 예수 그리스도께서는 아버지의 이름을 가지고 계셨고, 아버지의 이름을 나내셨다는 것이다. 예수 그리스도께서 아버지로부터 받아서 가지고 계셨던 것은, '예수'라는 이름이었다(마 1:21). 즉 하나님께서는 '여호와'(구원자)라는 하나님의 이름을, 그 아들에게 '예수'(구원자)라고 주신 것이다. 이것에 대해 바울은 빌 2:6-7에서 예수 그리스도는 보이지 않는 하나님의 본체라고 했다. 그러면서 계속해서 말하길 "이러므로 하나님이 그를 지극히 높여 모든 이름 위에 뛰어난 이름을 주사"(빌 2:9)라고 했고, 계속해서 빌립보서 2:11에서 "모든 입으로 예수 그리스도를 주라 시인하여 하나님 아버지께 영광을 돌리게 하셨느니라"라고 했다.

세 번째는 권세와 능력이 있기 때문이다. 하나님의 이름, 예수 그리스도의 이름을 망령되게 부르는 것은, 하나님의 능력과 권세를 부정하는 것이다. 하나님께서 예수 그리스도에게 뛰어난 이름을 주시면서, 모든 것이 그 이름에 무릎을 꿇게 하셨다고 했다(빌 2:10). 하늘에 있는 천사들과 땅에 있는 사람들이나, 동물들과 자연에 속한 모든 것과 땅 아래 있는 어두움에 속한 악한 권세들까지 모두 무릎을 예수 그리스도의 이름에 꿇게 하셨다. 이것은 예수 그리스도께서 전 우주를 다스리시는 주권을 소유하신 '주'이심을 시사한 것이다.[133] 마가복음 9:38에 보면 예수 그리스도를 따르지 않고, 제자들의 무리에 속하지 않은 사람이 예수의 이름으로 귀신을 쫓은 사람이 나온다. 즉 이것은 비록 예수 그리스도를 따라 다니지 않는다 할지라도, 예수 그리스도를 믿는 사람, 예수 그리스도의 이름을 소유한 사람은 악한 세력을 굴복시키고, 이길 수 있는 권세와 능력이 있다는 것을 말하고 있다. 기독교가 지금까지 오게 된 것도 바로 이 '예수 그리스도의 이름' 때문이었다.

C. 하나님의 이름에 대한 예수 그리스도의 가르침

하나님의 이름에 대해 예수 그리스도께서는 의미 없는 말로써, 하나님의 이름을 잘못 사용하지 말 것을 명하셨다. 마태복음 7:21에 "나더러 주여 주여 하는 자마다 천국에 다 들어갈 것이 아니요 다만 하늘에 계신 내 아버지의 뜻대로 행하는 자라야 들어가리라"라고 명하셨는데, 이것은 마음과 행위는 없는 상태에서 이름만 부르는 자들에게 경고하신 것이다(눅 6:46). 예수 그리스도께서는 마태복음 6:9에서 "그러므로 너희는 이렇게 기도하라 하늘에 계신 우리 아버지여 이름이 거룩히 여김을 받으시오며"라고 말씀하시면서, 아버지의 이름은 오직 거룩하게 여김을 받도록 해야 한다고 하셨다.

3) 하나님의 이름과 하나님 형상의 회복과 상실

A. 하나님의 형상 상실

제 2계명이 하나님께 예배드리는 방법에 대해 언급한다면, 제 3계명은 합당한 영적인 태도로 하나님께 경배드릴 것을 요구한다.[134] 하나님께서는 안식일을 어기거나, 간음, 살인, 도적질, 등에 관한 계명을 어길 때에 대한 말씀보다, 하나님의 이름을 망령되이 일컫는 일에 대하여 더 많은 말씀을 하신 것을 알 수 있다.[135] 오늘날 하나님의 이름을 모독하는 언사를 듣지 않고서는 거리에 나가거나, 모인 무리 속에 들어간다는 것은, 거의 불가능하게 되었을 정도로 악하고, 타락한 시대에 살고 있다.[136] 하나님을 모독하는 풍조는 단지 우리나라뿐만 아니라, 전세계를 휩쓸고 있다. 그만큼 하나님의 이름을 모독하는 언행이 일반화되어 있다.[137] 이것은 사탄이 우리로 하여금 무심코 이 죄를 범하게 만들기도 하고, 때로는 교묘하게 거짓 선지자들을 내세워 하나님의 이름으로, 하나님의 형상을 입은 사람들을 공격하여, 하나님의 형상을 파괴하게끔 만들기 때문이다(신 13:1-3).

　구약의 예언자(navi')들에게 주어진 중요한 역할 가운데 하나가, 하나님의 말씀을 대신 전하는 '메신저'로서의 역할이었다. 하나님 말씀의 '메신저'로서의 예언자들은 고대 근동지역에서 '메신저'들이 상투적으로 사용했던 '메신저 어투'를 사용하였다('코 아말 야훼', koh 'amar Yahw, 한글 성경에는 "여호와께서 가라사대").[138] 이러한 어투를 사용하면서 거짓 선지자들은 자연스럽게 하나님의 이름을 악용했다. 하나님께서는 하나님의 이름을 악용하여 사용하는 거짓 선지자들이 많이 있을 것을 말씀하셨다(렘 23:11, 16, 25, 27). 거짓 선지자들은 자기 임의대로 하나님의 이름으로 행함으로, 이스라엘 백성들을 잘못된 길로 인도했다(렘 23:32; 28:15). 이것은 분명 하나님의 형상을 입은 사람들이 하나님의 형상을 잃어버리도록 한 결과이다. 이렇게 잘못된 곳에 하나님의 이름을 사용하는 것은, 물론 거짓 선지자 스스로 자기의 마음에서 나온 생각도 있다(렘 23:16). 그러나 대부분의 거짓 선지자들의 입에서 나온 것은, 사탄과 사탄의 추종세력들로부터 온 것이라고 생각한다(렘 23:25-27; 애 2:14).

3. 여호와의 이름을 망령되이 부르지 말라 79

열왕기상 22:1를 보면, 여호사밧이 이스라엘 왕 아합에게로 내려갔다. 길르앗 라못을 치기 위하여 여호사밧과 아합이 연합하여 전쟁을 하고자 할 때, 여호사밧이 선지자에게 물어보기를 원하자 아합은 시드기야를 비롯한 400명의 선지자들을 모아서 물었다. 시드기야를 비롯한 400명의 선지자는 승리할 것을 예언하였으나, 오직 미가야 선지자만 패할 것을 예언하였다. 미가야는 시드기야가 잘못된 예언을 하게 된 원인을 설명하기를, 시드기야가 거짓말 하는 것은 자신의 생각으로 하는 것이 아닌, 거짓말 하는 영이 시켜서 하는 것이라고 말했다(왕상 22:21-23).

하나님의 이름을 망령되게 사용하는 거짓 선지자들을 통하여 오는 사탄의 공격은 매우 큰 영향을 끼친다. 그래서 모세는 그의 사역이 끝날 때, 거짓 선지자들에 대한 경고를 했고(신 13:2-3), 예수 그리스도께서도 거짓 선지자들에 대한 경고를 많이 하셨다(마 7:15, 22; 24:11, 5). 사도 바울은 좀 더 강하게 경고하기를 "그러나 우리나 혹 하늘로부터 온 천사라도 우리가 너희에게 전한 복음 외에 다른 복음을 전하면 저주를 받을지어다"(갈 1:8)라고 했다. 하나님의 이름을, 하나님의 뜻에 어긋나게 사용하게끔 유혹하고, 공격하는 사탄의 노림수를 기억해야 할 것이다.

이렇게 하나님의 이름을 잘못 사용하면, 하나님 형상을 상실하게 되어, 하나님의 이름을 모독하게 되고, 죽임을 당할 뿐 아니라(레 24:11-14), 정죄를 받게 되고(출 20:7; 마 12:3), 저주를 받게 되고(말 2:2), 하나님의 나라를 유업으로 받지 못하게 된다(엡 5:4-5; 렘 23:10-12),

B. 하나님 형상의 회복

'하나님의 이름'은 하나님의 품성과 그의 권위를 나타내는 것이다.[139] 즉 그의 이름은 그 자신의 연장인 것이다. 하나님의 이름은 진정한 의미에서 하나님 자기 계시의 한 방법이다. 그것은 하나님께 대한 지칭이며, 그의 본질 자체는 아니지만, 그 이름들을 통하여 우리는 구속 과정에서 그와 우리의 관계에서 나타난 하나님에 대해서 알 수 있는 것이다.[140] 그러므로 우리가 하나님의 이름을 사용할 때는, 그 의미와 함축된 뜻에 맞는 방법으로 사용해야 한다.[141] 그러므로 그리스도인들은 하나님의 이름을 함부로 사용해서는 안 된다. 하나님의 이름을 확실히 알고, 제대로 사용한 사람들 중에 대표적인 사람이라면 다윗을 빼놓을 수 없다. 다윗은 사무엘이 이새의 집에 와서 잔치가 있었을 때에도 그 잔치에 참여하지 못하고 양을 치고 있었던, 집에서 조차 환영받지 못한 사람이었다(삼상 16:11). 다윗은 형들에게는 '볶은 곡식 한 에바와 떡 열 덩이'를, 천부장에게는 '치스 열 덩이'를 주고 오라는 아버지의 명령에 순종하여 전쟁터에 갔다(삼상 17:17-18).

다윗이 전쟁터에 갔을 때, 골리앗이 하나님의 이름을 모독하는 것을 듣고, 분을 내며, 골리앗과 싸우겠다고 했다(삼상 17:26-32). 다윗이 골리앗과 싸우기로 작정한 것은, 이 전쟁이 혈과 육에 속한 전쟁이 아니라, 영적전쟁임을 알고 있었기 때문이다. 혈과 육에 속한 전쟁이라면 누가 골리앗을 이길 수 있겠는가? 골리앗은 키가 6규빗 한 뼘(약 290cm)이나 되는 거인으로 머리에는 놋투구를 썼고, 몸에는 어린갑을 입었으며, 그 갑옷의 무게는 놋 5천 세겔(약 57kg)이고, 다리에는 놋경갑을 쳤고, 어깨 사이에는 놋 단창(短槍)을 메었는데, 그 창자루는 베틀

채 같고, 창날은 철 6백 세겔(약 6.8k)이며, 또한 방패 든 자를 앞세웠다 (삼상 17:4-7). 혈과 육에 속한 전쟁으로 알고 있는 사울은 다윗이 전쟁에 나가려는 것을 말렸다.

다윗은 골리앗에게로 나아가면서 담대하게 선포하기를 "너는 칼과 창과 단창으로 내게 오거니와 나는 만군의 여호와의 이름 곧 네가 모욕하는 이스라엘 군대의 하나님의 이름으로 네게 가노라"(삼상 17:45)라고 했다. 반면에 골리앗은 "다윗에게 이르되 네가 나를 개로 여기고 막대기를 가지고 내게 나아왔느냐 하고 그 신들의 이름으로 다윗을 저주하고"(삼상 17:43)라고 말하고 있다. 골리앗은 자신이 믿는 '신들의 이름'으로 나왔고, 다윗은 '하나님의 이름'으로 나갔다. 서로가 섬기는 '신의 이름'으로 나간 영적전쟁인 것이다. 눈으로 보기에는 다윗의 물맷돌이 골리앗을 죽인 것처럼 보이지만, 진실은 돌멩이가 아닌 하나님의 이름이었다. 다윗과 골리앗의 싸움은 영적전쟁이었고, 다윗은 영적인 무기인 '하나님의 이름'으로 싸운 것이다.

결국 골리앗은 죽고, 이스라엘 군대가 승리를 하게 되었다. 이 사건 이후로 다윗은 이스라엘에게 유명인사로 알려지게 된다. "여인들이 뛰놀며 창화하여 가로되 사울의 죽인 자는 천천이요 다윗은 만만이로다 한지라"(삼상 18:7). 보잘것없는 목동으로, 가족들이 모이는 잔치에도 참석하지 못한 처지의 다윗이 이스라엘의 왕이 되었다. 영적전쟁에서 승리하여 하나님의 형상이 회복된 다윗은, 단순히 이스라엘의 왕이 되는 것으로 끝난 것이 아니다. 하나님께서는 다윗을 보시고 "마음에 합당하여 내 뜻을 다 이루게 하리라"(행 13:22)라고 놀라운 말씀을 하셨다. 이렇게 축복을 받은 다윗은 열왕기상 15:3에 보면 "아비얌이 그 부친의 이미 행한 모든 죄를 행하고 그 마음이 그 조상 다윗의 마음 같지 아니하여 그 하나님 여호와 앞에 온전치 못하였으나"라고 말하고 있다. 즉, 다윗의 모든 행위는 이스라엘 왕들의 척도가 되었다(왕상 11:4; 15:3; 왕하 14:3; 16:2). 정말 놀라운 일이고, 대단한 역설이다. 결국 다윗은 예수 그리스도의 족보에 들어가는 조상이 되었다(마 1:1, 6).

이렇게 "하나님의 이름을 망령되이 부르지 말라"는 것과의 영적전쟁에서 승리하여 하나님의 형상을 회복하게 되면, 구원받고(롬 10:13; 사 55:6-7), 하나님의 자녀가 되는 권세를 가지게 되며(요 1:12), 하나님의 영광을 나타내게 되고(사 42:8; 48:11), 빛 가운데로 걷게 된다(사 50:10). 또한 고난의 날에 기도의 응답과 도움을 받게 되고(시 20:1-3; 145:18-19; 마 6:9; 렘 33:3; 롬 10:12), 잠언 18:10에 "여호와의 이름은 견고한 망대라 의인은 그리로 달려가서 안전함을 얻느니라"라고 말한 것처럼 안전하게 거하며, 찬송과 영광으로 가득한 입을 가지게 된다(시 71:8).

4. 안식일을 거룩히 지켜라(출 20:18)

1) 영적배경

A. 안식일의 시작

안식일은 히브리 원어로 동사 '샵바트'(שָׁבַת)인데, 그 기원이 불명확하다. 어원적으로 가장 그럴듯한 설명은 '샤바트'(שָׁבַת) '그치다, 끝내다, 쉬다'에서 파생한 것이라고 한다. 이러한 설명은 "하나님이 일곱째 날에 복을 주사 거룩하게 하셨으니 이는 하나님이 그 창조하시며 만드시던 모든 일을 마치시고 이 날에 안식(샤바트)셨음이더라"(창 2:2)라고 말씀하신 것을 근거한다.[142] 하나님께서 가나안 땅에 들어가기 전에 이스라엘 백성들에게 안식일을 지킬 것을 명한 것은, 확실히 중요하고, 의미 있는 일이었다.[143] 하나님께서는 가나안 땅에 들어가기 전에, 이스라엘 백성들을 훈련시키고, 준비시키실 필요가 있으셨다. 그래서 안식일은 하나님과 이스라엘 사이의 표징이며, 이방인과 구별하는 표징으로 주어진 것이라고 말하고 있다(출 31:13, 17; 겔 20:12-).[144] 제 4계명은 십계명에서 가장 길어, 거의 1/3을 차지한다. 그리고 다음과 같은 사실에 주목해야 할 필요가 있다. 즉 이것을 듣는 모든 개인, 즉 '너(You)'가 지켜야 한다는 것이다.[145] 안식일은 아담에게서 시작하여 인류에게 주어진 법이다. 이스라엘 백성에게만 주어진 법이 아니라는 것이다.[146]

이러한 안식일을 '기억하라'고 명하고 있다. '기억하여'는 '자카르, זָכַר'(동사)는 기본어근이며, '기억하다, 상기하다'(remember)를 의미한다. 즉 '기억하다'란 뜻의 동사 '자카르'의 명령형 형태로, 이는 단순히 '기억하다'는 차원을 넘어서 '상기시키다, 기억을 되살리다'는 뜻이 있는데, 본래의 의미는 '알아보기 위해 표시하다'이다.[147] 그러니까 안식일은 꼭 기억을 되살려서 지키라고 말하는 것이다. '기억하라'는 말이 안식일에 친숙해 있었음을 전제로 하고 있다. 안식일의 기원이 모세이전 시대로 거슬러 올라가는 것은 당연한 것이며, 히브리인들이 애굽에 살던 시대 혹은, 그 보다 더 이전 시대의 히브리인들도 물론 알고 있었다. 그러나 실제로 제 4계명 이전에 안식일이 지켜졌었다는 것을 전제로 하지는 않는다고 한다.[148] 그 원인으로는 이스라엘 백성들이 하나님께서 엿새 동안 천지를 창조하시고, 칠일에는 성별하여 쉬셨다는 것을 알고 있었을 것이다. 그러나 그 이후에 안식일을 성별하라는 계명이 사람에게 주어진 적이 없었기 때문이다. 그러므로 제 4계명은 만나가 일주일 중에 제 칠일에 주어지지 않았던 사실(출 16:22)에 의해 약간의 준비 과정이 있은 후, 시내산에서 이스라엘 백성들에게 처음으로 주어졌다고 보아야 한다.[149]

그러나 안식일로 번역되는 '샵바트'(שׁבָּת)에 정관사 '하'(ה)가 붙음으로서 특정한 안식일을 지정한다. 따라서 직역하면 '그 안식의 날'이 되는데, 이것은 천지창조 사역 후, 하나님께서 안식하신 바로 그 날을 가리킨다.[150] 그러므로 안식일의 제정은 그 기원이 창조 때까지 거슬러 올라가야 한다(참조, 창 2:3). 따라서 안식일의 준수에 관한 것도 이와 때를 같이 하여 주어진 것으로 보아야 옳을 것이다.[151] 그러므로 "안식일을 기억하여 거룩히 지켜라"는 이 말은, 안식일이 십계명에 포함되기 훨씬 전에 이미 안식일은, 안식과 예배의 날로 정해져 있었음을 나타낸다.[152] 따라서 이 계명은 새로운 것을 만들어 낸 것이 아니다. 그것은 하나님께서 그의 백성에게 이미 가르쳐 주셨던 것이, 형식적인 법령의 형태로써 새롭게 강조되어 나타났을 뿐이다.[153] 다만 일주일을 칠일로 구분하는 방법은 유대인이 발명한 것은 아니었다. 아마 이러한 시간 구분법은 바벨론에서 기원되었을 것이다.[154] 유대인들이 가나안에 들어갔을 때에 이미 거기에 칠일로 된 일주간의 시간 구분법이 있었으나, 그들만이 모든 다른 날들 중에서 안식일을 가장 거룩한 날로 지켰을 것이다.[155]

B. 안식일의 중요성

안식일이 중요하다는 것은 십계명 중에 '기억하라'는 말이 제 4계명에서만 사용되고 있는 점이다. 그만큼 이 '안식일'이 중요하다는 말이다. 그리고 안식일의 중요성을 알 수 있는 것은, 십계명 중에 넷째 계명이 다른 어느 것보다도 더 광범하게 취급되었다는 사실을 주목함으로써, 이 제도가 갖는 모종의 중요성을 측정할 수 있다.[156] 안식일을 포함한 십계명이 중요하다는 것을 알 수 있는 다른 증거는, 가나안 땅을 점령하기 직전에 신명기 5:6-21에서 모세가 다시 한 번 강조하고 있는 것에서 볼 수 있다. 같은 내용을 반복한 것은 그만큼 중요하기 때문일 것이다. 안식일 준수가 십계명에 채택됨으로써 이스라엘 사람들이 지키는 모든 축제 절기의 토대가 되었는데, 그것은 그 모든 축제 절기들이 안식일 휴식에서 그 절정에 달하기 때문이다. 동시에 안식일 준수는 시내산 율법의 핵심으로서, 예수 그리스도께서 오실 때 없어져버릴 '장차 올 것의 그림자에 속한다(골 2:17; 참조, 히 10:1).[157]

또한 안식일의 중요성을 볼 수 있는 것으로 가장 바쁜 시기인 밭가는 시기와 추수기에도 일을 하지 말라고 강조하는 것과(출 34:21) 안식

일을 범했을 때 사형에 처하는 것은(출 31:14; 민 15:32), 이스라엘 백성
들의 생활에 있어서 안식일이 매우 중요함을 말한다.[158] 안식일이 이
스라엘 백성에게 얼마나 중요하게 여겨졌는가 하는 것은, 역사를 봐도
잘 알 수 있다. 주전 170년 경 가나안 땅의 유대인들은 희랍의 통치자
안티오커스 4세(Antiochos Epiphanes IV. BC 175-BC 163)의 통치 하
에서 극심한 박해를 받고 있었다. 이 왕은 희랍문명의 숭배자로서 그가
통치하던 모든 지역을 희랍문명으로 획일화시키고자 노력했다. 그는
유대인들이 할례를 행하지 못하게 했고, 안식일을 지키지 못하게 했다.
많은 유대인들은 박해를 피해 산이나 광야로 피해 안식일을 지키고자
했고, 안티오키스 왕의 군대는 피신한 유대인들을 잡아 처난하기 위하
여, 수색 작업을 폈는데 안식일을 골라 했다. 유대인들은 공격하는 적
군과 대항하여 싸우기 보다는 차라리 죽음을 택했다. 이로부터 백 년이
지난 후인 주전 63년경에 로마제국의 폼페이우스(Pompey. BC 106-BC
48) 장군이 군대를 이끌고, 예루살렘을 진격하여 예루살렘을 멸망시킬
때도 안식일에 공격했다.[159] 그래서 철저한 율법주의 사람들은 적이
쳐들어와도 안식일이기 때문에, 싸우지 않고 죽었다고 한다.

2) 안식일을 기억하여 거룩히 지키라

A. 안식일과 주일

사람의 시간을 규정하는 이 안식일 계명은 일시적인 것이 아니라, 특
수한 하나님의 섭리에 따라 계획되어진, 하나님의 목적을 향하여 영속

적이고, 영구적인 것이다. 안식일은 '사람을 위해' 제정되었지(막 2:27), 유대인만을 위한 것이 아니다.[160) 안식일은 하나님의 창조사역을 기념할 뿐만 아니라, 보다 더욱 큰 사역인 구속사역을 기념하기 위함이다.[161) 안식일은 일(노동)을 그침, 즉 일을 쉬는 안식의 날로 여겨졌다. 그러나 이것은 하나님에게 바쳐진 날로서 하나님을 알게 되고, 그를 경배하는 기회를 부여하기 위한 것이었다.[162) 안식일은 단순히 '휴식'의 날이 아니다. 물론 우리 인간은 생리적으로나, 심리적으로 주기적인 휴식의 시간을 필요로 한다. 영어로 휴식은 'rest'이다. 그런데 이 말은 '휴식'이라는 뜻과 함께 '나머지'라는 뜻도 가지고 있다. 인간은 휴식함으로써 '나머지' 삶을 갖게 되는 것이다. 이것이 휴양하는 것을 레크레이션(recreation. 글자 그대로 재창조)이라고 부르는 이유이다.[163)

그러나 십계명의 안식일은 이보다 더 깊은 의미를 가진다. 구약의 안식일은 앞으로 올 6일 동안의 일을 위해서만 필요한 것이 아니다. 안식일은 새 일을 하기 위한 '중간의 휴식'일뿐 아니라, 지난 6일 동안의 일의 완성이요, 그 절정인 것이다.[164) 안식일은 먼저 하나님 자신을 위해서 하셨는데, 온 인류로 하여금 천지창조를 기념케 하시고, 그분을 알고, 경배하기 위함이며, 둘째로 사람들을 위해서인데, 하나님 안에서 신령한 은혜를 받고, 이웃에게 사랑을 베풀며, 고된 일로부터 안식을 얻게 하는데 있었다.[165) 안식일은 하나님의 창조 사업과 구속 사업 등 그의 선한 손길을 기념하고, 그의 백성으로 하여금 안식과 동시에 하나님의 은혜를 기억하고, 개인이나 공동체에 있어서 공식적인 예배의 날일뿐만 아니라, 가정에서 그 날을 즐거이 지키며, 예배하고, 축복받게 하기 위한 것이다.[166)

안식일은 안식일의 주인이신 예수 그리스도에 의해 그 형태가 바뀌어 세상에 주어졌는데, 이것은 이 율법의 폐기가 아니라, 가장 깊은 의미에 있어서 설명, 해석된 것이다. 따라서 미래에 있어서 안식일(영원한 안식의 날)은 예수 그리스도를 통하여, 우리들에게 회복될 것이다(사 66:23; 겔 44:24; 45:17; 46:1, 3, 4, 12). 그러므로 안식일은 창조의 때에 정해진 제도로서, 하나님의 백성에게 남겨져 있는 영원한 안식의 모형이다(히 4:9).[167] 안식일이 포함되어 있는 주일성수의 문제는 오늘날 현대인들에게는 어려운 문제로 다가온다. 그러나 이것은 지킬 수도 있고, 지키지 않을 수도 있는 선택의 문제가 아니다. 주일성수는 그리스도인들에게는 반드시 지켜야 할 필수적인 문제이다.[168]

우리가 주목해야 할 것은 '제 7일'이란 말이 6일간 일한 그 다음날이라는 것이다. 유대인에게서 제 7일은 한 주간의 첫째 날인 토요일이었으나, 우리에게 이 날은 히브리서 4:8에서 명백히 보여준 대로 '다른 날', 다시 말해 한 주간의 첫째 날이었다. 기독교에서 안식일을 지키지 않는 문제는 역사적으로나, 신학적으로 간단한 문제가 아니다. 예수께서도 안식일에는 '자기 규례대로' 유대인 회당에 출석하셨다(막 3:1; 눅 4:16). 사도 바울도 전도여행 중에 '안식일 마다' 회당에서 강론했다(행 18:4). 신약성경에 기록된 초대교회의 상황을 보면, 안식일 문제로 유대인들과 충돌했던 사건은 없었다. 이로 미루어 볼 때, 초대교회 교인들이 안식일을 지켰다는 것을 알 수 있다.[169]

기독교회의 시작과 함께 '안식 후 첫 날(주일)'을 주님께서 부활하신 날, 즉 '주일'로 지켰다는 성서적 증거는 없다. 그 과정은 서서히 된 것으로 보인다. '안식 후 첫날'(마 28:1; 막 16:2; 눅 24:1; 요 20:19), '매주 첫 날'(고전 16:2)이라고 한 것은, 주일의 개념이 확립되지 않았기 때문이다. 주의 날(Lord's Day), 곧 주일이라는 주체적인 용어가 신약에서 처음 사용된 것은, 요한 계시록 1:10이다(신약에서는 주일이라는 말은 오직 여기 한 번 사용되었다). 이렇게 주일이라는 말이 사용되기까지는 초대교회가 시작된 이후 상당한 시간이 지나서였다.[170] 사도 바울은 그가 초대교회에 보낸 서신에서, 당시 논쟁이 되고 있는 문제에 대해서는 그의 견해를 밝히고, 해답을 주었다. 그러나 안식일 문제에 대해서는 말을 하지 않고 있다. 1세기 말경 안식일이 아닌 주일을 지켜야 한다는 주장이 일기 시작했다.[171] 로르도르프(W. Rordorf)는 주후 321년에 콘스탄틴 황제가 '태양일'(Day of the Sun)을 공휴일로 제정하는 법령이 공포되면서, 기독교의 일요일을 휴식의 날, 즉 이상적인 안식일로 간주했다고 말했다. 그 때까지는 그들이 첫 날을 안식의 날로 생각하지 않고, 그들이 예배드리는 날로 사용해 왔다는 것이다.[172] 일요일을 공휴일로 만든 콘스탄틴 황제의 칙령은 기독교회에도 큰 변화를 가져오게 했다. 안식일이 주일로 대치된 것이다.

B. 왜 안식일을 지켜야 하는가?

첫 번째로, 하나님께 예배하는 날이기 때문이다. 사람들이 안식일을 지켜야 하는 것은, 안식일이 하나님께 예배하는 날이기 때문이다.[173] 출애굽기 20:11-18의 십계명에서 안식일 준수는 창조(완성)와 관계되어 있다. 하나님의 창조 사역에서 베푸신 은혜는 사람에게 예배의 동기가 되는 것이다. 그것에 반해 신명기 5:12-15의 십계명에서 안식일 준수는 애굽의 속박에서 구원을 기념하기 위한 것이었다.[174] 이것 역시 구원을 베푸시는 하나님께 예배드릴 이유가 된다. 출애굽기에서는 안식일 제도의 근거를 창조 후, 하나님의 휴식에 두어 창조질서의 차원까지 끌어 올림으로, 안식일 준수의 문제를 신앙의 원칙에 속하는 것으로 보았다. 반면에 신명기는 안식일 제도를 사회적 약자 보호법의 일환으로 보았다. 그러나 안식일 제도를 어떻게 해석하건 간에, 이것이 고대 사회에서 혁명적인 제도였음에는 틀림이 없다.[175]

이 두 경우 모두 사람의 유익을 위함이며, 모든 것이 사람의 온갖 필요를 공급해 주시는 하나님의 은혜라는 사실을, 사람의 마음에 상기시키기 위함이다.[176] 이스라엘이 자기 민족 위에 내리신 하나님의 선한 손길에 대한 여러 측면들을 명상하는 시간을 갖기 위하여 정한 날이었다. 안식일은 하나님께서 명령하셨고, 명하신 하나님께서는 본을 보이셨다. 그러므로 안식일을 지키는 것은 하나님을 기쁘시게 하는 것이고, 영화롭게 하는 것이다.[177]

두 번째로, 사람들이 일로부터 안식이 필요하기 때문이다. 제 4계명은 하나님께서 우리들의 시간을 주관하시는 주인이라는 것과 우리가 시간을 사용하며, 개선해야 할 것을 보여준다.[178] 우리는 하나님 앞에서 노동해야 할 의무가 있다. 즉 우리에게는 노동할 권리가 있으며, 그 권리는 다른 사람이 침해할 수 없는 권리이다.[179] 안식일을 지키는 것은 하나님의 백성들이 휴식할 수 있는 권리뿐만 아니라, 그렇게 할 의무가 있다는 것도 내포한다.[180] 노동 자체가 목적은 아니다. 노동은 하나님을 영화롭게 하고, 사람을 섬기기 위한 수단이다. 또한 그것은 우리로 안식을 준비하게 한다.[181] 그러나 사람의 죄는 일을 저주로 바꾸어 놓았다. 그래서 하나님께서는 원래 계획하셨던 대로 일과 안식을 다시 결합시키심으로써, 일을 구속과 축복으로 회복하셨다.[182]

안식일에는 모든 피조물들이 다 안식하는 것이다(신 5:14). 사람에게 안식이 필요하기에 하나님께서는 명하신 것이다. 안식일은 주인뿐 아니라, 종속된 노동자들에게 휴식의 날을 제공하는 사회적, 인도주의적 계명이다(출 20:10; 23:12; 신 5:14-15).[183] 구약성경에서는 '일'에 대하여 명확하게 정의를 내리지 않고 있다. 그래서 유대인들은 구전법을 통해서 안식일에 해서는 안 되는 일의 목록을 점진적으로 발전시켰다.[184] 그들은 안식일에 대하여 39가지 종류의 금지된 일이 규정으로 제도화 되었고,[185] 600개가 넘는 계율을 만들었다.[186] 안식일은 하나님께서 베풀어 주신 축복과 은혜의 날이다. 안식일은 사람을 위하여 준비하신 날인데도 불구하고, 사람들을 제한하여 안식일에 맞추려는 노력이 생기게 된 것이다. 이 부분에 대하여 예수 그리스도께서는 안식일은 사람을 위하여 있는 것이라고 하시면서, 안식일의 정신에 대하여 분명하게 말씀하셨다(막 2:27). 그러므로 안식일은 슬픔의 날이 아니라, 기쁨의 날로 제정되었다. 소극적으로는 일을 쉼으로써, 적극적으로는 개인적으로나 공식적으로 하나님의 일에 집중하는 기회로 지켜야 한다.

C. 안식일에 대한 예수 그리스도의 가르침

예수 그리스도 시대에는 안식일의 정신이 망각되고, 형식화되어 있었기 때문에, 예수 그리스도께서는 그 위선을 지적하시고, 본래의 정신으로 돌아가야 할 것을 가르치셨다(마 12:1-14; 막 2:27-28; 눅 13:15-17).[187] 바리새인들은 안식일에 움직이는 것(요 5:10; 참조 행 1:12), 병자를 고치는 것(막 3:2; 눅 13:14), 밀 이삭을 따는 것(마 12:1-2)까지 금지했다. 예수 그리스도께서는 안식일 자체를 부정하지 않고(눅 4:16; 마 24:20), 그 엄수에 관한 편협한 율법을 부정하신 것이다. 다시 말해 예수 그리스도께서는 안식일의 근본정신은 망각하고, 안식일 규정

에 얽매어, 사람을 안식일의 노예로 만들어 버리는 바리새적 율법주의
를 반대하셨다. 예수 그리스도께서는 안식일을 폐하러 온 것이 아니고,
일로부터 휴식이라는 소극적 안식일 개념에서, 다른 사람을 위해 선을
행하는 적극적 안식일 개념으로, 안식일의 의미의 폭을 넓혀주셨다(마
5:17).[188]

3) 안식일 지키는 것과 하나님의 형상 회복과 상실

A. 하나님의 형상 상실

안식일은 '거룩하게' 지켜야 했다. '거룩하다'는 말은 히브리 원어로
동사 '카다쉬'(קָדַשׁ)는 '코데쉬'(קֹדֶשׁ)에서 유래했으며, '거룩하다, 거룩하
게 하다, 봉헌하다, 성화(성결)하게 하다'를 의미한다. 하나님께서 거룩
하시니, 하나님과 가까이 하는 사람들과 다른 피조물들도 거룩해야 하
고, 또 하나님께 드려진 사람들이나 다른 피조물들도 거룩해진다. 안식
일이 거룩하기 때문에 안식일에 참여하는 자들은 거룩해야 한다. "나
는 여호와 너희 하나님이라 내가 거룩하니 너희도 몸을 구별하여 거룩
하게 하고, 땅에 기어 다니는 것으로 인하여 스스로 더럽히지 말라"(레
11:44). 바울은 "누구든지 하나님의 성전을 더럽히면 하나님이 그 사
람을 멸하시리라 하나님의 성전은 거룩하니 너희도 그러하니라"(고전
3:17)라고 하면서, 우리의 몸이 거룩해야함을 말했고, 베드로도 레위기
19:2을 인용하며 "기록하였으되 내가 거룩하니 너희도 거룩할지어다
하셨느니라"(벧전 1:16)라고 말하고 있다.

즉 하나님께 드려질 사람, 드려진 사람은 하나님과 같이 거룩해야한다는 것이다. 이것은 다른 피조물들도 마찬가지다. 출애굽기 29:21, 37; 30:29에서 제사 의식에 사용된 특정 물품이 하나님께 봉헌됨으로서 거룩한 것으로 여겼다. 민수기 16:38에서 고라 자손의 향로들이 거룩한 것으로 간주되었는데, 이는 그것들이 여호와께 바쳐졌기 때문이다. 이와 같이 향로들이 제사 의식에 힘입어 거룩한 영역에 들어간 것으로 간주되었으며, 성소에서 특별한 위치를 부여받았다.[189] 안식일의 속성은 '거룩'이기에 하나님의 안식에 들어가길 원하는 모든 것들은 거룩해야 한다. 하나님께 나가는 자들이 거룩하지 않으면, 하나님께서 그들에게 돌격하신다고 말씀하셨다(출 19:22, 24). 이러한 거룩은 신약시대에 와서 예수 그리스도께서도 '거룩'을 말씀하셨다. 특히 예수 그리스도께서는 모든 병자들을 고쳐주신 다음에, 공통적으로 하신 말씀이 "다시는 죄를 범하지 말라"는 말씀이셨다(요5:14; 8:11). 거룩은 구원 받은 사람이 지켜야 할 마땅한 기본이다.

죄는 우리의 생각과 감정과 행동에 영향을 미친다.[190] 그러므로 죄가 없는 거룩함만이 영적전쟁에서 이기게 된다. 만일 범죄 했다면 반드시 회개함으로 재무장을 해야 된다. 회개는 뜻(mind)을 바꾸고, 마음(heart)을 바꾸며, 의지(will)를 바꿈으로 행동이 달라지는 것이기 때문이다.[191] 안식일을 지키려는 사람들은 거룩함이 있어야 한다. 그러나 사탄은 사람들이 안식일을 지키지 못하게 하고, 또 안식일을 지키되 거룩함이 없이 안식일을 지키게 하므로, 하나님의 형상을 상실하게 만들려고 시도하고 있다. 딘 셜먼(Dean Sherman)은 "이미 패배한 사탄은 사람들이 죄를 짓고, 이기적으로 살 때만 기승을 부린다. 꼭 그만큼만 그렇다. 더도 덜도 아니다. 죄는 사탄에게 문을 개방하는 것이다."

[192] 라고 말했다. 피터 와그너 박사(C. Peter Wagner)도 말하길 "거룩함은 영적 전사에게 필수 불가결한 것이다. 만약 거룩함이 영적전쟁을 위한 선행 조건이라면, '누구든지 모든 사람이 거룩해 질 수 있는가?'의 질문에 답은 '그렇다'이다. 그렇다면 '모든 그리스도인들이 충분히 거룩한가?'의 질문에 답은 '아니다'이다."[193] 라고 했다.

거룩함은 하나님의 성품이다. 안식일을 거룩하게 보내는 것은 사탄의 공격을 차단하고, 하나님 품 안에 거하는 것이며, 하나님과의 동행이다. 안식일을 지키는 것은 '하나님이 내 안에, 내가 하나님 안에'의 정신이다. 즉 하나님의 은혜에 감사하며, 예배하는 날이다(민 28:9-10; 겔 46:1-2). 안식일은 하나님을 경배하는 기회를 부여하기 위한 날로서, 개인과 공동체 모두를 위한 공식적인 예배의 날일 뿐 아니라, 가정에서도 그 날을 즐겁게 지키는 기회여야만 했다. 이점은 바벨론 포로 이전에 그러하였다(호 2:11; 암 8:5; 사 1:13).[194] 사탄은 이것을 방해한다.

민수기 15:32-36에 보면, 어느 사람이 안식일에 나무가 없어서 나무하러 갔다가 발견되어 잡혔다. 어떻게 할지 몰라 가두어 두었는데, 하나님께서는 죽이라고 명하셨다. 다른 죄를 범한 것도 아니었고, 오직 안식일에 필요한 나무를 구하러 간 것이 다였다. 그러나 하나님께서는 모세에게 그 사람을 죽이라고 명하셨다(민 15:35). 눈에 보이는 사실만 가지고 보면 이해가 잘 안 되는 부분이지만, 보이지 않는 영적세계에서 보면 하나님께 도전하는 사탄의 장난이기에 하나님께서 엄히 명하신 것이다.

하나님께서 선지자 예레미야를 통해 안식일 성수에 대해 말씀하셨다(렘 17:21-22). 안식일을 거룩히 지키면 나라가 평안할 것이며, 예루살렘에서 제사를 드리러 하나님의 집에 올 것이나(렘 17:24-26), 안식일을 거룩히 지키지 아니하면, 예루살렘에 재앙의 불이 꺼지지 않을 것이라고 하셨다(렘 17:27). 하나님께서는 에스겔을 통해 말씀하실 때도 '거룩한 안식일 성수'는 이스라엘 백성이 하나님의 택한 백성이라는 표시임을 말씀하셨다(겔 20:12). 그러나 이스라엘 백성들이 안식일을 지키지 않으시기에 하나님께서는 "… 나의 안식일을 크게 더럽혔으므로 내가 이르기를 내가 내 분노를 광야에서 그들의 위에 쏟아 멸하리라"(겔 20:13)라고 하셨다. 이스라엘과 유다의 멸망은 하나님 믿는 신앙의 타락, 즉 안식일을 거룩히 지키지 않은 것이 원인이었다.

느헤미야가 예루살렘으로 돌아와서 안식을 범하는 사람들을 향해 말할 때도, 이스라엘이 멸망한 것은 안식일을 어겼기 때문이라고 했다(느 13:17-18). 그래서 느헤미야는 예루살렘에서 하나님의 은혜를 받는 길은 "안식일을 회복하는 것"이라고 생각하고, 철저하게 안식일을 거룩하게 지킬 것을 명했다(느 13:19-22). 거룩한 안식일을 욕되게 하는 것은 하나님의 형상을 상실하게 만드는 길이다. 거룩하게 지켜야 할 안식일을, 외식적으로 지키는 사람은 하나님의 계명을 어기는 것이기에(출 16:27-28; 20:8), 하나님께 합당하지 않고(마 12:10-13; 눅 13:14-16), 하나님을 모독하고, 더럽히고, 심지어 무시하는 것이며(겔 20:24, 23:38), 하나님의 나라를 유업으로 받지 못할 것이며(히 10:24-31; 겔 20:13), 하나님의 심판을 받게 된다(민 15:32-35; 히 10:25-29).

B. 하나님의 형상 회복

제 1계명은 경배의 대상으로서 하나님만 섬기고, 제 2계명은 경배의 방법으로서 우상이나, 어떤 형상을 만들어 그릇되게 섬기지 말 것과 제

3계명은 경배의 정신으로서 그의 이름을 거룩하게 불러 높일 것을 명했는데, 제 4계명은 하나님을 경배하는 시간을 명한 것이다.[195] 즉 하나님을 경배할 때 언제, 어떻게 할 것인가에 대한 계명인 것이다. 이러한 안식일은 매우 중요한 의미를 지니고 있는데, 그것은 안식일을 폐지한다면 이와 함께 교회도 폐지된다는 것이다. 왜냐하면 이 날을 "지키느냐?" "못 지키느냐?"하는 것은 그리스도인들이 신앙을 "지키느냐?" "못 지키느냐?" 하는 문제이기 때문이다.[196] 또한 안식일이 중요한 것은, 하나님께 대한 우리의 의무를 말하는 계명들과 사람에 대한 우리의 의무를 말하는 계명들 사이에 있다는 것이다. 다시 말하여 그것은 십계명의 두 부분에 모두 속해 있다.[197] 안식일은 그만큼 중요하고, 의미 있는 계명이다. 이러한 안식일은 하나님께서 사람들에게 베풀어주신 은혜이고, 축복이다.

첫번째로, 이러한 안식의 모형을 보여주는 모습은 창세기 2:15-25에 나오는 에덴동산에서 거하는 아담과 하와의 삶이다. 모든 것을 다스릴 수 있었고(15), 모든 실과를 먹을 수 있었고(16), 모든 동물들의 이름을 지을 수 있었으며(19-20), 하나님의 중매로 아담과 하와가 서로 부부가 되어 한 몸이 되었다(18, 20-21). 아담과 하와는 에덴에서 있을 때에는 하나님과 동행하며, 모든 것에 부족함이 없었는데, 이것이 안식일의 모형이라고 생각한다. 안식일은 하나님의 형상을 회복한 사람들이 하나님 안에서, 하나님을 높이며, 하나님과 함께 기뻐하고, 즐거워하는 삶, 즉 '하나님이 내 안에, 내가 하나님 안에'이다.

두 번째로, 안식일의 모형을 볼 수 있는 것은, 출애굽기 7:15-12:30에 나오는 열 가지 재앙을 내리실 때이다. 출애굽기 8:22에 보면, 하나님께서 바로에게 재앙을 내리실 때, 애굽의 땅과 이스라엘 백성이 거하는 고센 땅을 구별하심으로, 천하 만민이 하나님의 영광을 보고, 하나님을 알도록 하신 것이다. 같은 땅이고, 같은 시간이지만, 한 쪽은 하나님의 은혜와 축복이 있는 땅이고, 한 쪽은 저주와 재앙의 땅이 되었다. 그것은 '하나님께서 구별하신 것'이 이유이다. 안식일은 "나 여호와가 안식일을 복되게 하여 그 날을 거룩하게 하였느니라"(출 20:11)라고 하시면서, 다른 날과 달리 복되게 하고, 거룩하게 한 날이고, 고센 땅은 하나님께서 '다른 땅과 달리 구별하여 복되게 하신 날'이었다(출 8:22-23; 9:4, 11:7).

안식일과 고센 땅, 양쪽 다 하나님으로부터 구별된 특별한 날이었다. 본 연구자의 생각에는 이 사건을 영적전쟁의 눈으로 보면, 이스라엘이 사는 고센 땅은 하나님 안에서 안식과 동행하는 것이며, 애굽인들은 하나님의 안식 바깥에 있었던 것이다. 안식일은 이와 같다. 안식일은 하나님께서 다른 날과 구별하여, 하나님의 백성들에게 베풀어주신 '하나님 안에서 안식과 동행'하는 축복의 날이다. 이런 안식일을 사탄이 공격하는 것이다. 왜냐하면 사탄은 하나님의 형상을 입은 백성들이 하나님과 동행하는 것을 싫어하기 때문이다.[198] 이렇게 안식일을 반대할 존재는 사탄밖에 없음을 하나님께서는 알고 계셨다. 그래서 이 계명을 어기는 사람은 죽이라고 명하신 것이다(출 35:2). 아담과 하와를 타락시킴으로 하나님의 형상을 상실하게 하는데 성공한 사탄은, 여러 가지 다른 이유를 만들어 우리가 안식일(주일)을 거룩하게 지키지 못하도록 항상 노력한다.[199] 안식일을 지키는 것은 보이지 않는 영적인 전쟁이다. 안식일은 하나님의 형상을 회복한 사람들이, 하나님의 형상을 회복한 것에 대한 감사와 유지하러 하나님께 나가는 날이다. 사탄은 이것을 방해하고 공격하는 것이다.

안식일의 중요 정신을 확실하게 보여 주신 분은 역시 예수 그리스도이시다. 예수 그리스도께서는 왜 안식일에 일을 하셨을까? 세월이 흐르면서 하나님께서 말씀하신 안식일의 개념이 왜곡되어 왔다. 그것을 예수 그리스도께서 "내가 율법이나 선지자나 폐하러 온 줄로 생각지 말라 폐하러 온 것이 아니요 완전케 하려 함이로라"(마 5:17)라고 말씀하시면서, 율법을 바로 잡아 주셨다. 율법을 '완전케' 하신다고 했는데, 여기서 '완전케'라는 말은 헬라 원어로 '플레로우'($\pi\lambda\eta\rho o\omega$)인데, 그 뜻은 '채우다, 충만하다'의 뜻이다. 즉 예수 그리스도께서는 불완전한 율법을 충만하게 채우러 오셨다는 말이다. 그러므로 예수 그리스도께서 행하신 모든 일은 율법의 완성이다(마 12:7; 눅 6:9).

예수 그리스도의 가르침은 분명하다. 안식일에 하나님의 형상을 회복하여야 한다는 것이다. "그러면 십 팔년 동안 사단에게 매인바 된 이 아브라함의 딸을 안식일에 이 매임에서 푸는 것이 합당치 아니하냐"(눅 13:16). 예수 그리스도께서는 안식일에 하나님의 자녀들이 하나님의 사랑 안에서 기뻐하고, 즐거워하는 것이 옳다고 증언하신 것이다. 안식일은 하나님의 백성들이 하나님의 형상을 회복하여 하나님과 함께 동행하는 날이다(참조: 히 4:10). 이렇게 안식일을 지키게 되면, 육체적, 영적 안식을 얻으며(히 4:9-11), 하나님에 의해 구별된 삶을 살게 되고(출 31:13), 영원한 이름을 받게 되며(사 56:4-5), 하나님의 거룩한 산(천국)을 유업을 받고, 그의 기도가 응답 된다(사 56:6-7). 또한 안식일(안식일 정신)을 지키게 되면, 긍휼과 선을 행하게 되고(마 12:10-13; 눅 14:3-6), 하나님께서 예비하신 특별한 날을 향유할 수 있으며(막 2:27-28), 기쁨으로 가득 찬 승리의 삶을 살게 될 것이다(사 58:13-14).

II. 사람세계에서의 영적전쟁

5. 네 부모를 공경하라(출 20:12)

1) 영적배경

A. 가정의 출발

사람 세계에서 가장 중요하고, 또 모든 것의 출발점은 바로 가정이다. 가정은 국가의 기본이다.[200] 하나님은 사람들이 서로 간에 물고, 뜯는, 야수 같은 짐승들이 되지 않도록, 인류의 보편적인 선을 위하여 국가라고 하는 권위를 제정하셨다.[201] 이러한 국가는 가정이 모여서 이룬다. 이스라엘의 역사도 가족, 씨족, 부족(지파)이라는 혈족 관계의 집단에 의해 이어지고, 그 종교도 처음은 족장(아브라함, 이삭, 야곱)에 의해 대표된 가족을 중심한 것이었다.[202] 가정은 사회의 기본 단위이다. 각 개인도 먼저는 하나님과의 관계에서, 다음에는 자기 자신의 가정과의 관계에서만 바른 정체성을 가질 수 있다.[203] 하나님이 세우신 기관은 교회와 가정 밖에 없다(참조: 엡 5:22-33). 하나님께서 가정을 매우 귀하고, 소중하게 여기신 것을 성경을 통해 볼 수 있다. 하나님께서 사람들에게 제일 먼저 행하신 것이 가정을 주신 것이다. 즉, 가정의 창시자는 하나님이시고, 아담과 하와는 인류 처음으로 가정을 가지게 되었다(창 2:18-24).

하나님께서 축복하신 이 말씀은, 예수 그리스도께서도 이혼을 금지하시면서 재차 강조하셨다(마 19:6). 또한 예수 그리스도께서 가정의 소중함을 알게 하신 사건이 '가나의 혼인 잔치'(요 2:1-10)이다. 예수 그리스도께서 행하신 많은 이적 중에 제일 먼저 행하신 이적이, 혼인잔치에서 포도주로 만드신 것인데(요 2:11), 첫 번째 이적을 혼인잔치에서 행하셨다고 하는 것은 의미심장하다. 초대교회에서 감독과 집사를 세울 때에도 가정에 충실하고, 가정을 잘 다스리는 자여야 한다고 했다(딤전 3:2, 4, 12). 여기서 '다스리는'이란 말은 헬라 원어로 동사 '프로이스테미'($\pi\rho o\iota\sigma\tau\eta\mu\iota$)로서 신약성경에서 8회 나오며, '인도하다, 돌보다'라는 의미로 사용되었다.[204] 즉 교회 지도자를 세울 때에, 가정을 잘 돌보는 사람들 중에서 선택했다고 하는 것은, 그만큼 가정의 중요성을 말하고 있다.

하나님께서는 제일 먼저 가정을 만드셨지만, 사탄이 제일 먼저 한 것은 가정을 파괴 시킨 것이다. 사탄은 아담과 하와의 가정을 파괴시켰다. 아담은 하와에게 책임을 돌렸고, 하와는 뱀에게 책임을 돌리는, 참으로 하나님의 축복된 가정에서 비참한 가정으로 되었다(창 3:12-13). 이러한 사탄의 공격은 계속되었다. 아담과 하와의 아들인 가인과 아벨은 부모를 공경하여야 됨에 불구하고, 가인은 부모를 공경하기보다 그

의 동생 아벨을 죽임으로 부모의 가슴에 못을 박았다(창 4:8). 부모에게
공경하지 못한 가인은 공포와 두려움에 떨었다(창 4:12-14). 영적전쟁
에 실패한 가인의 모습은 영적전쟁의 중요성을 보여준다.

B. 부모 공경의 영적인 뜻

우상을 금하는 단호한 율법을 녹여서, 마음에서 우러나오는 예배와
사랑이라는 달콤하고, 부드러운 원리를 만들어 낼 수 있는 길은, 우리
가 하나님을 우리의 아버지로서 공경할 수 있을 때 가능하다.[205] 제 5계
명은 사람들에게 주신 계명 중에 첫 번째로 주신 계명이다. 그것은 그만
큼 이 계명이 사람과 사람관계에서 가장 중요한 것이기 때문이다. 그리
고 사람들에게 주신 계명 중에서 제 5계명의 특이점은 다른 다섯 계명들
은 '하지마라'는 것인데 반해, '하라'라고 되어있는 것이다. 그리고 이 계
명을 지키는 사람들에게는 "나 여호와가 네게 준 땅에서 네 생명이 길리
라"(출 20:13)라고 하시면서, 축복을 선언하고 있다. 이것은 하나님께서
사람들이 부모를 공경하게끔 적극적으로 권하고 있음을 알 수 있다. 사
람세계 있어서 부모가 제일 먼저 등장하는 것은 매우 중요한 의미가 있
다. 그것은 이웃과의 관계에 대한 계명과도 관련이 되지만, 한편 제 1계
명에서 제 4계명까지의 하나님과의 관계에 대한 계명과도 관련이 되기
때문이다. 십계명을 자세히 읽어보면, 하나님(엘로힘. Elo-him)이라는
말이 제 5계명까지만 사용되고 있다[206]는 것을 알 수 있다.[207]

부모를 공경하는 것은 하나님의 이름까지 거론하면서 강력하게 명하
고 있다. 왜 하나님께서는 자신의 이름까지 거론하면서 부모를 공경하
라고 하셨을까? '존경하다, 영광되게 하다'란 뜻인 히브리 원어로 '카바

드'(כבד)로서 명령형인데, 이 말은 여호와를 경외하는 것을 가리킬 때 사용되는 말이다(잠 3:9). 그런 의미에서 루터는 본 절에서 언급된 '부모'를 하나님의 대리자로 이해하였다.[208] 구약성경에는 오직 하나님만이 경외의 대상이다(잠1:7, 9; 왕하 17:7). 그런데 레위기 19:3에 "너희 각 사람은 부모를 경외하라"라고 했다. 부모가 하나님과 함께 경외의 대상이 된다는 것은 놀라운 일이다. 구약 신앙에서 볼 때 부모를 공경하지 않는 것은, 궁극적으로 생명의 원천이 되시는 하나님을 공경하지 않는 것이다. 나를 낳아준 부모는 창조주 하나님의 창조 사역에 있어서 동역자의 위치에 있는 것이다.[209] 제 3계명에서는 "안식일을 기억하여 거룩히 지키라"(출 20:8)라고 하시면서, 안식일을 지키기 위해서는 '거룩'이라는 것이 조건이었다. 그런데 레위기 19:3에서 "부모를 공경하고 나의 안식일을 지키라"라고 하신 것은, '부모 공경'이 '거룩'에 포함된다는 말이 된다. 즉 '부모 공경'은 하나님께서 세상 것과 구별 시킨, '거룩한 일'이라는 것이다. 하나님께서 '부모 공경'을 '거룩한 일'로 보신 이유는, 하나님께서는 가정을 통한 질서를 하나님 나라의 질서로 보았기 때문이라고 생각된다.

하나님께서는 우리에게 사랑할 수 있는 능력을 주셨을 뿐만 아니라, 또한 그 능력을 실현해야 할 관계들 중에 특별히, 부모와 자식이라는 관계 속에 우리를 놓으셨다.[210] 하나님께서는 육신의 아버지와 자녀 관계는, 하나님과 하나님의 백성들과의 관계와 같다고 생각을 하셨다. 하나님께서는 이스라엘 백성들에게(출 4:22; 신 14:1, 32:6; 사 1:2; 63:16; 64:8; 말 2:10), 솔로몬에게(삼하 7:14; 대상 22:10; 28:6), 고아와 과부들에게(시 68:5), 이방인들에 대해(호 1:10), 아버지라고 말씀하셨다. 신약에 와서 예수 그리스도께서는 하나님을 아버지라고 하셨고, 제자들에게도 하나님을 지칭하실 때 아버지라고 하셨다(마 5:45, 6:4).[211] 그러므로

부모를 공경하지 않는 것은 하나님께서 세우신 법에 불순종하는 것뿐만
이 아니라, 하나님을 공경하지 않는 것이 된다. 우리는 아버지와 어머니
께 마땅히 바쳐야 할 사랑이라는 개념으로부터 시작하여, 하나님께 마
땅히 바쳐야 할 사랑이라는 개념에 이르게 된다. 이른바 우리는 부모를
공경할 때 비로소 하나님을 경외할 수 있는 것이다.[212]

2) 네 부모를 공경하라

A. 부모의 의미

초기 히브리 가족제도에 대한 기록은 우리에게 아버지가 가족의 창설
자요, 지배자라는 가장 중심의 형태를 보여준다. 초기 히브리 사회에서는
아담으로부터 시작하여 노아에 이르기까지 아버지가 지배적인 지위에
있었다.[213] 로마인들이 신들에 대한 충실함과 부모에 대한 충실함을 모
두 '피에타스'(Pietas)라고 동일하게 표현했다는 것은 의미심장하다. 요컨
대 법적 권위에 대한 충성, 혹은 순종은 인간성의 구조적이며, 구성적인
요소이다. 그리고 부모는 바로 그 권위의 자연적인 상징이다.[214]

아버지는 히브리어 원어로 '아브'(אָב)인데, '아버지'(fa--ther)를 의미
한다. 구약성경에서 이 단어는 약 1,200회 나오며,[215] 개인의 실제적인
아버지 외에, 아버지와 같은 어떤 자리를 차지하고 있거나, 아버지와
같은 인정을 받고 있는 자들에 대해서도 사용되었다. 따라서 '아브'(אָב)
는 다음과 같이 사용되었다. '개인의 실제적인 아버지'(창 11:28-29;
19:31-33; 24:24), '조상. ancestor'(왕상 15:11; 왕하 14:3; 15:38; 16:2),

'할아버지'(창 28:13; 31:42; 32:10), '증조부'(민 18:1-2; 왕상 15:11; 24), '어떤 민족의 창설자'(창 4:21; 10:21; 17:4-5; 19:37; 36:9, 43; 수 24:3)[216] 등으로 사용되었다.

어머니는 히브리어 원어로 '엠'(אֵם)으로, 기본 의미는 '어머니'라고 불리는 개인의 혈통과 관련되어 있다. 엠은 어머니보다 촌수가 더 먼 혈육에 대해 사용되었다(왕상 15:10).[217] 성경에서 '부모'라는 말은, 우리가 생각하는 친부모를 말하는 개념이 아니라, 의미의 범위에 있어서 훨씬 광범위하다. 그것은 문자적인 아버지나 어머니에 제한되는 것이 아니라, 우리의 모든 윗사람에게 적용되기 때문이다.[218] 그러므로 부모를 공경하라는 말은 언뜻 보기에 공경의 대상이 부모에게 한정되는 듯이 보이지만, 실제로는 '하나님께서 정하신 모든 권위자들'까지도 포함되는 말이다. 왜냐하면 구약에서 예언자들과 교사들(참조, 왕하 2:12; 13:14)과 하나님으로부터 권세를 받은 자들에게도 부모의 칭호가 주어졌기 때문이다(참조, 창 45:8; 삿 5:7). 그러므로 부모를 공경하라는 말씀은 우리로 하여금 사회 전반에 걸친 하나님의 권위를 인정하시기 위함이었다.[219]

B. 부모를 공경하라

공경하라는 말은 히브리 원어 '카바드'(כָּבַד)인데, 기본어근이며, '무겁다, 힘겹다, 짐(부담)이 되다, 영화롭다, 존귀하다, 견고하다'를 의미한다. 결국 '공경하다, 존중하다'(honor)라는 뜻을 갖게 되었다.[220] 즉 부모를 무겁게 여기고, 때로는 부모로 인해 부담이 되고, 부모를 존귀하게 하라는 명령이다. 부모를 존귀하게 공경할 때는, 아버지나 어머니에게 치우치는 일이 있어서는 안 된다. 유대교 랍비들은 출애굽기에서는 아버지가 먼저 나오지만, 레위기에는 어머니가 먼저 나오는 것[221]을 살펴보고는, 이것은 아버지와 어머니께 드리는 공경은 꼭 같은 것이어야 한다는 것을 입증하고 있다고 했다.[222] 유대인의 주해에 의하면 레위기 19:3에서 어머니를 아버지보다 먼저 말하고 있는 것은, 일반적으로 어머니가 아버지보다도 경시되는 경향이 있기 때문이라고 했다.[223]

제 5계명은 '순종하라'가 아니고, '공경하라'고 명령하고 있다. 공경하라는 것은 '너희 아버지와 어머니가 옳을 때에만 공경하라'는 것이 아니고, '네가 어린아이일 동안만 아버지와 어머니에게 공경하라'는 것도 아니다.[224] 부모가 자녀에게 순종할 수 없는 것을 요구하여, 부모에게 순종할 수 없는 일이 생기더라도 공경하는 것을 잊어서는 안 된다는 말이다. 즉 부모를 공경하라는 것은 어떠한 상황에서라도 적용되는 것이다.[225] 그들 윗사람들이 그러한 존경받을 만한 자격이 있느냐, 없느냐는 별개 문제이다.[226] 부모 공경은 보편적인 천륜이며, 하나님의 명령과 성경의 교훈이고, 공경 받을 자격이 부모에게 있으며, 주를 기쁘시게 하는 일이기 때문이다.[227] 유대인들과 마찬가지로 헬라인들과 로마인들도 부모를 공경해야만 했다. '법(Laws 717)'이라는 저서에서 플라토(Plato)는 부모를 공경해야 한다고 말하고 있다.[228]

구약성경에 있어서 부모는 자식에 대하여 하나님의 권위를 대표하는 것이고, 따라서 가정에 있어서의 종교교육은, 부모에게 지워진 중대한 책임이었다(신 6:7, 20; 잠 1:8; 3:1; 4:1).[229] 이렇듯 부모가 자녀에게 하나님의 말씀을 가르치는 책임을 지고 있고, 자녀로 하여금 하나님을 경외하는 자로서 양육하는 것이 의무 지워 지고 있는데(창 18:19; 신 6:7; 엡 6:4), 그 의미에서 부모는 자식에 대하여 하나님의 대리자이다.[230] 그러므로 부모 공경이란 하나님의 법을 지킴으로(잠 28:7), 부모를 사랑하는 것이고(창 46:29), 부모를 돌보는 것이며(창45:9-12), 부모에게 순종하는 것으로써(창 28:7; 47:30; 신 5:10; 마 15:4; 막 7:10; 엡 6:1-3), 부모를 기쁘게 하는 것이다(잠 13:1; 15:20; 29:3). 또 부모의 교훈을 버리지 않고, 따르는 것이며(잠 1:18; 4:1, 10-13; 6:20), 부모가 늙었을 때 경멸하지 않는 것이고(잠 23:22), 순수하고, 올바른 행동으로써(잠 20:11), 그 태도가 모든 사람들에게 전해짐을 뜻한다(딤전 5:1).

C. 부모 공경에 대한 예수 그리스도의 가르침

예수 그리스도께서는 어릴 때부터 육신의 부모인 요셉과 마리아를 '순종하여 받들었다'(눅 2:51). 이것은 율법을 완성하러 오신 예수 그리스도께서 어릴 때부터 부모를 공경하심으로, 제 5계명을 지키신 것을 알 수 있다. 부모를 공경하지 않으면 죽이라는 모세의 율법이 있었음에도 불구하고, 서기관들과 바리새인들은 '고르반'[231] 이라고 핑계를 대면서 빠져나갔다. 예수 그리스도께서는 부모 공경을 하지 않는 사람들에게 면죄부를 주는 서기관들과 바리새인들을, 율법(출 21: 15, 17; 신 27:16)을 인용하시면서 책망하셨다(마 15:4). 예수 그리스도께서는 부모 공경을 생활화 하셨으며, 그것을 가르치셨다. 이러한 예수 그리스도의 '부모 공경'은 죽음을 앞두고, 십자가 위에서 절정을 이루었다(요 19:26-27). 예수 그리스도께서는 어렸을 때부터 부모를 공경 하셨으며, 죽는 순간까지 부모 공경을 하신 분이셨다.

3) 공경하라와 하나님 형상 회복과 상실

A. 하나님 형상의 상실

고대 이스라엘에 있어서도 오늘과 같은 격동적인 세상 못지않게 가족들은, 때때로 새로운 생각과 사고의 방법들로 인해 분리 되곤 했다. 보통 새로운 관점과 힘찬 열정을 가진 젊은이들은 새로운 이념을 선택했으나, 그들의 부모들은 예부터 지켜오던 사고를 고수했다. 때때로 새로운 이념들은 BC 687-642 사이 므낫세 왕의 유명한 통치에서처럼, 기존 사회 질서를 붕괴시켰다(왕하 21:15).[232] 2세기가 지난 후, 선지자 말라기 시대에 많은 유대 부모들은, 그들의 자녀들이 희랍의 철학인 새로운 철학 사조의 매력으로 말미암아, 그들이 예부터 지켜오던 신앙의 고귀한 유산들을 앗아가는 일들을 두려워했다.[233] 초기 이스라엘 백성들은 부모를 공경하는 것은 하나님의 율법이었기에 그것을 당연한 것으로 여겼다. 그러나 세월이 흘러 부모들 중에 공경하기 어려운 사람들도 나오게 되었다. 부모를 싫어하는 자녀들은 "차라리 부모에게 주느니 하나님께 바치겠다"하면서, 그들은 하나님께 드리며 '코르반'($κορβαν$)이라고 하며, 그 부모를 공경하지 않았다. 이때부터 부모들을 공경하기 싫은 사람들은 '코르반'($κορβαν$)이라고 하면서 부모 공경을 외면했다.[234]

가인을 공격하여 가정을 깨트리고, 부모공경을 하지 못하게 한 사탄과 사탄의 추종세력들은, 지금도 하나님께서 사람세계에게 주신 가장 기본적인 가정을 파괴하기 위하여 부모 공경을 하지 못하게 하고 있다. 사탄의 공격을 받아 영적전쟁에서 패배함으로써 부모를 공경하지 않으면, 매우 엄청난 결과를 초래한다. 부모 공경하지 않는 자는 어리석은 자이며(잠 17:21; 19:23), 부모를 근심케 하고, 마음에 상처를 주고(삼하 18:33; 잠 10:1), 더러운 죄를 깨끗함을 받지 못하고(잠 30:11-13), 수치와 불명예를 주게 되며(잠 29:15, 26), 부모를 공경하지 않는 자들은 가정을 증오로 채우게 된다(미 7:6; 잠 17:1-2; 26:21). 또한 하나님의 심판을 받게 되며(출 21:15; 레위기 20:9; 잠 30:17; 마 7:21), 하나님의 나라를 유업으로 받지 못하고(갈 5:19-21; 롬 1:28-32; 딤후 3:1-8), 멸망 받게 된다(잠언 28:24).

성경을 통해서 부모공경에 실패하여 하나님의 형상을 잃어버리고, 엄청난 결과를 초래한 사람들이 많은데 그 중에 르우벤을 볼 수 있다. 르우벤의 이름의 뜻은 '한 아들을 보라' 또는 '주께서 나의 괴로움을 돌아보셨다'를 의미한다. 르우벤은 야곱의 열두 형제 중 장남이며(창 29:32; 민 26:5), 그의 어머니는 야곱의 사랑을 받지 못한 아내 레아였다. 르우벤은 야곱의 장자로서 모든 축복과 권리를 가지고 있었던 지혜로운 자였다. 다른 형제들이 요셉을 죽이려고 했을 때, 요셉을 죽이지 않도록 충고하고, 요셉을 구하여 아버지에게로 돌려보내려고 계획했었다(창 37:22, 29). 동생들이 요셉을 이스마엘 상인들에게 팔아넘길 때, 그는 거기 없었고(창 37:28), 돌아와서 요셉이 구덩이에 없는 것을 보고, 옷을 찢으며, 매우 슬퍼했다(창 37:29). 20년이 지난 후 그의 형제들이 바로의 궁정에서 정탐꾼들이라는 혐의로 투옥되었을 때, 르우벤은 그들에게 현재의 곤경은 요셉에 대한 그들의 범죄로 인한 것이라고 상기시켰다(창 42:16, 21). 양식이 떨어져서 애굽으로 양식을 구하러 갈 때, 늙은 야곱에게 베냐민을 꼭 데리고 오겠다고 맹세하는 표적으로 자기의 두 아들을 내놓았다(창 42:37).

야곱이 숨지기 전에 모든 아들들에게 축복할 때 "르우벤아 너는 내 장자요 나의 능력이요 나의 기력의 시작이라 위광이 초등하고 권능이 탁월하도다"(창 49:3)라고 했다. 정말 놀라운 자질이었다. 이렇게 뛰어난 르우벤이었지만, 그는 장자로서 권리와 축복을 받지 못했다. 그 이유를 야곱은 "물의 끓음 같았은즉 너는 탁월치 못하리니, 네가 아비의 침상에 올라 더럽혔음이로다. 그가 내 침상에 올랐었도다"(창 49:4)라고 했다. 그것은 야곱이 가족들과 권속을 거느리고, 세겜에서 벧엘로 올라가던 중, 에델 망대를 지나 장막을 치고 유할 때였다. 그곳에서 르우벤이 서모 빌하와 통간하였기 때문이다(창 35:22). 사탄은 하나님에 대한 불신을 조성할 뿐 아니라, 모든 영적인 것에 대한 의심을 일으키는 데 초인적인 노력을 기울이고 있다. 사탄과 그의 추종세력들이 하나님의 거룩한 말씀을 의심하게 하고,[235] 그리고 하나님의 뜻을 방해하기 위하여 전력을 다하고 있다.

사탄의 공격에 르우벤이 넘어졌다. "아브라함과 이삭과 야곱과 르우벤의 하나님"이 될 수 있었다. 마태복음에 나오는 예수 그리스도 족보에 "아브라함이 이삭을 낳고, 이삭이 야곱을 낳고, 야곱이 르우벤을 낳고"가 될 수도 있었다. 두고두고 영광이 될 수 있는 놀라운 축복을, 부모를 공경하지 못한 이유로 놓쳐버린 르우벤이었다. 바란 광야에서 가나안 땅을 탐지하러 르우벤 지파의 대표로서 보냄을 받은 자는 삭굴의 아들인 삼무아는 불평하고, 원망하며, 하나님을 불신했다(민 13:4). 모세와 아론을 거스린 레위인 고라에게 가담한 '다단, 아비람, 온'은 르우벤 자손이었다(민 16:1-50, 26:9). 르우벤 지파에서는 국가적 영웅이 나타나지 않았다.[236] 사탄에게는 오직 하나의 주된 목적이 있는데, 그것은 할 수 있다면 하나님의 일을 공격하고, 방해하는 것이다. 그것은 사탄이 최초에 타락하면서 하였던 일이기도 하다.[237] 이러한 사탄의 공격에 패한 르우벤의 하나님 형상 상실은 참으로 안타까운 아이러니가 아닐 수 없다.

B. 하나님 형상의 회복

부모를 공경하는 것은 사람들이 이 세상에서 사는 동안 반드시 해야 할 권리이자, 의무이다. "부모를 공경하라"는 계명을 지킴으로 그의 부모를 기쁘게 하는 것이고(잠 15:20), 하나님의 복을 받게 되며(잠 8:32), 부모로부터 지혜를 받게 되고(잠 4:1), 삶의 기쁨과 복을 누리게 되며(신 5:16; 엡 6:3), 또 생명의 해가 길어진다(잠 4:10). 그리고 부모공경은 자신의 자녀들에게 올바른 삶을 살도록 크게 영향을 미치며(왕하 22:2), 좋은 친구, 나쁜 친구를 분별하는 법을 배우게 되며(잠 28:7), 부모들의 가르침에 감사를 하게 된다(잠 29:15). 더 나아가 부모를 공경하는 사람은 부모에게 버림을 받을지라도 하나님의 보살핌을 받게 되고(시 27:10), 그리스도와 성경의 진리를 알게 되며(딤후 1:5, 3:15), 세상을 향해 좋은 증거를 가지게 되고(잠 20:11), 하나님의 인자하심이 함께하며(시 103:17-18), 심판을 피하게 된다(잠 11:21, 12:7). 부모를 공경함으로 하나님 형상을 회복하여 하나님의 놀라운 은혜와 축복을 누린 사람들이 많은데, 그 중에 라합과 룻을 빼놓을 수 없다.

첫 번째로, 부모 공경으로 역설의 삶을 산 사람 중에 빼 놓을 수 없는 사람이 라합이다. 라합의 직업은 기생이다(수 2:1). 그녀의 집은 폭이 넓은 성읍의 성벽 위에, 또는 두개의 중심적인 성벽 사이를 잇는 장소에 있었다. 요세푸스(Jose-phus)와 랍비들은 라합을 매춘부가 아니라, 여관 주인이었던 것으로 생각했다.[238] 그러나 성경에 '기생'이라고 표현하고 있는데, '기생'이란 단어의 히브리 원어는 '자나'(זָנָה)는 동사로 기본어근이며, '간음하다, 매춘하다, 창녀이다'를 의미하며, 구약성경에서 이 단어는 약 100회 이상 나온다.[239] '자나'(זָנָה)는 문자적 의미와 비유적 의미로 사용된다. 비유적인 개념은 이스라엘이 다른 민족과 교제하는 것에 관한, 금지된 국제적 교섭과 이스라엘이 거짓 신을 예배하는 것에 관한, 종교적 교섭을 말한다. 문자적 의미는 이성간의 불의한 성교이다. 이 단어는 대개 여자에 관해 사용되었다.[240] 그러한 사람들은 보수를 받았으며(신 23:19), 신원을 밝혀주는 표시를 지녔고 (창 38:15; 잠 7:10; 렘 3:3) 그들 자신의 집을 소유하였다(렘 5:7). 그레이스만이라든가, 모빙켈[241]은, 라합이 신전창녀(神殿娼女)이고, 아스다롯이나 월신(月神)에게 쓰이고 있었다고 하는데, 신전창녀의 경우는 히브리어 명사 '케데샤'(קְדֵשָׁה. 신 23:17)라는 말이 달리 있으므로, 라합은 보통 창녀였다고 봐야 한다.[242]

라합은 창녀로서 사람들에게 손가락질 받은 사람이었던 것으로 생각된다. 이때 여호수아의 인솔 아래 가나안 땅을 점령하기 위해 정탐꾼이 여리고 성에 들어갔다가 들키게 되어, 라합의 집으로 들어가게 되었다. 라합은 그들이 이스라엘 백성임을 알게 되었고, 그 순간 라합은 선택을 해야 했다. 정탐꾼들을 "고발해야 하는가?" "숨겨주어야 하는가?" 이 갈림길에서의 선택 과정은 영적전쟁이었다. 눈에 보이는 세력이 아니라, 보이지 않는 것에 대한 선택이기 때문이다. 이 선택에서 라합은 이웃, 민족에 대한 선택보다는 신앙을 선택한다. 영적전쟁에서 승리를 택한 것이다. 사탄이 하는 일이 무엇인가? 그는 불신자들에 대해서는 거짓된 종교와 타락한 세상 풍조에 이끌리게 하며, 복음을 받아들이지 못하게 가로막는 것이다. 그리고 하나님의 백성들에게 대해서는 하나님의 말씀에 관해 의심을 품게 하며, 성경을 잘못 해석하여 믿음의 바른길에서 이탈하게 하고, 서로 다투고 비방하여 급기야 갈라서게 한다 (고전 3:3-4).[243] 갈림길에 있는 라합에게 사탄은 공격했겠지만, 라합은 하나님을 선택했다.

라합은 정탐꾼들에게 말하길, 하나님께서 너희에게 이 땅을 준 것과 대적인 아모리 사람의 두 왕 시혼을 전멸시킨 것도 알고, 하나님은 상천하지의 하나님이라고 말한다(수 2:9-11). 라합은 하나님에 대한 것을 직접 목격하지 못했지만, 전해들은 소문만으로 하나님을 믿고 인정했다. 전(前) 세대 이스라엘 백성들은 하나님의 큰일들을 눈으로 직접 목격하고도 타락하고, 범죄하며, 불평하면서 광야에서 죽었다. 그것에 비해 라합은 이방 여인으로서, 전해들은 말로 하나님을 믿고, 인정한 것은 대단한 믿음이며, 또한 영적전쟁의 보편성을 알 수 있다. 라합이 정탐꾼들을 살려주면서 요구한 것은 아버지와 형제들, 즉 가정을 구해 줄 것을 요구했다(수 2:12). 그러면서 "여호와로 맹세하고 내게 진실한 표를 내라"고 했다. 라합은 '하나님의 이름'을 확실하게 알고 있었다고 보인다. '맹세하다'의 말은 히브리 원어로 동사 '샤바'(שבע)로서 기본 어근이며, '맹세로서 자신을 묶다'(to bind oneself by an oath)가 된다. 구약성경에서 맹세한다는 것은 맹세자가 어떤 약속 행위를 신실하게 수행하겠다는 증거로, 또는 진실하게 어떤 악한 행동을 범하지 않겠다는 증거로 파할 수 없는 신성한 말을 주는 것이었다.[244]

이스라엘의 지도자들은 여호와의 이름으로 행한 맹세는 매우 거룩하고 신성했으므로, 어떠한 환경에 처해있어도 그것을 지켰다. 여호수아는 곧 제거될 운명에 처했던 기브온 거민들의 고의적 속임수에 넘어간 후에도, 그 맹세를 지켰다(수 9:19). 라합은 철저하게 하나님을 믿고, 신뢰함으로, 아버지와 그 형제들은 살아남아서 이스라엘 사람들과 같이 살았다(수 6:22-25). 히브리서 11:31에 보면, 라합이 정탐꾼을 숨겨준 것은 믿음으로 그랬다고 말하고 있으며, 야고보서 2:25절에는 라합이 정탐꾼들을 다른 길로 가도록 하여, 행함으로 의롭다함을 받았다고 하고 있다. 기생이라는 천한 직업의 라합이 믿음과 행함이라는 영적전쟁의 무기로 승리한 것이다. 라합의 삶이 그 후에 어떻게 진행되어졌는지 정확하게 알 수는 없다. 그러나 부모를 공경함으로 영적전쟁에 승리하여, 하나님 형상을 회복한 라합을 하나님께서 그냥 두시지 않으시고 축복하셨다. 라합은 살몬(혹은 살마. 룻 4:20-21; 대상 2:11)과 살면서 보아스를 낳게 된다. 보아스는 예수 그리스도의 족보에 빠질 수 없는 이름이다. 마태복음 1:5에 "살몬은 라합에게서 보아스를 낳고 보아스는 룻에게서 오벳을 낳고 오벳은 이새를 낳고"라고 말하고 있다. 라합은 다윗의 고조모이자, 예수 그리스도의 족보에도 이름이 올라간 영광을 누리는 믿음의 여인이 되었다(눅 3:32).

두 번째는 룻인데, 룻은 부모 공경으로 인해 하나님의 형상 회복과 하나님의 영광을 나타낸 대표적인 사람이다. 룻의 이름의 뜻은 '우정'(友情)을 뜻한다. 룻은 이방 여인 모압 사람으로서, 하나님을 전혀 알지 못한 여인이었다(룻 1:4). 남편도 죽고, 아무것도 가진 것도 없는 과부 시어머니인 나오미는 두 며느리인 오르바와 룻에게 각자 살길을 찾아 떠나라고 말한다(룻 1:11-13). 큰 며느리인 오르바는 자신의 길을 찾아 떠났지만, 둘째 며느리인 룻은 과부 시어머니인 나오미를 따라 유다로 돌아왔다. 돌아가라는 나오미의 말에 "어머니의 하나님이 나의 하나님이 되실 것이라"(룻 1:16)라고 하면서 끝까지 나오미를 따라 유다에 왔다. 룻은 부모 공경이 특별한 사람이었다.

이를 위해 '룻기 1:8'과 '룻기 2:11'을 살펴볼 필요가 있다. 먼저 룻기 1:8을 보면 나오미가 며느리들에게 한 말을 보면 "… 너희가 죽은 자와 나를 선대한 것같이 여호와께서 너희를 선대하시기를 원하며"라고 했다.

이 말을 보면 오르바와 룻이 죽은 시아버지와 남편, 그리고 시어머니에게 '선대했다'고 나온다. 여기서 '선대하다'의 말은 히브리 원어로 보면 동사로 '아사'(עָשָׂה)인데, 이 단어는 창세기의 창조 기사에서 매우 자주 나타나는데, 이는 중요하고도 매우 흥미롭다. 동사 '아사'(עָשָׂה)는 '행하다'(do), 혹은 '만들다'(make)라는 기본적인 의미를 함축한다. 이 단어는 많은 구체화된 표현들에서 사용되며, 항상 동일한 기본적 개념을 지닌다. 사람에게 사용될 때에는 '윤리적인 의무'의 개념으로 종종 사용된다.245) 즉 이 말은 룻이 윤리적으로 완전한 의무를 다했다는 것을 알 수 있다.

그리고 룻기 2:11의 말씀을 보면 "보아스가 그에게 대답하여 가로되 네 남편이 죽은 후로 네가 시모에게 행한 모든 것과 네 부모와 고국을 떠나 전에 알지 못하던 백성에게로 온 일이 내게 분명히 들렸느니라"라고 하고 있다. 여기서 '네가 시모에게 행한'라고 되어져 있는데 '행한'이란 말이 '아사'(עָשָׂה)이다. 그리고 '내게 분명히 들렸다'라고 했는데, 이 말의 히브리 원어는 동사로 '나가드'(נָגַד)이다. '나가드'는 구약성경에서 370여회 나온다. 기본의미는 '눈에 띄다'이며, 그 뜻은 '말하다, 알게 하다, 폭로하다, 선언하다, 고백하다, 인정하다' 등을 의미한다.246) 룻이 시어머니에게 한 모든 행동이 유대 베들레헴 땅에 선언되고, 폭로되었다는 의미이다. 즉 그 땅의 모든 사람들이 룻의 행동을 다 알고 있었다는 것이다. 그것을 알고 있는 보아스는 나오미가 축복한 것같이, 보아스 자신도 룻을 축복한 것이다(룻 2:12).

유다로 돌아온 룻은 일하러 갈 때에 시어머니인 나오미의 허락을 받고 일하러 갔고(룻 2:2), 일을 할 때는 부지런하였고(룻 2:7), 자신이 직접 일을 하여 나오미를 공양했다(룻 2:18, 23). 결국 룻은 시어머니인 나오미의 조언을 받아 보아스와 결혼을 하게 된다(룻 2:22-3:6). 이 결혼은 고대 유대인의 습관이었던 형제의 미망인과의 결혼은 아니다(신 25:7-10). 보아스는 룻의 망부(亡夫)의 형제는 아니었기 때문이다. 그러나 자식이 없는 미망인이 남편의 땅을 팔려고 하면, 만일 망부의 형제가 없는 경우는 망부에게 가까운 친척이 그 땅을 사지 않으면 안 되었다(룻 4:3, 4, 9). 그것은 땅을 그 일족이 유지하여야 했기 때문이다. 또 그럴 때에는 살 사람이 자기의 유업이 손해되지 않을 경우, 즉 아내나 자식이 없을 경우는 앞의 습관(신 25:7-10)을 적용하여, 그 미망인과 결혼해도 무방하였다(신 25:5-6). 이와 같은 방법을 취하는 것은 아량이 있는 것 같이 생각되어, 일족에게 충실한 표적으로까지 여겨졌다.[247]

룻은 보아스와 결혼하여 오벳을 낳고, 오벳은 이새를 낳고, 이새는 다윗을 낳는다(룻 4:17; 마 1:5-6). 룻은 보아스와 결혼함으로 부자인 남편과 자녀를 둔 어머니가 되었고, 더 나아가 다윗의 증조모가 되고, 예수 그리스도의 족보에도 오르는 영광을 누리게 된다(마 1:5). 만일 룻이 시어머니를 공경하지 않았다면, 룻의 일생이 어떻게 되었을는지 아무도 모를 것이다. 룻은 부모를 공경하는 것과의 영적전쟁을 치룬 것이다. 그것은 '집으로 돌아가라'(룻 1:8)는 나오미의 말을 들었을 때, 룻의 입장에서는 망설이거나, 갈등을 했을 수도 있었을 것이다. 선택의 순간에서 룻은 시어머니로부터 들은 '하나님'과 하나님의 계명인 '부모 공경'을 택했다. 이것이 영적전쟁이다. 영적인 갈림길에서 선택하는 것이 영적전쟁이다. 만일 룻이 오르바와 같이 돌아갔다면, 룻은 영적전쟁에서 패한 사람이 되었다. 별 볼일 없는 이방인 과부 룻의 인생은, 부모 공경이라는 계명에 순종함으로 엄청난 역설의 삶을 살았다. 부모 공경은 하나님의 형상을 회복시키고, 유지시키며, 하나님의 영광을 나타내는 능력이지만, 사탄에게는 사탄의 뜻을 거스르고, 사탄을 공격하는 파괴력 있는 무기이다.

6. 살인하지 말라(출 20:13)

1) 영적배경

A. 살인의 의미

제 6계명은 아무런 수식이나 내용 설명 없이 단지 '살인 하지 말라'는 간결한 명령문으로만 되어 있다. 이 계명은 짧지만 대단히 광범위한 사회 윤리적인 문제들과 관련된다. 이 계명을 해석할 때 유의 할 것은 이 계명이 아무런 부연 설명이 없기 때문에, 그 자체를 독립시켜서 축자적으로 해석하기 보다는 구약 전체의 맥락에서 해석되어야 하는 것이다.[248] 우리는 하나님께서 '죽이지 말라'가 아니라, '살인하지 말라'라고 한 것을 기억해야 한다. 이 두 동사는 한글뿐만 아니라, 히브리어에서도 다르다. 살인이라고 하는 것은 불법적으로 사람을 죽일 때를 말하고, 합법적으로 죽일 때는 살인이라고 하지 않는다.[249]

살인의 히브리 원어 '라차흐'(רצח)는 기본어근으로, 구약성경에서 이 단어는 47회 나오는 순수한 히브리 용어이다. 당시의 어떤 언어에도 이 단어의 분명한 '동족어'는 없다. 이 어근은 십계명에서 처음으로 나오는데(출 20:13), 그 뜻은 '살인하다, 살해하다, 죽이다'의 뜻이다. 제 6계명에서 말하는 살인은 의도적으로(intentional), 고의로(purposeful), 계획적으로(pre-meditated) 범한 살인을 금지하는 계명이다.[250] 그렇게 할 의도가 전혀 없었는데, 생명이 취해지는 우발적인 살해가 있는데, 그것은 살인자로 고소 받지 않는다(신 19:5).[251] 성경을 통해서 사람을 죽였는데 살인이 되지 않는 경우가 있는데, 첫 번째는 전투와 전쟁이고, 둘째로 사형되는 경우이다. 사형이 되는 죄는 하나님께 짓는 죄로 우상숭배와 하나님의 이름을 모독하고, 저주하는 죄가 있고, 사람에게 짓는 죄로는 고의로 사람을 죽인 고살죄(출 21:12-14; 신 19:11-13; 에 24:17), 부모를 저주하거나 불순종하는 죄, 성적인 죄가 있다. 셋째로 개인적으로 고의가 아닌 실수로 죽인 경우에는 살인으로 인정되지 않았다.[252]

더 나아가 살인하지 말라는 계명은 단순한 육체적 생명뿐만 아니라, 그 영혼에 관계되는 것까지의 모든 행동을 금하고 있음을 알 수 있다.[253] 살인에는 직접 사람을 죽이는 직접살인이 있고, 간접적으로 사람을 죽게 만드는 간접살인이 있으며, 마음속으로 사람을 죽이는 심리적 살인이 있고, 말로서 사람을 죽이는 구설적 살인, 영혼을 죽이는 영적살인, 그리고 자신을 죽이는 자살이 있다.[254] 이 계명은 살인 범죄를 금지 할 뿐만 아니라, 그것으로 유도하는 모든 원인과 이유를 금한다.[255] 고의가 있는 살인자, 무관심한 살인자, 무모한 자동차 운전사, 술 취한 운전자, 출생하지 않은 생명을 낙태 시킨 자, 자살하는 자는 현대적 살인자이다.[256]

B. 살인은 사탄의 속성

이 계명은 생명의 존엄성에 관한 계명으로써, 인명을 위협하는 모든 행위에 대한 금지 명령이다. 이 근거는 모든 생명이 하나님께 속한 것이며(레 17:11), 모든 사람은 하나님의 형상에 따라 지음 받았기 때문이다(창 9:6). 이를 어기는 것은 하나님의 주권에 도전하는 것이자, 하나님의 형상을 파괴하는 행위가 된다.[257] 하나님께서 숨을 불어 넣어 만드신 사람은, 곧 거룩한 입김을 받은 거룩한 존재로서 하나님의 형상을 닮은 하나님의 아들이고, 하나님의 영, 하나님의 숨결을 담고 있는 하나님의 거룩한 전이기 때문이다. 그러므로 살인이라고 하는 것은 사람에 대한 죄일 뿐만 아니라, 하나님께 대한 죄이다.[258]

사탄은 우리의 삶에 대해 궤계를 가지고 있다.[259] 사탄은 하나님의 일을 방해하는 훼방꾼이다. 사탄은 사람의 생의 의미를 박탈하려고 하며, 부정적인 생각을 가지게 하여 하나님과의 관계를 파괴하고, 하나님과의 화해를 방해한다.[260] 그것이 사탄의 사명이기 때문이다. 하나님의 형상을 입은 아담과 하와를 공격하여 타락하게 한 사탄은 곧 가인에게 공격을 했다. 사탄은 여자의 후손이 자기 머리를 상하게 하리라는 것을 알고 있었고, 위협을 느꼈기 때문에 가인을 부추겨 아벨을 살해하도록 했다.[261] 이 살인은 인류에게 일어난 첫 살인사건이었다. 예수 그리스도께서는 이 사건으로 인하여 사탄을 지칭할 때 "처음부터 살인하는 자"(요 8:44)라고 말씀하셨다. 아담과 하와의 타락 이후 첫 번째 범죄가 바로 살인이었다.[262]

창세기 9:6에 "무릇 사람의 피를 흘리면 사람이 그 피를 흘릴 것이니 이는 하나님이 자기 형상대로 사람을 지었음이니라"라고 하셨다. 사람의 피를 흘리지 말 것을 경고하시고, 그 이유를 '하나님의 형상대로' 지음을 받았기 때문이라고 하셨다. 하나님의 백성들은 태어나면서 얻은 정체성이 아닌, 하나님이 주신 정체성을 가지고 있다. 우리는 대수롭지 않은 진흙으로 만들어진 자들이 아니라, 주님의 재림을 보며, 찬양하는 역사를 맞게 될 세대에게 인격이라는 깃발을 넘겨주어야 할 책임을 가진 자들이다.[263] 이러한 사람의 목숨을 없애는 살인(자살을 포함)은 하나님의 형상을 입은 사람을 죽임으로, 하나님의 형상을 파괴시키려는 사탄의 공격임을 알아야 한다. 살인의 원인에 대해서 성경은 이중적인 원인을 말한다. 첫째는 하나님의 일을 방해하는 사탄이 사람들로 하여금 탐욕적이고, 이기적인 삶을 살게 함으로써 살인이 생기고, 다른 하나는 욕망 때문이다.[264] 그러나 이 욕망 또한 사탄이 주는 것이므로(엡 2:2-3), 살인은 타락한 사탄이 뒤에서 조종하고 있는 것임을 알 수 있다.

그러므로 모든 살인 뒤에는 사탄과 사탄의 추종세력들이 있다고 말할 수 있다. 역대상 21장에 보면 다윗이 이스라엘 백성들의 수를 계수하게 된다. 요압이 반대하였지만 다윗은 이를 실행하였고, 하나님께서는 분노하셨다(대상 21:7). 결국 사흘 동안 땅에 온역으로 인하여 7만 명이나 죽었다(대상 21:14). 이렇게 엄청난 수의 죽음이 오게 된 이유에 대하여 성경은 말하길 "사단이 일어나 이스라엘을 대적하고, 다윗을 격동하여 이스라엘을 계수하게 하니라"(대상 21:1)라고 말하고 있다. 겉으로 드러난 행동은 다윗이었지만, 숨은 진실은 사탄이 다윗을 공격한 것이었다. 가룟 유다에게 사탄이 예수 그리스도를 팔려는 마음을 주었고(요 13:2), 유다는 예수 그리스도를 죽게 만들었고(살인), 결국은 자신도 죽었다(마 27:5). 모든 살인(자살을 포함) 뒤에는 사탄이 숨어있다. 이것에 대해 예수 그리스도께서는 "도적이 오는 것은 도적질하고 죽이고 멸망시키려는 것뿐이요"(요 10:10)라고 말씀하셨다. 살인은 그 사람에게 향하신 하나님의 뜻을 이루지 못하게 한다. 그래서 사탄은 하나님의 형상을 파괴시키기 위하여 영적인 살인과 육적인 살인을 계획하고 있다.

2) 살인하지 말라

A. 살인하지 말라

이 계명의 목적은 생명을 보존하는 것이다. 즉 사람들에게 사람 생명의 존엄성을 가르침으로, 그들이 사람의 생명을 최고의 가치로 존중할 수 있도록 하는 것이다.[265] 즉, '살인하지 말지니라'는 계명은 우리의 왜곡된 마음을 전체적으로 다시 질서 있게 정리할 수 있도록, 기도하고, 애써야 한다는 것을 의미한다.[266] '말라'는 말은 히브리 원어로 '로'(לא)인데, 구약성경에서만 약 5,000회 이상이 사용되었다.[267] '로'(לא)는 항상 전체의 실제적 진술을 부정하고, 강조하는 부정 명령에서 사용될 수 있다.[268] 즉, 살인을 강력하게 부정하라는 말이다. 제 6계명은 각 사람이 정당한 이유 없이 자신의 생명을 다른 사람에게 빼앗기지 않을 권리가 있음을 시사한다. 또한 이 계명은 정당한 이유 없이 다른 사람의 생명을 빼앗지 말아야 할 의무가 각 사람에게 있음을 의미하기도 한다.[269]

제 6계명은 실제적인 살인행위만을 금하는 것이 아니다. 우리 이웃의 안전을 해치는 무엇이든지, 이웃을 구해서 살릴 수 있는 힘이 우리에게 있는 데도 죽어가게 버려두는 무엇이든지 금지한다.[270] "살인하지 마라"는 계명은 살인을 금하는 명령이기도 하지만, 또한 생명을 공급하라는 촉구의 말씀이기도 하다.[271] 이 계명에는 사람을 죽이는 것뿐만이 아니라, 그 사람에게 상처를 주는 것도 포함한다. 그리고 '자기 자신의 몸과 생명'에 대해서도 언급하고 있다.[272] 사탄은 오늘날에도 하나님의 백성을 멸망시키려고 힘쓰고 있는데, 그 전략에는 전혀 변함이 없다.[273] 사탄이 구사하는 살인은 '살인하는 자'와 '죽는 자' 모두 다 하나님의 형상이 파괴되어 지는 고통이 있다. 이것을 잘 알고 있었던 사람 중에 한 명이 리브가였다. 리브가는 야곱과 합심하여 이삭을 속이고, 축복 기도를 받았다(창 27:27-29). 속은 에서가 야곱을 죽이려고 하는 말을 들은 리브가(창 27:41-42)는 야곱을 보내면서 말하길, "네 형의 분노가 풀려 네가 자기에게 행한 것을 잊어버리거든 내가 곧 보내어 너를 거기서 불러오리라 어찌 하루에 너희 둘을 잃으랴"(창 27:45)라고 했다.

B. 스스로의 살인

기독교인들 모두가 살인에 대해서는 한 목소리로 반대한다. 그러나 자살과 낙태, 그리고 안락사에 대해서는 다른 목소리가 나오는 것을 몇 몇 목회자들을 통해서 들었다. '이 땅에서 너무 고통스러워 주님계신 곳으로 가고 싶다'라고 하면서, 자살하는 사람을 주님께서 외면하시겠느냐는 것이다. 사람의 입장에서 보면 그럴 듯 하고, 이해가 안 되는 것은 아니다. 정말 하나님 안에서 자살을 하면 살인이 아닌가? 안락사(euthanasia)[274]에 대하여 그리스도인은 어떤 태도를 취해야 하는가? "저렇게 사는 것보다는 차라리 죽는 것이 백번 좋을 텐데…"라는 환경에 처한 사람에게 "안락사가 필요한 악이 아닌가?"라는 질문. 그리고 원하지 않는 임신을 했을 때, 태아를 낙태 시키는 것에 기독교적 입장은 어떻게 해야 될까? 성경의 입장에서 안락사와 낙태와 자살을 살펴보고자 한다.

첫 번째로 스스로 살인에는 안락사가 있다. 안락사(安樂死. euthanasia)는 안사술(安死術)이라고도 한다. 안락사에는 자연의 사기(死期)를 앞당기지 않는 경우와 앞당기는 경우가 있다. 특히, 후자에 대해서는 예로부터 종교, 도덕, 법률 등의 입장에서 논쟁이 되어 왔다. 자연의 사기(死期)를 앞당기는 안락사에 대해서는 그것이 살인죄, 또는 촉탁 살인죄의 범죄를 구성하는지 어떤지가 논쟁이 되고 있으며,[275] 그리고 안락사의 범위를 정하는데 어려움이 있다. 그 사람의 목숨을 언제 끊어야 하는가? 그리고 누가 그 사람의 생명을 끝내게 할 것인가? 이렇게 본다면 안락사의 계획은 확실히 남용될 가능성이 많이 있는 것이 현실이다.

두 번째는 낙태이다. 낙태 또한 지금 사회가 당면한 문제이다. 태아를 죽이는 낙태는 여러 세기를 걸쳐서 인류가 저지른 주요 범죄 중 하나다. 오늘날 낙태로 생명의 가치는 치명적인 공격을 당하고 있다.[276] 사람의 경우는 보통 임신 제2개월 말(8주) 이후를 태아((胎兒))라고 하며, 그 때까지는 태아(胎芽)[277]라고 구별하고 있다.[278] "태아가 언제부터 생명체로 인정할 것인가?" 하는 의학적인 논의를 하기 전에, 성경은 낙태를 금지하고 있다. 그 이유는 전도서 11:5에 "바람의 길이 어떠함과 아이 밴 자의 태에서 뼈가 어떻게 자라는 것을 네가 알지 못함 같이...."라고 하면서, 사람이 언제부터 생명이 되어 어떻게 자라는 지 알수가 없지만, 욥기 31:15에서 욥은 "나를 태속에 만드신 자가 그도 만들지 아니하셨느냐 우리를 뱃속에 지으신 자가 하나가 아니시냐"라고 하시면서, 임신하여 태아가 되었을 때는, 이미 하나님의 손길이 그와 함께 하고, 생명을 주셨기 때문이다.

예레미야 1:5 "내가 너를 복중에 짓기 전에 너를 알았고 네가 태에서 나오기 전에 너를 구별하였고..."라고 했으며, 다윗도 시편에서 고백하길 형질이 갖추어지기도 전부터, 주께서는 보고 계셨으며, 정하여진 날들이 아직 시작되기도 전에 이미 주의 책에 다 기록되었다고 말했다(시 139:13-

16). 태아는 하나님의 섭리에 의해 주어진 생명으로서 이것을 없애는 낙태는 분명한 죄이다. 1995년 로마 교황청에서 발표한 새 '교황회칙'에 의하면, 낙태는 윤리적인 무질서이며, 안락사와 더불어 어떠한 인간의 법도 그것을 정당하다고 주장할 수 없는 범죄라고 규정한 바 있다.[279]

세 번째로 자살이다. 성경에서도 자살을 한 사람들이 나온다. 자살함으로 블레셋 사람들을 죽인 삼손(삿 16:28-30), 적군에게 죽기 싫어 자살한 사울(삼상 31:4), 여호와 보시기에 악을 행하여 자살한 시므리(왕상 16:18-19), 자기 모략이 시행되지 못하자, 굴욕과 반역자로 죽는 것을 면하기 위해 자살을 한 아히도벨(삼하 17:23), 예수 그리스도를 죽음에 넘긴 것을 후회하여 목을 맨 유다가 있다(마 27:5). 초기에는 생명은 소중했기 때문에 자살은 흔치 않았다. 그러나 그 후 유대인들이 이방인들 사이에 흩어지면서, 강한 염세주의가 유대인들 속에 들어오게 되었다.[280] 유대인들이 보기에는 자살은 죄였다. 그러나 때때로 하나님을 믿는 신앙을 위하여 자기의 생명을 스스로 버리는 것은, 옳은 것이 될 수도 있었다.[281] 그러나 그리스도인은 결코 자살을 정당화해서는 안 된다. 어거스틴은 "첫째 자살은 회개할 기회를 막아 버리고, 둘째, 이것은 살인으로 제 6계명을 어기는 것이기 때문이다."라고 하면서 자살을 금했고, 토마스 아퀴나스는 "첫째, 자살은 부자연스러운 것이고, 둘째, 자살은 공동체에 대한 범죄이며, 셋째, 자살은 하나님의 특권에 대한 권리 침해이다. 왜냐하면 하나님만이 생명을 끝나게 만들 권리를 갖고 있기 때문이다."라고 했으며, 칸트는 "인간 자신 속에 구현되어 있는 인간성에 대한 모욕"이라는 근거에서 자살을 정죄했다.[282]

우리나라 자살률은 OECD 국가에서 1위라는 불명예를 차지했다.[283] 자살은 하나님께서 그 사람을 통하여 하시고자하는 계획을 중단하게 하고, 그 사람의 영혼을 지옥으로 이끌어가는 사탄의 유혹이자, 공격이다. 사탄은 사람들이 하나님의 형상을 망가트리려고, 자살을 유도한다. 자살 뒤에는 사탄의 계교가 있다. 사람에게 자살할 것을 암시하는 자는 사탄이다.[284] 사람이 다른 사람의 생명을 빼앗는다고 하는 것은, 생명의 주인이신 하나님으로부터 생명을 도적질 하는 것과 같다. 다른 사람을 죽인다는 것은, 생명을 주관하는 하나님의 권한을 침범하는 것이고, 하나님으로부터 도적질 하는 것이다. 사람은 목숨의 주인이 아니기 때문에, 자기의 목숨도 마음대로 처분할 수 없다.[285]

자살은 자기 살인이며, 범행 될 수 있는 가장 무서운 범죄이며, 공범자들도 살인죄에 해당된다.[286] 사람은 하나님의 형상으로 지음 받았고 (창 9:5-6), 성령께서 거하는 성령의 전이며(고전 6:19), 주께서 때가 되면 부르실 것이므로(딤후 4:6-8, 18), 어렵고, 힘들고, 괴롭더라도 자살을 하면 안 된다. 그러므로 기독교 입장에서는 안락사, 낙태, 자살에 대한 어떤 미사여구도 용납해서는 안 된다. 자살은 자신을 영원한 파멸의 길로 가게 만든다. 죽음이 끝이 아니라고 성경은 말한다. 그러므로 자살은 모든 것의 끝이 아니라, 영원한 삶의 시작이다. 자살은 하나님께서 그 사람을 통하여 하시고자 하시는 계획과 뜻을 방해 하려는 사탄의 유혹이자, 공격이다.

C. 살인에 대한 예수 그리스도의 가르침

살인에 대해서 예수 그리스도께서는 어떠한 이유라 할지라도 살인을 금하셨다. 그것은 살인이 단순히 사람의 육신을 없애는 것이 아니라, 사람이 하나님의 형상을 입은 영혼의 존재라는 사실을 아셨기 때문이라고 생각된다. 예수 그리스도께서는 작은 소자 중 하나를 실족케 하면, 연자맷돌을 달고, 바다에 빠지는 것이 낫다고 하셨다(마 18:6). 여기에 '소자'는 헬라 원어로 '미크로스'($\mu\iota\kappa\rho o_{\varsigma}$)로서, 겨자씨 비유를 말씀하시면서 "모든 씨보다 작은 것이로되"(마 13:32)라고 말씀하실 때도 사용된 말이다. 즉 아주 작은 사람이라 할지라도 하나님의 형상을 입은 사람이기에, 상처를 주거나, 아픔을 주어서는 안 된다고 하신 것이다. 더 나아가 예수 그리스도께서는 형제에게 노하거나, 욕을 해도 지옥 불에 들어간다고 하셨다(마 5:22). 사람이 욕설을 하게 되는 것은 사람의 마음속에 악한 것이 있기 때문이다(마 15:19). 그러므로 하나님의 형상을 입은 사람들을 살인은커녕 욕을 하는 것 자체까지도 금한 예수 그리스도의 가르침은, 사람을 귀하게 보되 그 사람 속에 있는 영혼까지 귀하게 보라는 것이다.

3) 살인과 하나님 형상 회복과 상실

A. 하나님의 형상 상실

사탄과 사탄의 추종세력들이 그리스도인들의 하나님 형상을 파괴시키기 위하여 이용하는 것이, 바로 감정과 상처라는 것이다. 감정을 느끼고, 그 감정을 소중히 여기고, 또한 그 감정에 충실한 유일한 존재가 바로 사람이기 때문이다. 이러한 사람은 좋은 일은 쉽게 잊어버리지만, 섭섭한 것이나, 아픔을 받은 일들은 아주 오랫동안 기억을 하게 된다. 또한 사람들은 자신이 행한 일보다는 자신의 인간성에 대한 긍정적, 또는 부정적인 말을 훨씬 더 깊게 받아들인다. 그러므로 인간성을 깎아 내리는 말은 우리의 자존감에 완전한 타격을 준다는 것을 알 수 있다.[287] 이것을 잘 알고 있는 사탄과 그 추종세력들은 이러한 감정을 통하여 우리의 마음을 공격하고 있다.

플랜(Myke Flynn)과 그레그(Doug Gregg)는 "사탄이 틈을 타도록 허용한 것, 사탄이 그 사람의 죄나 감정적인 상처나 유전적인 영향력을 통해 그를 억압하게 된 허용의 근거가 무엇인가? 분노, 정욕, 욕심 같은 단어들이 떠오른다."[288] 라고 했다, 자신의 감정과 그 감정으로 인한 상처를 통하여 사탄이 공격을 한다. 아픈 감정과 받은 상처로 인해 마음에 들어온 악한 영들은, 그 감정에 충실하도록 사람들을 유혹한다. 자신이 받은 아픔과 당한 상처가 크게 보이게 만들어서, 다른 일에는 신경을 쓰지 못하게 만들고, 자신이 당한 일에만 관심을 가지게 한다. 그래서 결국은 신앙생활에서 시험에 들고, 슬럼프에 빠지게 된다. 플랜(Myke Flynn과 그레그(Doug Gregg)는 "사탄은 주로 우리 감정을 공격하여, 우리가 부정적인 감정에 매달리도록 유혹하는데, 그 이유는 그것이 쉽게 죄로 연결되고, 하나님의 뜻과 목적을 거부하기 때문이다."[289] 라고 했다. 그러므로 하나님의 백성들은 감정이나, 상처로 인하여 사탄의 공격이 들어오지 않도록 지킬 때에, 하나님 형상 회복을 위한 영적 전쟁에서 이기게 된다.

"살인하지 말라"라는 계명과의 영적전쟁에서 패함으로 사람을 죽이게 되면, 하나님의 형상을 파괴하는 죄를 범하게 되고(창 9:6), 자신이 더럽고 악한 마음을 가지고 있음을 보여 주는 것이고(마 15:19-20), 법정에 서서 판결을 받고, 대가를 치루게 되며(롬 13:3-4), 반드시 육신적으로 죽게 된다(출 21:12, 14; 레 24:17; 민 35:17-19). 또한 살인을 하게 되면 저주를 받게 되며(신 27:24), 속에 영생이 거하지 않는 것이고(요일 3:15), 하나님의 진노를 맛보게 됨으로(롬 1:18, 29), 심판 받아 하나님의 나라를 유업으로 받지 못하며(갈 5:19-21; 요일 3:15), 영원한 형벌을 받게 된다(계 21:8; 22:15). "살인하지 말라"라는 계명에 불순종해서 살인함으로, 하나님 형상을 상실한 실패자 중에 대표적인 사람은 가인과 시므온과 레위다.

첫 번째로, 분노에 무너진 가인을 볼 수 있다. 분노, 그 자체가 나쁜 것이 아니다. 성전에서 장사하는 사람들을 쫓아내신 것처럼, 죄와는 상관없이 고상하고, 흠모할 만한 의분도 있다(요 2:15-16). 하나님의 백성들이 부당하게 화를 당할 때 인정할만한 분을 낼 수 있지만, 여기에서 "죄를 짓지 않도록"(엡4:26) 조심해야 할 필요가 있다.[290] 그러나 대부분이 화가 나면 그 감정을 조절하지 못하여, 살인이라는 극한 상황까지 간다. 가인이 그랬다. 가인은 아벨과 같이 하나님께 제사를 드렸다. 그런데 하나님께서는 아벨의 제사를 받으시고, 자신의 제사는 받지 않으시자, 화가 났다(창 4:4-5). 그래서 가인은 분노를 했고, 그 분노를 하나님께서 보셨다. "여호와께서 가인에게 이르시되 네가 분하여 함은 어찜이며 안색이 변함은 어찜이뇨"(창 4:6)라고 하신 것은, 가인의 분노의 행동이 단순히 얼굴만 붉힌 것이 아니라, 하나님께서 보시기에 문제가 있었다는 것이다.

가인의 제사가 받아들여지지 않았을 때, 가인이 보인 반응을 살펴보자. 창세기 4:5에 "가인과 그 제물은 열납하지 아니하신지라 가인이 심히 분하여 안색이 변하니"라고 하고 있다. '심히'라는 말은 히브리 원어로 '메오드'(מְאֹד)인데, '많음, 힘, 풍부'를 의미하며, 부사적으로 '굉장히, 엄청나게, 매우, 대단히'라는 의미를 지닌다. '변하니'라는 말은 히브리 원어 '나팔'(נָפַל)인데, 동사로서 기본어근이며, '떨어지다, 넘어지다, 눕다, 엎드러지다'를 의미한다. 이 단어는 일반적인 육체적 행동이나 사건 외에도 격렬한 사건을 말하고, 전치사와 결합함으로써 더 넓은 범위의 의미를 나타낸다.[291] 즉 가인은 자신의 제사가 받아들여지지 않자, 분노로 인해 엄청난 힘으로 난동을 부린 것을 알 수 있다. 그것을 보신 하나님께서는 "네가 선을 행하면 어찌 낯을 들지 못하겠느냐 선을 행치 아니하면 죄가 문에 엎드리느니라. 죄의 소원은 네게 있으나 너는 죄를 다스릴지니라"(창 4:7)라고 하셨다.

'죄의 소원'은 히브리 원어로 '테슈카'(תְּשׁוּקָה)인데, '슈크'(שׁוּק. 욕망하다, 갈망하다, 애정으로 끌어당기다)에서 유래했으며, '욕망, 갈망, 사모'를 의미한다. '다스릴지니라'는 히브리 원어로 '마샬. מָשַׁל'(동사)로서 기본어근이며, '다스리다, 통치하다, 주권을 잡다, 지배권을 가지다'를 의미한다. 즉, 이 말은 '죄를 범하고자 하는 욕망이 있으니, 그것을 지배해서 죄를 범하지 마라'는 뜻이다. 이것은 가인이 자신의 제사가 받아들여지지 않자, 마음 속 깊은 곳에서 분노가 치밀어 오르며, 죄를 범하고자 하는 충동이 있는 것을 보신 하나님께서 경고를 하신 것이다. 하지만 하나님의 경고에도 불구하고, 가인은 자신의 분노로 인하여 동생을 죽였다(창 4:8). 아담의 아들로서 하나님의 모든 영광을 누릴 수 있는 가인이었지만, 살인함으로 인해 하나님의 형상을 상실함으로 그는 첫 살인자가 되고, 아벨은 첫 순교자가 되었다. 가인은 하나님의 음성보다 사탄의 욕구 충족에 따른 것이다. 하나님의 형상 회복을 위한 영적전쟁에서 진 것이다. 가인의 삶 역시 아이러니하다.

두 번째로, 복수에 무너진 시므온과 레위이다. 복수는 사탄이 사람들을 공격할 때 즐겨 사용하는 무기다. 복수는 사람들이 쉽게 포기하지 못하는 유혹이다. 이 복수의 함정에 빠짐으로 하나님의 놀라운 축복을 잃어버린 사람이 야곱의 두 아들인 시므온과 레위이다. 시므온과 레위는 야곱과 레아에게서 나온 둘째, 셋째 아들이다. 이 두 사람의 친 여동생인 디나가 가나안 땅 세겜 성에서 머물 때, 구경을 갔다가 히위 족속중 하몰의 아들이자, 그 땅 추장 세겜에게 성폭행을 당하게 된다(창 34:2). 나중에 하몰과 세겜은 정식으로 청혼을 하지만, 할례를 받지 않으면 결혼할 수 없다고 속여서 하몰과 세겜에게 속한 모든 사람들이 할례를 받게 했다. 삼일이 될 때 시므온과 레위는 사람들을 데리고 가서 칼로 하몰과 그 아들 세겜을 죽이고, 디나를 세겜의 집에서 데려 온다(창 34:26). 이 복수로 인해 두 사람은 하나님의 형상을 위한 영적전쟁에서 패했다. 결과론적 이야기가 되겠지만 만일, 이 두 사람이 그렇게 하지 않았다면 '영적인 장자권은 시므온이나 레위 중에 되지 않았을까?'라고 생각해 본다.

예수 그리스도의 족보를 보면 '아브라함, 이삭, 야곱' 다음에 넷째 아들인 '유다'가 된다. 아마도 이 사건이 시므온과 레위가 영적 장자권에서 빠지게 되는 직접적인 사건이라고 본다. 안타까운 아이러니가 아닐 수 없다. 복수는 사탄이 좋아하고 즐겨 사용한다. 그래서 하나님께서도 모세를 통하여 말씀하시길 "원한으로 인하여 손으로 쳐 죽이면 그 친자를 반드시 죽일 것이니 이는 고살하였음이라"(민 35:21)라고 하셨다. 바울도 친히 원수를 갚지 말고, 주께 맡기라고 했다(롬 12:19). 그것은 사람은 하나님의 형상대로 지음을 받은 존재이기에, 그 사람에 대한 처벌 권한은 오직 하나님께 있기 때문이다. 그러므로 하나님의 형상 회복을 위한 영적전쟁을 하는 하나님의 백성들은 복수라는 달콤한 유혹에 넘어가서는 안 된다.

B. 하나님의 형상 회복

성경을 통해서 보면 사람을 죽일 수밖에 없는 위치에서 사람을 죽이지 않고 살리는 경우는 드물다. 대부분의 사람들은 죽일 기회가 왔을 때, 망설임 없이 죽이는 경우를, 성경과 또한 역사를 통해서 보게 된다. 그러나 죽일 수 있었는데도 불구하고 죽이지 않았을 경우는, '하나님을 두려워하는 신앙'을 가지고 있을 때였다. 죽일 수 있는 상황이었음에도 불구하고 죽이지 않았던 경우는 성경에 몇 차례 나오지 않을 만큼 희귀하다. 그것은 사람의 본성이 죄로 인해 타락해 있기 때문이라고 생각된다. 그림에도 불구하고 이런 일을 행한 사람에게는 하나님의 크신 은혜와 축복이 따랐다. 그러한 사람들 중에 '십브라와 부아 그리고 유다를 살펴본다.

첫 번째로 욕심을 이긴 십브라와 부아이다. 살인을 저지름으로 하나님 형상을 파괴하려는 사탄의 공격은 여러 방향으로 나타나는데, 그중에 정치적 음모도 있다. 이 정치적 음모 역시 욕심에서 출발했다. 예수 그리스도가 탄생하실 때에 별을 보고 찾아온 동방박사가 헤롯을 찾아 갔었다. 예수 그리스도의 나라는 이 땅에 속한 나라가 아니었지만, 사탄은 헤롯을 충동했다. 겉으로 드러난 사실은 '새로운 왕이 태어나면 너의 왕권을 빼앗긴다'며 헤롯을 충동했지만, 사탄의 속내심은 '예수 그리스도를 죽임으로 하나님의 형상 회복을 시키려는 하나님의 계획을 무너트리자'였을 것이다.

사탄의 계획대로 헤롯과 온 예루살렘이 소동했다. 여기서 '소동한지라'라는 말을 헬라 원어로 보면, '타랏소'($\tau\alpha\rho\alpha\sigma\sigma\omega$)인데, 그 뜻은 '함께 뒤흔들다, 분기시키다, 선동하다, 어지럽히다, 불안하게 하다.'이다.

즉 예수 그리스도의 탄생 소식이 헤롯을 어지럽게 하고, 불안하게 했다는 말이다. 결국 헤롯은 사탄의 충동에 충실하게 따른다. 그 때를 기준하여 두 살 아래 모든 사내아이들을 죽인다(마 2:16). 헤롯은 분명 '하나님 편에 설 것인가?' '자신의 길로 갈 것인가?'를 선택할 기회가 있었다. 먼저 동방박사들로부터 왕이 태어난다고 들었고(마 2:2), 그 다음에 대제사장과 서기관들을 모아서 물었고(마 2:4), 베들레헴에서 태어난다는 사실을 동방박사들에게 알려주었다(마 2:8). 헤롯은 자신의 욕심 때문에 하나님의 형상 회복을 위한 영적전쟁에서 졌다.

이와 비슷한 상황이지만 결과는 전혀 다른 결말이 나오는 사건이 구약에 나온다. 요셉의 지혜로 애굽이 평화를 누릴 때, 야곱이 그의 식구들을 데리고 애굽으로 내려갔다(창 46:27). 그리고 세월이 흘러 이스라엘 백성들은 점점 더 수가 많아졌고, 애굽에는 요셉을 모르는 왕조가 세워지면서, 이스라엘을 경계하기 시작했다(출 1:9-10). 그래서 태어나는 아이들 중에 남자는 죽이고, 여자는 살리게 하는 정치적 음모를 꾸미게 된다(출 1:16). 사탄은 자신의 욕심을 위해서는 윤리와 도덕에도 신경을 쓰지 않는 등, 상식을 초월하는 짓도 하는 존재다.

아기가 태어날 때 남자면 죽이고, 여자면 살리라는 바로의 명을 받은 산파 중에 '십브라'와 '부아'가 있었다. 산파들이 십브라와 부아만 있었던 것은 아니었을 것이다. 그 많은 이스라엘 백성들을 이 두 사람이 다 책임질 수는 없었기 때문이다. 산파들 중에 십브라와 부아는 아이들을 죽이지 않았다. 합법적으로 하나님의 백성을 죽일 수 있는 위치에 있었지만, '십브라'와 '부아'는 그렇게 하지 않고 그들을 살렸다. 그것은 산파들이 하나님을 두려워했기 때문이었다(출 1:17). 바로의 명을 어김으로 십브라와 부아는 왕에게 불려가 책임 추궁을 당했다(출 1:18). 바로는 자신의 명을 따른 산파들에게는 상을 주었을 것이고, 그렇지 못한 사람들에게는 그만한 손해를 끼쳤을 것이라고 생각된다. 십브라와 부아는 바로가 주는 상을 욕심내는 것보다, 하나님을 두려워했다. 이것은 모세가 하나님을 바라보면서 애굽의 왕자의 신분을 버린 것과 동일하다(히 11:24-26).

하나님을 두려워함으로 아이들을 죽이지 않은 십브라와 부아에게 하나님께서는 은혜를 베푸셨고, 그리고 이스라엘 백성들은 생육이 번성하고, 심히 강대하여 갔다(출 1:20). 출애굽기 1:21에 "산파는 하나님을 경외하였으므로 하나님이 그들의 집을 왕성케 하신지라"라고 하면서, 산파의 집의 모든 일이 잘 되었다고 말하고 있다. 하나님께서 요셉과 함께 하심으로 범사에 형통케 하셨다고 했다(창 39:3, 23). 그 결과로 요셉은 보디발 집과 감옥은 물론 애굽의 총리까지 될 수 있었다. 마찬가지로 하나님께서 산파들의 집을 왕성케 하셨다고 하신 것을 보면, 한없는 하나님의 돌보심이 있었을 것이다. 살인하는 것과의 영적전쟁에서 승리한 십브라와 부아로 인해 이스라엘 백성들은 생육이 번성하고, 강대해져 갔으며, 이 때 하나님의 종인 모세가 태어남으로 하나님의 크신 섭리가 이루어지게 된다.

두 번째로, 시기와 질투를 이긴 야곱의 아들 유다이다. 사탄이 살인을 할 때 즐겨 사용하는 무기가 '시기와 질투'이다. 예수 그리스도를 십자가에 못 박게 내어준 대제사장들과 서기관들도, 이 시기심 때문에 예수 그리스도를 죽게 만들었다(마 27:18; 막 15:10). 이 시기심에 붙잡히면, 분별력이나, 절제가 어렵다. 그러나 시기와 질투를 이기기만 하면, 하나님의 손길은 그와 함께 하시게 된다.[292] 창세기에 보면 시기와 질투를 극복한 사람이 있는데, 그 사람이 유다이다. 유다는 족장 야곱의 넷째 아들로 레아의 소생으로(창 29:35), 밧단아람에서 출생했다. 누이 디나가 세겜에게 능욕당하여, 그의 형제 시므온과 레위가 세겜 성읍 사람들을 속여 하몰과 세겜은 물론 모든 남자를 죽였을 때, 유다는 거기 가담하지 않았다(창 34장).

야곱의 열 두 아들 중에 요셉이 제일 사랑받았다. 그것으로 인해 요셉은 형들로부터 시기와 질투로 인한 미움을 받았다(창 37;4). 그러던 중에 요셉이 꿈을 꾸면서 더욱더 미움을 받게 된다(창 37:7, 9). 이런 상황 속에서 유다의 행동은 "살인하지 말라"는 계명에 대한 영적전쟁을 접하게 된다. 결국 형들은 요셉을 죽이기로 결정하고, 요셉을 구덩이에 던진다(창 37:24). 요셉이 죽을 수밖에 없는 상황에서 요셉을 살려낸 사람이 유다이다(창 37:26-27). 유다는 형제의 피를 보지 말고, 팔자고 하여 요셉을 은 이십에 팔아버리게 한다(창 37:28). 요셉에게 대한 시기심은 유다도 있었을 것이다. 그렇기 때문에 다른 형제들과 같이 있었고, 구덩이에 던지는데도 같이 했다. 그러나 마지막 순간에 유다는 시기심과 질투라는 것과 싸우게 되었다. 그리고 유다는 시기심과 질투에 지지 않고, 분별력과 절제를 가지고, 동생 요셉을 살려낸다.

시간이 흘러 가나안에 가뭄이 들어 곡식을 구하러 애굽에 내려갔을 때, 총리로 있던 요셉을 만나게 된다. 요셉이 시험하기를 베냐민을 두고 갈 것을 명하자, 유다는 달변과 성의로 베냐민을 변호하며, 베냐민 대신에 자기 몸을 제공하겠다고 나서 자기를 인질로 삼고, 대신 베냐민을 놓아달라고 간청했다(창 42-44장). 유다는 시기와 질투라는 사탄의 올가미에 벗어버리고, 살인을 피하여 하나님의 형상 회복을 위한 영적전쟁에서 승리하게 된다. 그리고 그 결과로 "아브라함이 이삭을 낳고 이삭은 야곱을 낳고 야곱은 유다와 그의 형제를 낳고 유다는 다말에게서 베레스와 세라를 낳고"(마 1:2-3)라는 축복을 받게 된다. 이 땅에서는 요셉이 큰 복을 받았지만, 예수 그리스도의 조상이 되는 축복을 받은 유다가 더 큰 복을 받은 것이 아닐까? 정말 대단한 역설의 삶이다.

그리스도인은 잠시라도 전쟁이 끝났다는 생각을 결코 가지지 말아야 한다. 그 전쟁이란 예수 그리스도를 믿음으로 시작되고,[293] 지금도 진행 중이다. 살인한 자는 하나님께서 용서하시지 않으신다. "사람이 그 이웃을 짐짓 모살하였으면 너는 그를 내 단에서라도 잡아내려 죽일찌니라"(출 21:14). "살인하지 말라"라는 계명을 지킴으로, 생명에 대해 분명한 생각을 갖게 되며(시 103:15-16; 사 40:6-7; 사 51:12), 진리 안에 거하고, 살인의 근원인 사탄의 기만에 당하지 않을 것이며(요 8:44), 사탄의 공격으로부터 구원 받고, 그리스도 안에서 풍성한 생명을 누리게 된다(요 10:10). 또한 형제에 대한 사랑을 가지게 되고(요일 3:14), 자신의 생명을 구하는 유일한 길은 그리스도께 삶을 맡기는 것임을 이해하게 될 것이며(눅 9:24-25), 성령 안에서 걸어가고, 성령의 열매를 맺게 된다(갈 5:19-25).

7. 간음하지 말라(출 20:14)

1) 영적배경

A. 성에 대해서

하나님께서 인간을 남자와 여자로 창조하셨다는 사실에는 두 가지의 의미가 있다. 즉 성에 속한 모든 것은 잘못된 것이 아니고 좋은 것이며, 그리고 우리는 이것을 우리 소원대로가 아니라, 하나님의 규칙대로 즐겁게 받아야 한다는 것이다.[294] 그러나 사탄은 사람들을 성의 노예로 만들었다. 지금 주위에 보면 성으로 돈을 버는 것은 물론이고, 성을 그냥 잠깐 즐기는 것으로 생각하는 사람들을 쉽게 찾아 볼 수 있다. 뉴스에서 호스트바에서 아르바이트를 하는 남자들의 이야기가 보도되었다. 손님은 유흥업에 종사하는 여성들과 주부들이고, 술시중을 드는 사람들은 젊은 남자 대학생들이었다. 기자는 인터뷰를 하면서 결론을 내리길 "젊은 사람들이 고생을 하지 않고, 쉽게 돈을 벌려고 하는 세대로 인해 탄생한 직업"[295]이라고 했다. 이러한 것은 사탄이 그러한 문화를 만들었다.

1959년 영국의 의학협회(British Medical Association)는 유스타세 쳬서(Eustace Chesser)와 위니프레드 드 콕(Wi-niferd de Kok)이 쓴 '결혼하기(Getting Married)'라는 제목이 붙은 책을 출간하였다. 이 책 속에 "순결은 시대에 뒤떨어진 낡은 것이다. 그러므로 더 이상 이것을 젊은이들에게 가르쳐서는 안 된다."라는 말이 나온다.[296] 성의 자유를 부르짖는 대중문화와 청년 자유주의자들, 동성애의 증가, 불륜 행위를 가르치는 노래나 영화들, 특히 요즘 인기 있는 스타를 동원해 드라마나 영화를 만든다. 분명히 불륜이고, 죄악이지만, 그것을 '예술'이라는 포장을 해서 아름답고, 멋지게 만들어서 개인과 가족, 가정, 그리고 사회를 혼란하게 만들고 있는 것은, 사탄이 뒤에서 조정하고 있기 때문이라고 본다.

사탄은 이 순간에도 그리스도인들을 성적으로 타락시키기 위해서 공격하고 있는데, 마지막 말세일수록 이런 공격은 심해질 것이다. 사도 바울은 디모데후서 3:1-7에서 말세의 징조에 대해서 말하길 "쾌락을 사랑하기를 하나님 사랑하는 것보다 더하며"라고 하면서, 말세에는 이렇게 하는 사람이 나오는데 "이 같은 자들에게서 네가 돌아서라"라고 말하고 있다. 말세의 징조에 대해서 예수 그리스도께서 말씀 하실 때에 "노아의 때와 같이 인자의 임함도 그러하리라 홍수전에 노아가 방주에 들어가던 날까지 사람들이 먹고 마시고 장가들고 시집가고 있으면서" (마 24:37-38)라고 하셨다. 노아 때의 "하나님의 아들들과 사람의 딸들의 결혼"이 성적인 타락이었음을 살펴보았다. 예수 그리스도께서는 당시의 사람들의 성적 타락에 대해서 "먹고, 마시고, 장가들고, 시집가고"라고 표현 하셨다. 즉 성적인 타락으로 부패가 만연된 때에 예수 그리스도께서 다시 오신다는 것이다. 이것은 말세 때 일수록 사탄이 더 역사하기 때문이다.[297] 지금이 바로 그런 때가 아닌가 싶다.

뉴스와 신문에 보도 되었던 '스와핑'[298]은 정말 '우리나라가 얼마나 타락했는가?'를 보여주는 사건이었다. 전국 6개 지부를 둔 대규모 스와핑 인터넷 사이트가 적발되었다. 그 사이트에는 사회지도층이 다수 포함된 회원이 5천여 명이었다. 1천여 명의 나체사진과 성행위 동영상을 올린 인터넷 사이트를 운영하며, 부부간 이성을 바꿔 성관계를 갖는 스와핑을 주선하다가 적발됐다.[299] 더 심각한 것은 이런 스와핑은 우리

나라만의 문제가 아니라는 것이다. 이탈리아 부부 4쌍 중 1쌍은 정기적
으로 '스와핑'을 즐긴다는 조사결과가 나왔다고, 영국 일간 인디펜던트
인터넷판이 이탈리아 언론을 인용 보도했다.[300] 사회주의 국가인 중국
에서도 스와핑이 발견되어 사회적으로 충격을 주었고,[301] 시아파 이슬
람 국가인 이란에서도 '파트너 스와핑' 등 불법적 성관계를 한 12쌍의
커플이 경찰에 체포됐다고 일간지 좀후리 에슬라미가 전했다.[302] 성
문제에 보수적인 무슬림이 국민 대다수를 구성하는 이집트에서 부부
스와핑을 해온 사람들이 경찰에 적발되어 이집트 사회에 충격을 주었
다.[303] 이제 성적 타락은 사상이나 종교를 초월해서 세계 각 나라에 퍼
져있다.

B. 간음의 위험성

이 계명은 하나님의 백성들에게 성의 순결성을 강조한 말씀이다.
하나님의 백성으로 택함을 받은 이스라엘 사람들은 다른 사람들과는
구별이 되어야 하는데, 성의 순결은 그 징표 중에 하나이다(레 18:3-
4).[304] 하나님께서 인종의 번식을 위해 심어놓으신 사람들의 본능적
성향에 대해, 적절히 훈련해야 할 것을 이 계명은 요구한다.[305] 간음죄
의 성격은 두 영혼을 동시에 죽이는 죄이고, 사람을 가장 저열하게 만
드는 죄이며, 사람 본래의 이성과 이해의 불빛을 꺼트리거나 흐리게 하
는 죄이며, 사람의 죄 가운데 가장 불명예스러운 죄이다.[306] 솔로몬은
간음에 대해 잠언 6:25-29에서 간음의 위험성을 경고하기를, 남의 아내
를 범하고서도 어찌 무사하기를 바라겠느냐고 했다. 하나님께서는 간
음을 금지하시는 이유는 말하지 않고 있다. 그것은 그럴 필요가 없기

때문이다. 음란의 죄는 그 본질상 파괴적이고, 파멸적이므로, 그 죄 자체가 경고를 받아야 할 충분한 원인이 되기 때문이다.[307]

간음의 위험성과 타락성은 간음이 정당한 결혼 관계의 파괴를 초래하고, 율법적으로는 결혼 서약의 위반이기 때문이다. 하나님께서는 일부일처제를 확립하사(창 2:21-25), 장차 이루어질 그리스도(신랑)와 교회(신부)와의 연합을 예표시키셨다(엡 5:31-32). 따라서 이 성스러운 연합체를 파괴하는 간음 행위는, 단순한 성범죄 차원을 떠나 하나님을 모독하는 중대한 범죄행위이다.[308] 우상숭배가 하나님과 사람과의 인격적인 관계를 깨뜨리는 것인데 반해, 간음은 남자와 여자와의 인격적인 관계를 파괴하는 것이다. 하나님의 이름을 욕되게 하는 자는 돌로 쳐 죽인바 되듯, 간음에 의해 본인과 타인을 더럽히는 자도 역시 돌로 쳐 죽여야만 했다(레 20:10; 24:16; 신 22:20-24; 요 8:3-5).[309] 유대인은 게헨나(Gehenna)[310]로부터 결코 돌아올 수 없는 사람이 셋이 있는데, 그것은 간음을 범한 사람, 자기의 동료를 사람들 앞에서 창피하게 한 사람, 자기의 동료를 무례한 별명으로 부르는 사람이라고 했다. 그 만큼 간음에 대해서 엄격했다.[311]

간음죄는 살인죄보다 더 나을 것이 없는 큰 죄다. 간음은 은혜로 존재케 한 모든 것을 파괴시킨다. 다브네이(R. L. Dab-ney)는 "사람 모두가 간음의 방종에 놀아난다면, 사람들은 가까운 장래에 야수로 퇴화될 것이다"고 했다.[312] 유대교에서는 간음보다 더 무서운 죄로 여겨지고 있던 죄가 없고, 또, 예언자들과 현인들의 책망에도 불구하고, 간음보다 더 흔한 죄가 없었다[313]는 것은 인간성의 아이러니다. 하드리안(Hadrian)이 예루살렘을 최후로 파괴한 후, 아키바(Akiba) 시대에 유대인은 자기의 생명을 구원하기 위하여 어디까지 타협할 수 있는가를 의

논하였다. 정당화 될 수 없는 세 가지 죄가 있었는데 그것은 우상숭배, 살인과 간음이었다.[314] 패터슨(W. P Paterson)은 "간음은 모세의 율법의 불변성과 순결성을 위협하는 가장 강력하고, 방심할 수 없는 힘이었다."라고 했다.[315]

간음이 미치는 파괴성은 생각보다 더 크다. 첫째, 가정을 파괴하여 가족의 파멸과 상심을 초래하고, 둘째, 자기 몸과 영혼에 대하여 죄가 되며, 셋째, 성령을 슬프게 한다.[316] 더 나아가 자신을 지옥으로 가게 한다. 원시 시대에는 일반적으로 남편은 자기 아내를 유혹한 다른 남자를 죽일 권리를 갖고 있었고, 고대 법전에서는 간음죄에 대한 벌은 죽음이었다.[317] 성경에도 간음에 대한 벌이 매우 엄격한 것을 볼 수 있다. 이 계명은 하나님께서 그의 직무를 위해 영혼만큼이나 육체를 주장하시고 계심을 명백히 암시한다. 이스라엘 민법에 있어서 이 죄에 부과된 그 당시 형벌은 살인한 자에게 부과된 것과 똑같은 죽음, 그것이었다.[318]

간음은 사람이 본능에 충실하게 함으로, 하나님께서 사람에게 주신 하나님의 형상이 철저하게 파괴되어 상실하게 만든다. 사람에게 하나님의 형상이 상실됨으로 오는 현상은, 사람이 윤리와 도덕이 없는 동물들과 같은 생활이 된다는 것이다. 하나님의 형상이 파괴된 이런 삶에는 하나님께서 반드시 심판을 하시기 때문에(창 6:1-7; 19:24-25; 롬 1:24, 26-28; 히 13:4; 계21:8), 사도 바울은 간음하지 말 것을 경고했다(고전 10:8). 간음이 미치는 영향은 엄청나다. 창세기 6:2에 보면, 하나님의 아들들이 사람의 딸들의 아름다움을 보고 결혼을 했는데, 하나님께서는 이것을 보시고 "…나의 신이 영원히 사람과 함께 하지 아니하리니 이는 그들이 육체가 됨이라…"(창 6:3)라고 하셨다. '육체'란 히브리 원어로 '바사르'(בָּשָׂר)로서 '살, 육체'를 말한다. 하나님께서 그 당시 사람들을 보시고 "육체가 되었다"라고 하신 말씀은 상당히 의미가 있는 말이다. 왜냐하면 "그들이 육체가 됨이라"라는 말씀을 역으로 해석을 하면, 하나님께서 사람들을 보실 때, 전에는 육체로 보시지 않았다는 말이기 때문이다. 다시 말해 하나님의 아들들이 사람의 딸들과 결혼함으로 '살아있는 영혼의 존재'에서 '육체'가 되었다는 것이다. 즉 하나님의 형상을 상실한 것이다.

'하나님의 아들들과 사람의 딸들의 결혼'이 무엇이기에 하나님께서는 그들을 '육체'로 보시고, 세상을 심판하시려고 결정하셨을까? 매튜 헨리는 그들 결혼의 문제점에 대해서 말하길 첫째, 그들은 단지 외모만 보고 선택하였다. 둘째, 그들은 그들 자신의 타락한 성정이 결정하는 대로 선택했다. 셋째, 그들에게 악한 결말을 가져왔던 점은 그들이 이방 여인들과 결혼했다는 것, 즉 믿지 않는 자와 멍에를 같이 하게 되었다고 했다(고후 6:4).[319] 즉 타락한 성정대로, 보이는 대로, 신앙을 떠나서 살았다는 것을 알 수 있다. 성도덕의 퇴폐가 사회를 문란케 하고, 부패케 한 것이다.[320] 하나님께 속한 것과 사람에게 속한 것을 혼합하는 것은 악의 특이한 모습이다. 이것은 사탄의 손 안에 들어 있는 지극히 유효한 엔진이다. 왜냐하면 그와 같은 혼합은 땅에서의 그리스도의 증거를 파괴하기 때문이다.[321]

간음의 타락성과 위험성을 알 수 있는 또 다른 장면이 창세기 19장에 나오는 소돔과 고모라 성의 사건이다. 소돔과 고무라 성은 계곡의 도시들 중 하나이다. 5개의 도시가 성경에서 모두 36번 언급되는 가운데, 소돔이 16번으로 가장 많이 나타나고 있다.[322] 두 명의 천사가 소돔과 고모라 성에 도착을 하여 롯의 집에 들어갔을 때, 그 소식을 전해 들은 사람들이 롯의 집에 몰려와서 롯의 집에 온 두 사람을 내어 달라고 요구했다(창 19:1-5). 여기서 주의해서 살펴보아야 할 것은 "… 네게 온 사람이 어디 있느냐 이끌어내라 우리가 그들을 상관하리라"(창 19:5)라고 한 말이다. '상관하리라'라는 말은 히브리 원어로 '야다'(יָדַע)로서 동사이고, 기본어근인데, '관계하다, 관심을 가지다'(시 1:6; 37:18; 119:79), '~와 관계를 맺고 싶다'(신 33:9)로, '성적 관계를 가지다'라는 의미를 나타내기도 했다. "아담이 그의 아내 하와를 알았다"고 하는 유명한 완곡어법과 그 병행구들(창 4:1; 19:8; 민 31:17, 35; 삿 11:39; 21:11; 왕상 1:4; 삼상 1:19)에서 남녀 쌍방의 성적인 관계를 뜻하는 말로 사용되었고, 남색(창 19:5; 삿 19:22)이나 강간(삿 19:25)과 같은 성적 도착을 묘사하기 위해 사용되었다.[323]

당시 소돔과 고모라 성은 엄청난 성적 타락으로 인해, 처음으로 그 성에 들어온 천사들에게까지(물론 일반 사람으로 알고) 성적인 대상으로 삼고자 했다. 소돔과 고모라 성의 성적인 타락이 얼마나 심했는지, 하나님께서 직접 확인하시려고 하실 정도였다(창 18:20-21). 소돔은 방종한 죄에 대한 하나님의 심판을 보여주는 영구한 본보기로서(고모라와 함께) 가장 잘 기억되고 있다(창 18-19장; 참조: 벧후 2:6; 유 7절). 선지자들도 되풀이하여 이스라엘의 부정한 죄와 배도를 소돔의 죄와 비교하여 말하였다(사 1:19-; 3:9; 렘 23:14; 애 4:6; 겔 16:46-; 암 4:11).[324] 고모라 역시 도덕적 퇴폐가 극에 달하여, 그 벌로서 하나님이 내린 유황 불비로 멸망하였다(창 18:20; 19:24-28).[325]

성경은 간음을 하나님, 사람, 사회에 대항하는 가증스러운 범죄로 본다. 첫째, 가족은 이스라엘 사회의 주춧돌이었으므로, 그것의 안정성에 위협이 되는 일은 용납될 수 없었다. 둘째로, 결혼은 하나님의 명령에 근거하는 것인데(창 2:24), 간음은 하나님을 거스르는 죄였으며(창

39:9), 하나님께서 가족에게 명령하신 성적 순결을 깨뜨리는 것이다. 셋째, 간음은 인격적인 상실의 문제였다. 간음은 우상 숭배와 같은 것 이요, 여호와를 섬기는 것으로부터 돌아서는 것이다.[326] 그러므로 간 음은 성적 타락의 극치이다. 간음이 홍행해지면 사회가 혼란스럽고, 부 패하고, 무질서하다는 것을 말한다. 이러한 곳에는 반드시 하나님의 심 판이 있다. 역사적으로도 이것은 증명이 되는데, 폼페이(Pom-peii)의 멸망이 그렇다.[327] 폼페이(Pompeii)는 이탈리아의 베수비우스 화산이 폭발하면서 전성기에 갑자기 멸망하였다. 자료들의 발굴로 보면 그것 들은 상당히 쾌락적이고, 현세 향락적인 도시 생활을 하고 있었음을 말 해주고 있다.[328] 간음은 그 사회의 부패의 척도이다. 이것이 심해지면 그곳에는 하나님의 심판이 있게 된다.

2) 간음하지 말라

A. 결혼에 대하여

고대의 다른 민족들보다 오래 지속되는 문명을 소유하였으며, 오늘 날 우리들의 행복한 가정생활을 형성하는 데도 수많은 이념을 제공한 이스라엘 백성들은, 가족의 순결성에 대한 고상한 표준을 소유하고 있 었다.[329] 비록 고대 히브리인의 율법이 오늘날 우리 사회와는 크게 다 르고, 생활양식도 달랐다. 그러나 그 율법의 목적은 언제나 하나님의 백성의 순결성을 보호하고, 온 민족의 안정된 가정생활과 도덕적 건전 성을 확실히 하자는데 있었다(레 18:29-30).[330] 이스라엘은 젊은 여성

들과 마찬가지로, 젊은 남자들에게도 높은 순결을 요구하였다. 구약성
경에 따르면 사람은 젊은 시절에 깨끗한 도덕적 삶을 살아야 할 것을
가르치고 있다. 특히 "간음하지 말라"는 제 7계명은 결혼의 신성성과
가정의 신성성의 수호를 위해 주어졌을 뿐만 아니라, 육신의 정결과 불
타는 듯한 음욕의 방지를 위해서도 주어졌다.331)

간음을 금하는 계명은 하나님께서 사회의 가장 기본이 되는 단위인
가정을 보호하기 위한 목적으로 재정하신 것이다. 남편과 아내의 신실
하지 못한 행위는 가정이라는 단위를 파괴할 우려가 있다. 오늘날 가정
이 파괴되었을 때의 결과가 어떠한지 너무도 잘 안다.332) 그러므로 어
느 누구도 간음할 권리가 없다고 말한다. 다시 말하면 모든 사람은 간
음하지 말아야 할 의무를 지닌다. 남편과 아내의 몸은 서로에게 속한
것이다. 결혼 관계를 침해하는 것은 도적질의 한 형태이다.333) 간음죄
를 막기 위해 하나님께서는 결혼의 법을 제정하셨다.334) 하나님께서
정해주신 결혼이야 말로 가정의 기초이며, 가정은 사회와 교회의 기초
이기 때문에, 로마도 이 가족을 중히 여겼을 때에는 흥했으나, 가족이
허물어졌을 때에는 망했다. 로마 역사에서 초기 흥성했던 시대에는 이
혼이 없었으나, 사치에 물들어 쇠퇴해가던 후기에는 많은 사람들이 서
로 상호간의 동의만 가지고도 쉽게 이혼을 했다.335)

주전 5세기에 선지자 말라기는 일부일처제를 기정사실로 인정했
다. 그는 사람이 유대인 아내를 성의 없이 다루며, 이방 여인과 혼인하
기 위하여 아내와 이혼하는 것을 신랄하게 비난했다. 그는 이러한 사
람들에게 그들이 처음 결혼 할 때 여호와께서 증인이었으며, 언약으로
이루어진 그 혼인 관계는 결코 파기 될 수 없는 것임을 상기 시켰다(말
2:14).336) 간음을 행함으로 가정을 불행하게 하는 것은 일부일처 제도

를 벗어나는 일이다(창 16:5; 21:10-11; 29:30-34).[337] 신약시대에 이르러 일부일처주의가 이상적인 것으로 인정되었다. 이러한 혼인에 있어서는 한 남자와 한 여자가 결합하여, 두 사람이 살아있는 동안 이 관계는 지속되는 것이다.[338]

신약에 있어서는, 결혼의 의의가 심화(深化)됨과 함께 간음은 훨씬 더 엄히 취급되어 있다. 성경에서 간음이나 음행이 그렇게도 엄하게 거부되어 있는 사실은, 사람의 반역에 의해 어긋나 있는 하나님의 형상을 어떻게 해서든지 회복시키려는, 하나님의 은혜에 찬 결단의 행위를 보여주시는 것이기도 하다.[339] 결혼의 관계는 하나님과 이스라엘 사이에 맺어진 언약의 관계를, 결혼한 부부의 관계로 묘사될 만큼 중요한 것으로 생각되었다(호세아, 에스겔16장, 23장). 그래서 유대인들은 결혼 비용이 없어서 결혼을 못하는 경우에는 성경책(고대에는 성경이 상당한 고가였다)을 팔아, 그 돈으로 결혼을 해도 용서된다고 가르쳤다. 이것은 결혼의 중요성을 말한다.[340]

B. 간음의 의미

이스라엘 백성에게는 젊은 여성들의 처녀성이란 매우 중요한 것이었다. 처녀들은 가정이나 문중에서 보호를 받았다. 만일 처녀가 처녀성을 유린당하는 일이 생기면, 그녀의 가족이 그 유린한 사람에게 복수를 하였다. 창세기 34장에서 보는 바와 같이 디나의 오라비들이 세겜에게 한 것과 같다.[341] 정결의 덕목은 가정 관계에 있어서 가장 기본적인 요소며, 나아가서 가정은 사회관계에 있어서 기본이 된다. 그렇기 때문에 가정에 요구되는 정결의 의무는 인간의 생사문제에 버금가는 문제이다.[342] 간음은 이런 정결을 더럽히고, 공격하는 무서운 파괴자이다.

간음을 정의하면, 유부녀의 모든 혼외정사, 남자와 유부녀나 약혼 중에 있는 여자의 혼외정사를 뜻한다. 즉, 간음이란 이성간의 불법적 성관계이다. 이보다 더 쉽게 말로 표현하기는 어렵다. '말라'는 말은 하나님의 명령이다. 우리 하나님 아버지께서는 우리와 논쟁하시는 것이 아니다.[343] 이것은 어떤 상황에서든지 지켜야만 하는 것이다. '간음'은 사람다움을 지탱하는 관계를 깨고, 빼앗는 '모든 성의 방법과 도구화'를 일컫는 말이다. 이것은 사람과 사람을 잇는 '사회적 약속'을 파괴하는 행위라고 할 수 있다.

간음은 방종의 하나로서, 밤에 속하는 악으로도 말하고 있다(롬 13:13). 혼전교섭(交涉), 혼외교섭 등 실제의 성적 부도덕을 가리킬 뿐 아니라, 로마서 1:24에서 말하고 있는 성의 변태 및 도착(倒錯)등의 일까지도 포함하고 있다. 간음보다도 넓은 의미의 말로서, 매춘, 미혼남녀의 성교, 부정(不貞) 등, 각종 은밀 불법한 성교까지 등도 말한다.[344] 엄격히 말해서 '간음'이란 결혼한 사람이 지을 수 있는 죄이고, '사통'이란 미혼자들에게 의해서 행해지는 것을 말한다.[345] '간음'과 '통간'은 약간 구별되어, '간음'은 '모든 형태의 혼외정사'를 의미하며, '통간'은 '혼전 성교'를 뜻한다. 통간은 배상이 가능한 반면에(참조, 신 22:28-29), 간음은 제 3자에게까지 해를 끼치는 것이었기에 더욱 중대한 범죄를 취급되었다.[346] 성경에는 혼외 성관계 혹은, 결혼한 남자와 약혼하지 않는 여자, 혹은 결혼하지 않은 여자 사이의 관계는 '간음'이라고 하지 않고, 대개가 '음란'이라고 했다. 이러한 죄를 범한 남자는 벌금을 물리고, 그 여자와 결혼해야만 했다(신 22:19-21).[347]

C. 간음에 대한 예수 그리스도의 가르침

예수 그리스도께서 성전에 들어 가셔서 장사꾼들을 쫓으심으로 성전을 깨끗케 하셨다(마 21:12-2). 바울은 우리의 몸이 성령이 거하는 성전이므로 거룩해야 한다고 말했다(고전 3:16-7). 이렇게 우리의 몸이 거룩한 성전이고, 하나님의 성전을 더럽히면 하나님께서 멸하신다고 하셨는데, 간음으로 성전인 우리의 몸을 더럽히면 하나님께서 그냥 두시겠는가? 예수 그리스도께서 하나님의 집이 도둑 소굴로 된 것을 보시고 분개하셨는데, 하물며 거룩한 성령의 전을 더러운 돼지우리로 전락시킨 행악함을 보았다면, 그의 보시기에 얼마나 가증스럽겠는가?[348] 예수 그리스도는 율법의 완성자로서 "여자를 보고 음욕을 품는 자마다 마음에 이미 간음하였느니라"(마5:27-32)라고 말씀하시면서, 율법의 형식을 지키는 것보다도 그 정신을 귀히 여겨야 할 것을 가르치셨다. 즉 행동 없는 육체적인 생각까지도 이 계명은 금하고 있다. 이 계명은 또한 우리가 정숙치 못한 옷, 상스러운 언어, 정욕을 불러일으키는 음식이나 음료, 그 외에 우리 자신이나 다른 사람에게 정욕을 유발시키는 모든 경향들에게 대하여 조심 할 것을 요구한다.[349]

3) 간음과 하나님 형상 회복과 상실

A. 하나님의 형상 상실

간음을 금하는 명령은 적극적으로 신실함을 나타내야 한다는 원칙에 그 뿌리를 둔다. 그러므로 이 계명은 다른 사람과의 모든 관계에서 신실해야 할 우리의 의무에 대한 근거가 된다.[350] 그러므로 그리스도 인들의 삶은 거룩한 몸, 경건한 삶이어야 한다. 하나님께서는 그의 백 성들이 거룩한 삶을 살기를 원하신다. 그것은 예수 그리스도의 가르침 과(마 5:48), 사도들의 가르침에서도 볼 수 있다(고전 7:1; 요일 3:3). 사 도들이 예수 그리스도를 영접한 이방인들에게 준 계명도 음행 하지 말 것을 명했다(행 15:20). 바울은 구원받은 그리스도인들의 몸은 그리스 도의 지체이므로, 창기와 연합하지 말고, 음행을 피하라고 했다(고전 6:15-18). 이렇게 "간음하지 말라"라는 계명과의 영적전쟁에서 실패한 사람 중에 대표적인 사람이 발람이다.

발람은 메소보다미아의 브돌 태생으로 브올의 아들이며(신 23:4), 유명한 술사이고(민 22:6; 수 13:22), 예언자였다(벧후 2:15-16). 이스 라엘 백성이 약속의 땅에 도착하고부터 암몬, 모압과의 국제 관계에 얽 혀 등장한다. 그는 모압 왕 발락의 요청에 의해 이스라엘을 저주하라 고 첫 번째 청함을 받았을 때, 하나님의 저지로 저주를 하지 못했다(민 22:12). 두 번째에는 더 높은 귀족들을 더 많이 보내자(민 22:15), 저주 하기 위해 나귀를 타고 가던 중에, 하나님께서 나귀를 통해 경고를 하 셨다(민 22:28). 하나님의 역사로 직접적으로 저주하지 못하고, 오히려 이스라엘 백성들을 축복한 발람은 "일어나 자기 곳으로 돌아갔고, 발락 도 자기 길로 갔더라"(민 24:25)라고 말하고 있다.

그 이후로 어떤 일이 있었는지는 설명이 없어서 잘 알 수가 없다. 그 런데 민수기 25:1-3에 보면, 발람이 떠나자마자 이스라엘 백성들이 싯 딤에 머무는 동안에, 모압 사람의 딸들이 자기 신들에게 바치는 제사 에 이스라엘 백성을 초대하였고, 이스라엘 백성은 거기에 가서 먹고,

그 신들에게 머리를 숙였다. 하나님께서는 이스라엘에게 크게 진노하였다. 그 결과로 염병으로 죽은 사람들이 이만 사천 명이었다(민 25:9). 왜 갑자기 이스라엘 백성들이 모압 백성들과 함께 거하면서 음란한 생활을 하게 됐을까? 모압의 발락이 힘으로 이스라엘 백성들을 이길 수 없게 되자, 여자들을 앞세워 음행을 하게하고, 우상에게 절하고, 제물을 먹게 하였던 것이다. 모압 여자들과 음행하고, 그들의 신인 바알브올에서 제사 한 것은 사탄에게 한 것이다.[351]

이스라엘 백성들이 모압 여인과 행음하는 계략을 발람이 가르쳐 주었다고 성경은 말하고 있다. 모세의 명을 받은 이스라엘이 미디안을 칠 때 발람도 같이 죽었다. "… 브올의 아들 발람을 칼로 죽였더라"(민 31:8). 발람을 죽인 이유에 대하여 "보라 이들이 발람의 꾀를 좇아 이스라엘 자손으로 브올의 사건에 여호와 앞에 범죄케 하여 여호와의 회중에 염병이 일어나게 하였느니라"(민 31:16)라고 말하고 있다. 이 부분에 대하여 유다는 "화 있을찐저 이 사람들이여, 가인의 길에 행하였으며 삯을 위하여 발람의 어그러진 길로 몰려갔으며, 고라의 패역을 좇아 멸망을 받았도다"(유 1:11)라고 말했다. 발람의 그러한 계략에 대해 예수 그리스도께서도 "그러나 네게 두어 가지 책망할 것이 있나니 거기 네게 발람의 교훈을 지키는 자들이 있도다 발람이 발락을 가르쳐 이스라엘 앞에 올무를 놓아 우상의 제물을 먹게 하였고 또 행음하게 하였느니라"(계 2:14)고 말씀하셨다. 하나님께서는 직접 간음하지 않더라도 간음하게 한 발람의 죄를 물으신 것이다.

왜 하나님께서는 간음을 이렇게 중요하게 생각하시며, 간음을 행한 사람들을 죽이도록 명하셨을까? 그것은 간음이 비유적으로 '우상 숭배하다'를 의미하기 때문이다. 이 간음은 육적으로는 사람과 하는 것이지만,

영적으로는 하나님을 대적하는 것과 같은 죄다. 그러므로 사탄은 이러한 성(性), 간음, 이러한 것으로 이스라엘 백성을 비롯한 하나님의 백성들을 공격한다.[352] 간음은 육신적으로는 하나님께서 세우신 가정을 파괴하고, 영적으로는 하나님을 떠나 다른 것을 쫓아가는 것이기 때문이다. 이러한 간음은 초대 고린도교회 안에도 있었다. 그래서 바울이 이것을 "간음한 것을 애통해 하지 않고, 물리치지 않는가?"(고전 5:2)라고 하면서, 그러한 사람은 "사탄에게 내 주었다"라고 말했다(고전 5:5). 간음은 사탄이 기뻐하는 것이다. 그러므로 사탄은 지금도 간음이라는 사람의 본능을 앞세워 사람들을 공격하여 하나님의 형상을 상실하게끔 하고 있다.

이렇게 간음을 하므로 영적전쟁에서 져서 하나님의 형상을 상실하게 되면, 양심이 마비되어, 뉘우치게 되는 은총을 거의 받을 수 없게 되고(호 4:12), 자신의 몸에 죄를 지음으로 육신을 망쳐 놓으며(고전 6:18), 자신의 영혼이 파괴되고(고전6:9), 사람의 명예에 씻을 수 없는 오점을 남기게 된다(잠언 6:32-33). 간음을 하면 종종 가난과 궁핍이 오며(잠 5:8-10), 간음을 행하고도 회개하지 아니하는 사람은 자신이 부패한 마음을 갖고 있으며, 절제력이 부족함으로 보여 주는 것이고(마 5:28; 잠 6:25), 가정이 파괴된다(삼하 11:2-5, 14-17, 26-27). 그리고 영적인 삶이 아니라, 세속적이고, 육체적인 삶을 살게 되고(벧전 2:11; 요일 2:15-16), 하나님의 나라를 유업으로 받지 못하며(갈 5:19), 또 하나님의 심판을 받아(롬 1:24, 26-28; 히 13:4), 지옥에 가게 된다(계 21:8).

B. 하나님의 형상 회복

간음(행음)은 다른 계명과는 약간의 차이가 있다. 다른 계명을 지킴에는 경계와 조심과 담대함으로 대해야 하지만, 이 간음(행음)은 그렇게 대처해서는 이기기가 어렵다. 이 간음에 대해 사도 바울은 고린도전서 6:18에서 "음행을 피하라 사람이 범하는 죄마다 몸 밖에 있거니와 음행하는 자는 자기 몸에 죄를 범하느니라"라고 말하고 있다. '피하라'는 말은 헬라어로 '퓨고($\varphi\varepsilon\upsilon\gamma\omega$)인데, 그 뜻은 '도망하다, 피신하다' 도덕적 의미로 '삼가다, 멀리하다' '사라지다, 없어지다'이다. 즉 음행은 피하기 위해서는 도망치라는 말이 된다. 이것은 사탄이 역사할 기회를 주지를 말라는 것이다. 간음과의 영적전쟁에서 승리한 사람은 요셉이 대표적인 사람이다.

요셉은 야곱의 열한 번째 아들로서 라헬의 소생이다. 아버지 야곱이 외삼촌인 라반의 집에서 가나안 땅으로 돌아오기 6년쯤 전에 밧단아람에서 출생했다(창 30:23-27; 31:41). 당시 야곱은 90세나 91세쯤 이었을 것이다. 요셉은 형들로부터 버림받아 이스마엘 상인에게 은 20에 팔리게 되어, 애굽에서 종으로 살게 된다(창 37:26-28). 애굽에서 바로의 신하 시위대장 보디발의 집에서 종살이를 할 때의 요셉은 "용모가 준수하고 아담했다"고 했다(창 39:6). 이러한 요셉에게 보디발의 아내는 동침할 것을 요구했다. 그러자 요셉은 하나님께 죄를 범할 수 없다고 하면서 거절했고(창 39:9), 보디발의 아내는 더 적극적으로 '날마다' 동침 할 것을 요구했다(창 39:10). 그러나 요셉은 "동침하지 아니할 뿐더러 함께 있지도 않았다"(창 39:10).

분명 이것은 사탄이 보디발 아내를 뒤에서 조종하고 있었다고 생각된다. 하나님께서는 요셉을 통하여 하시고자 하는 계획이 있으셨다. 그래서 요셉에게 먼저 꿈으로 두 번씩 보이셨다(창 37:7, 9). 먼 훗날 요셉이 형들에게 고백을 할 때 "형들이 보낸 것이 아니고, 하나님께서 먼저 내려 보내신 것"이라고 말했다(창 45:5; 50:19-21). 사탄은 이러한 것을 알고 있었다. 그래서 사탄은 요셉의 하나님의 형상을 상실하게 하여, 하나님의 계획을 방해하고자 했다. 사탄은 보디발의 아내를 내세워 강력하게 공격을 했다. 그러던 어느 날 집에 아무도 없는 날이 오자, 보디발의 아내는 기회를 잡고 동침하자고 공격을 했다. 보디발의 아내가 옷을 벗기려고 하자, 요셉은 옷을 벗어버리고 도망했다(창 39:11-12). 간음(음행)을 이기는 길은 요셉이 했던 것처럼 "함께 있지도 않았다"(창 39:10)는 것과 피하는 것이 제일 확실한 방법인 것이다. 간음(행음)은 조심하는 것보다 피해야 하는 것이기 때문이다(고전 6:18).

요셉의 이러한 '간음하지 말라'는 것과의 영적전쟁에서 승리했다. 그러므로 그 다음 단계의 훈련을 받게 된다. 억울하게 감옥에 가게 되지만, 그곳은 감옥이 아니라, 요셉이 총리가 되기 위해 필요한 정치를 배우게 되는 곳이다. 보디발 집에서 가정 총무로서 경제를 배우고, 사상범들이 들어가는 곳에서(창 39:20), 정치를 배운 요셉은 애굽의 국무총리가 된다(창 41:40). 사탄은 지금도 하나님의 형상을 파괴하고, 하나님의 계획을 방해하기 위하여 '성(sex)을 통하여' 공격하고 있다. 간음과의 영적전쟁에서 승리하여 하나님의 형상을 회복하기를 원하는 사람들은 마음으로 간음해서도 안 되며(참조, 마 5:28), 말에서도 음란함이 없어야 하며(참조, 엡 4:29), 행동에서도 음란함이 없어야 한다(참조, 벤후 2:14; 사 3:16; 잠 7:13).[353]

제 7 계명과의 영적전쟁에서 승리하여 하나님의 형상을 회복하게 되면, 예수 그리스도 안에서 씻음을 받고, 의롭게 된 삶을 살게 될 것이며(고전 6:9, 11), 부부가 한 몸을 이루는 멋진 연합을 경험하게 될 것이며(마 19:6; 막 10:9), 성령이 거하는 전을 거룩하게 보존함으로 하나님을 영화롭게 하게 된다(고전 6:19-20). 그리고 부부가 진실한 사랑을 주고받을 것이며(고전 7:3-4), 육체에 대한 절제력을 얻게 되며(갈 5:22-23), 풍성한 열매 맺는 가정을 가지게 되고(시 128:3), 하나님을 보게 되며(마 5:8), 영적전쟁에서 이기며(벧전 2:11), 주님께 복종하는 삶이 된다(엡 5:22; 벧전 3:1). 또 주님으로부터 특별한 은총을 받게 되며(잠 18:22), 하나님의 임재를 상실하지 않고(시 51:1), 또한 기도의 응답을 받게 될 것이며(벧전 3:7), 하나님과 사람 앞에서 온전함을 갖게 된다.

이러한 축복을 영적전쟁에서 승리하여 하나님의 형상을 회복한 요셉이 받아 누리게 된 것을 볼 수 있다. 이방인으로서 애굽이라는 당시 초강대국의 총리가 되었고(창 41:41-43), 결혼을 하여 두 아들을 얻었으며(창 41:51-52). 애굽의 모든 실무를 담당했다(창 41:55). 요셉의 열 명의 형들이 자기에게 무릎을 꿇게 되었고, 아버지를 비롯한 집안의 모든 식구들을 책임지고, 돌보았을 정도로 모든 것이 풍요하고, 넘친 삶을 살았다. 부친 야곱이 병들었다는 소식을 듣고, 요셉은 두 아들을 데리고 문병 갔다. 야곱은 요셉에게, 옛날 하나님이 루스(벧엘)에서 축복하신 사실과 므낫세와 에브라임이 12지파에 들 것과 요셉에 대해서 축복하며, 예언할 때 "첫째, 그의 자손이 왕성하리라. 둘째, 외적을 능히 막을 것이라. 셋째, 그 지파의 경작지에 수자원이 풍부하여 생산이 많으리라. 넷째, 축복이 풍부하리라"라고 예언했다(창 49:22-26).

요셉은 정말 놀라운 축복을 받게 된다. 다른 형들이 한 개의 지파의 족장이 되었을 때, 요셉은 자신의 두 아들 므낫세와 에브라임을 각 지파 족장으로 삼는 축복을 얻게 된다. 역대상 5:1-2에 "이스라엘의 장자 르우벤의 아들들은 이러하니라 (르우벤은 장자라도 그의 아버지의 침상을 더럽혔으므로, 장자의 명분이 이스라엘의 아들 요셉의 자손에게로 돌아가서, 족보에 장자의 명분대로 기록되지 못하였느니라. 유다는 형제보다 뛰어나고, 주권자가 유다에게서 났으나 장자의 명분은 요셉에게 있으니라)"라고 말하고 있다. 영적인 장자권은 유다에게 있을지라도, 이 땅의 장자권은 요셉에게 있다고 말하고 있다. 제 7계명과의 영적 전쟁에서 승리하여 하나님의 형상을 회복한 요셉은, 비록 예수 그리스도의 조상이 되지는 못했지만, 이 땅에서는 제일 큰 축복을 받은 것이 아닌가 싶다.

8. 도적질 하지 말라(출 20:15)

1) 영적배경

A. 하나님의 질서를 부정하는 도적질

제 8계명은 타인의 재산을 보호하고, 인정하라는 계명이다. 재산권은 성스러운 권리인데, 이러한 재산권에는 권리와 의무가 따른다.[354] 재산권의 그 근거는 사회적 계약이나 토지법, 혹은 효용의 원리에 있는 것이 아니라, 하나님께서 사람의 본원적인 구조를 통하여 계시해 주신 그 뜻에 있는 것이다.[355] 그러므로 재산권은 사람이 정한 규칙이 아니라, 하나님의 섭리와 계획 아래서 진행되고 있는 하나님의 법칙이다. 우주의 창조주이신 하나님께서 그 우주의 주인이 되시고, 자신의 뜻대로 우주의 모든 부분을 사용할 권리를 가지시는 것처럼(롬9:14-21), 사람 역시 자신이 생산한 모든 것을 포함해서, 다른 사람의 권리를 침해하지 않는 범위 내에서, 그것을 자기 뜻대로 사용할 권리를 가진다. 이것이 바로 기독교 역사 전반에 걸쳐서 인식되어 온 소유권의 본질이다.[356]

하나님의 백성들은 하나님 앞에서 일을 해야 할 의무가 있다. 즉 우리에게는 노동할 권리가 있으며, 그 권리는 다른 사람이 침해할 수 없는 권리이다.[357] 제 8계명은 우리 자신과 가족을 궁핍에 떨어뜨리지 않도록 부지런함과 근면함을 요구한다.[358] 이것은 기본적 계명이라고 불릴 수 있는 것이다. 이것은 기독교 윤리의 필요한 부분일 뿐만 아니라, 공동생활의 협약의 필요한 부분이다. 이것은 어느 사회나 기초의 일부분이기도 하다. 이 계명에 복종치 않고는 어느 사회도 존립이 불가능하다.[359]

도적질의 근본 원인은 '하나님께서 맡겨 주신 것에 대한 불만족'인데, 이러한 불만족 때문에 하나님께서 금지하신 타인의 재물을 탐내는 것이다. 도적질이란 일하지 않고 부당하게 이득을 취하는 것으로, 다른 사람들이 이루어 놓은 노력의 결과를 훔치는 것이다. 이러한 행동은 하나님의 창조질서에 어긋나는 일이다. '일'이라고 하는 것은 본래 하나님의 창조질서에 속하는 것이다. 이 일을 통해서 모든 창조가 이루어진 것이다. 성경에 나타난 하나님의 모습은 일하시는 하나님이시다. 하나님께서 일하심으로 피조물인 사람도 일하면서 살아야 하고, 일한 수고의 대가로 생활을 유지해야 한다. 그것이 바로 창조의 질서인 것이다.[360]

B. 도적질 뒤에 있는 사탄

신명기 23:24-25에 보면 ,이웃 사람의 포도원에 들어가서 먹을 만큼 실컷 따 먹는 것은 괜찮지만, 그릇에 담아 가면 안 되고, 이웃 사람의 곡식밭에 들어가 이삭을 손으로 잘라서 먹는 것은 괜찮지만, 이웃의 곡식에 낫을 대면 안 된다고 하셨다. 하나님께서는 가난한 이웃이나, 나그네를 위하여 최소한의 양식을 베풀어 주셨다. 그러면서 하나님께서 베풀어주신 은혜를 악용하지 말 것을 경고하셨다. 그것은 제 8계명과의 영적전쟁이 한 순간 선택의 일이기 때문이다. 처음부터 도적질을 하려고 들어간 사람들도 있겠지만, 그렇지 않은 사람들도 많을 것이다. 신명기 23:24-25의 말씀은 바로 그런 사람들에 대한 경계와 경고의 말씀이다.

예수 그리스도께서는 "마음에서 나오는 것은 악한 생각과 살인과 간음과 음란과 도적질과 거짓 증거와 훼방이니"(마 15:19)라고 하시면서,

사람의 타락한 마음에서 '도적질'이 나온다고 하셨다. 타락한 마음이라고 하는 것은 '죄로 인한 본성'이다. 이사야 14:13-14절에 사탄이 타락하게 된 원인으로 추정되는 구절이 있는데, 그 구절에 보면 사탄이 '내가'라는 말이 3번 나온다. 하지만 영어성경(KJV)에는 '내가'라는 뜻의 'I will'이 무려 5번 나온다. 사탄이 타락하게 된 원인은 '나'라는 '자기중심'인 것이다. 사탄은 '나'라는 이 속성을 가지고 하나님의 보좌와 권위를 도적질 하려고 하다가 쫓겨났다(사 14:12-14).

사탄이 가지고 있는 '나'라는 것은, 하나님의 섭리와 뜻을 방해하는 데 쓰이는 강력한 무기이다. 사탄은 '나'라는 무기를 가지고 하와를 공격했다. 사탄은 선악을 알게 하는 과일을 먹도록 유혹을 하면서 "너희가 눈이 밝아 하나님과 같이 되어 선악을 알게 된다"(창 3:5)라고 아담과 하와에게 공격했다. 이 말은 '하와의 눈이 밝아지고', '하와가 하나님과 같이 되고', '하와가 선악을 알게 된다'는 말이다. 모두 하와의 '나'를 가지고 공격했다. 사탄의 공격을 받은 하와가 선악과를 보니 "먹음직하고, 보암직하고, 지혜롭게 할 만큼 탐스럽기도 한 나무인지라"(창 3:6)라고 하고 있다. 이것은 모두 하와 '자기 자신'을 위한 것이었다. 즉 사탄의 '나'가 하와에게도 '나'가 전해졌다.

이것은 사탄의 속성이다. 결국 아담과 하와는 하나님께서 금하신 선악을 알게 하는 과일을 먹었다. 즉 하나님의 것을 도적질 했다. 첫 사람 아담이 도적질을 함으로 죄가 이 땅에 들어왔다(롬 5:12-14). 그래서 사람은 죄 속에서 태어나기 때문에 '자기중심' '개인주의'로 살게 된다. 도적질은 이와 같은 '자기중심' '개인주의'에서 나온 행동이다. 모든 도적질 뒤에는 '자기중심'이라는 사탄의 속성이 있다. 예수 그리스도께서 사탄은 도적질하고, 죽이고, 멸망시킴으로 하나님의 형상을 상실하게 한다고 말씀하셨다(요 10:10). 사탄은 중요한 사건이 있을 때마다, 사람들이 도적질하게 만들어, 하나님의 뜻이 이루어지지 못하게 공격하고, 방해했다.

이스라엘 백성들이 광야의 생활을 끝내고, 하나님께서 약속하신 가나안 땅에 들어간 후에, 제일 먼저 범한 죄도 아간의 도적질이었다(수 7:21). 신약의 초대교회에서 저질러진 첫 번째의 죄 역시 '아나니아와 삽비라'의 도적질이었다(행 5:2).[361] 마리아가 예수 그리스도께 향유를 부을 때, 유다는 그것을 보고 잘못된 것이라고 말했다. 하지만 사도 요한은 이것을 "이렇게 말함은 가난한 자들을 생각함이 아니요 저는 도적이라 돈 궤를 맡고 거기 넣는 것을 훔쳐 감이러라"(요 12:6)라고 말했다. 이러한 유다는 예수 그리스도를 은 삼십에 팔아넘기게 된다(마 26:15). 유다가 이렇게 한 원인에 대해 성경은 "마귀가 벌써 시몬의 아들 가룟 유다의 마음에 예수를 팔려는 생각을 넣었더니"(요 13:2)라고 말하고 있다.

초대교회에서 처음으로 도적질을 한 '아나니아와 삽비라'의 도적질 사건에서도 베드로는 "사탄이 네 마음에 가득하다"(행 5:3)고 분명하게 말하고 있다. 사탄에 대해 정확히 알지 못한 구약에서는 도적질의 배후에 대해서 침묵하고 있지만, 사탄의 정체에 대해 알고 있었던 신약에 들어와서는 도적질의 배후에는 사탄이 있다고 경고하고 있다. 도적질 하는 것은 대부분의 사람들에게 공통된 보편적인 유혹이다.[362] 도적질의 내적원인으로 하나님의 섭리를 믿지 못하는 불신앙과 탐욕에서 생기고, 외적요인으로는 사탄의 유혹이다. 사탄은 도적의 대장으로서, 사람에게 유혹의 속삭임으로 사람들의 순결성을 빼앗는다.[363] 하나님께서는 이런 사탄의 속성인 도적질과 영적전쟁을 하라고 제 8계명을 주신 것이다.

2) 도적질 하지 말라

A. 도적질의 의미

도적질은 히브리 원어로는 동사 '가나브'(גָּנַב)로 기본어근이고, 구약 성경에서 이 단어는 40회 사용되었는데, 실제로 남의 것을 훔치거나 빼앗는 행위의 일체를 말하거나, 속이는 것을 말한다.[364] 즉 이 동사는 '동의를 받지 않고, 혹은 몰래 다른 사람에게 속한 것을 취하다'를 의미한다. 도적질 하는 문제는 우리의 일상생활과 관련이 있다.[365] 도적질 하는 죄는 도적하는 물건의 분량에 있지 않다. 크거나 작거나 관계없이 자기의 것이 아닌, 다른 사람의 물건을 가지는 행위 자체를 말한다.[366] 그러므로 하나님의 백성은 '우리가 올바른 방법으로 소득을 얻어야 한다'는 것이다. 그리고 "어떤 목적으로 돈을 사용하느냐?" 하는 문제도 이 계명에 속한다.[367] 도적질은 때로 '소유물에 대한' 범죄로 설명된다. 그러나 사실 도적질은 '사람에 대한' 범죄이다. 사람들은 필요한 물건을 사기 위한 돈을 벌려고 열심히 일한다. 그러므로 이러한 물건을 도적질 한다는 것은, 어떤 의미에서 그 물건을 소유하고 있는 사람이 들였던 수고와 시간을 도적질 한다는 것이다(눅 10:7).[368]

넓은 의미의 현대적인 도적질을 살펴보면, 도박을 하는 사람은 마음으로는 이미 도적이다. 도박은 우리의 가정과 가족을 망칠 뿐만 아니라, 영혼도 망치기 때문이다.[369] 일반적으로 도적질이라 함은 '은밀하게', 혹은 '공공연히 다른 사람의 재산을 빼앗는 것'을 말하나, 성경에서의 의미는 그보다 훨씬 넓어서 유괴(참조, 신 24:7), 착취, 또는 고리대금업(참조, 암 8:5), 횡령(참조, 미 2:2), 하나님께서 받아야 할 영광이나 다른 사람이 받아야 할 칭찬을 가로채는 일(참조, 잠 3:27; 말 3:8), 심지어 게으름과 낭비까지도 도적질로 간주한다.[370]

그러므로 도적질의 개념은 단순히 남의 재산을 은밀히 훔쳐가는 것에만 국한 되는 것이 아니고, 사기 행위에 의한 착복 등, 피땀 어린 노력의 결과 없이 부당한 방법으로 부를 축적하는 일체의 행위를 가리킨다. 더 나아가 부주의나 태만 등으로 타인의 재산에 손해를 입히는 행위이다. 도적질의 금지 대상은 단순히 재산에만 국한 되는 것이 아니라, 기술, 지식, 정보 등, 사람 삶의 모든 영역에서 적용이 된다.[371] 신앙 안에서 도적질의 범위를 더 확대하면, 육체적인 도적질, 정신적인 도적질뿐만 아니라, 영적인 도적질까지 생각할 수 있으며,[372] 그 외에도 현대적 도적질이 많다.[373]

B. 도적질의 배상

동서고금 어느 사회를 막론하고, 도적질을 용납하는 사회는 없다. 어떤 사회든지 도적질은 사회적인 범죄로 규정하여 금지하고 있다. 가장 오래된 법전 중의 하나인 함무라비 법전(주전 18세기) 역시, 강도를 포함하여 도적질을 한 사람을 사형에 처하도록 하고 있으며, 이슬람교의 경전인 코란(Koran)에도 "도적은 남자나 여자나 그 손을 자르라"고 말하고 있다.[374] 도둑질은 이스라엘에서 가장 떳떳하지 못한 것으로 간주되었다(레 19:11; 렘 2:26). 절도죄에 관한 구약의 규정을 보면, 일반적인 절도에는 '배상의 법'이 적용되었다. 훔친 짐승을 돌려줄 수 있는 경우에는 그 짐승을 돌려주되 배로 배상하고(출 22:4), 훔친 짐승을 돌려 줄 수 없을 때에는 소는 5배, 양은 4배로 배상하도록 했다(출

22:1). 소에 대한 배상이 양보다 무거운 것은, 소를 잃음으로 생기는 일의 손해까지 배상해야 했기 때문이다.[375] 일반 절도죄에 대해서 구약의 규정은 사형과 같은 극형이나 손을 자르는 것과 같은 가혹한 형벌을 피하고 있다. 그 이유는 짐승이나 물건을 훔치는 것은, 대부분 경제적으로 가난한 사람들이 궁핍한 가운데 일으키는 범죄이기 때문이다.[376]

이스라엘에서 도적질한 사람에게 내린 형벌은 사형을 내린 몇몇 이웃 국가들의 형벌만큼 중한 것은 아니었다. 율법은 도적에게 그가 훔친 수량의 2배를 희생자에게 되돌려 주라고 요구했다(출 22:7). 그러나 가난한 사람들에게는 배상법도 무거운 징벌이었고, 배상할 경제력이 없는 경우에는 종으로 팔려갔었다.[377] 도적질의 경우에도 사형의 형벌이 가해지는 경우가 있는데, 바로 사람을 훔치는 유괴범의 경우이다. "사람을 후린 자…반드시 죽일지니라"(출 21:16; 신24:7). 여기서 '후린 자'는 '가나브'(גָּנַב)라는 말과 같은 말이다. 고대 근동지역의 다른 법들과 달리 구약의 배상법에는 사람과 물건이나, 짐승을 훔친 것을 구분하고 있다. 그것은 짐승이나 물건과 사람의 생명은 그 가치가 근본적으로 다르다는 것을 보여 주는 것이다.[378] 그리고 '바친 물건'을 도적질 한 경우에만(수 7:11, 25) 도적이 처형되었다.[379] 이것은 모두 다 하나님의 형상과 하나님의 것에 연관되었기 때문이다.

C. 도적질에 대한 예수 그리스도의 가르침

사탄은 사람들이 예수 그리스도를 믿지 못하게 하나님의 말씀을 도적질 하여 듣지 못하게 한다(막 4:15). 사탄의 방해에도 불구하고 말씀이 자라나면, 열매를 맺지 못하게 "세상의 염려와 재리의 유혹과 기타 욕심"(막 4:19)으로 방해를 한다. 부자 청년이 와서 영생의 비결을 묻자 "재물을 팔아 가난한 자에게 나누어주라"고 하시자, 청년은 재물이 많은지라 근심하면서 갔다(마 19:21-22). 재물은 부자 청년이 영생을 얻지 못하도록 방해를 하는데 성공했다. 재물에 대해 예수 그리스도께서는 "하나님과 재물을 겸하여 섬길 수 없다"(눅 16:13)고 하셨다. 즉 이 말씀은 재물이, 첫째, 하나님과 같이 섬기지 못할 정도로, 하나님과 같은 위치에 있는 강력한 힘으로 가지고 있으며, 둘째, 재물을 주인으로 섬길 수도 있다고 하신 것이다. 여기서 '재물'이라고 한 말은 헬라어로 '맘모나스'(mammwna)인데, 이는 '맘몬, 부, 재물'을 말하는데 '맘몬'은 '돈(錢) 신'의 이름이다. 이 계명은 '맘몬'이라는 돈의 신을 섬기지 말고, 돈으로 하나님을 섬기라는 것이다.[380]

예수 그리스도께서는 도적질을 이기는 비결에 대해서 명확하게 답을 하시길 보물을 하늘에 쌓아두라고 하셨다(마 6:19-20). 예수 그리스도께서 '도적질'에 대한 가르치심은 매우 단호하셨는데, "또한 만일 네 오른손이 너로 실족케 하거든 찍어 내버리라 네 백체 중 하나가 없어지고 온몸이 지옥에 던지우지 않는 것이 유익하니라"(마 5:30)라고 하셨다. 오른손이 실족케 하는 범죄라면, 남에게 살인이나 상해, 남의 물건을 훔치는 도적질 밖에 없다. 그러므로 도적질로 인해 자신을 실족케 할 바엔 차라리 오른손을 없애라고 할 정도로 엄격하게 하셨다. 도적질은 하나님의 나라를 믿지 못해서 나오는 것, 하나님의 섭리를 불신해서 나오는 것임을 말씀하신 것이다.

3) 도적질과 하나님의 형상 회복과 상실

A. 하나님 형상 상실

인본주의적 철학은 '좋으면 하라'고 말한다. 이것은 자기중심적인 반 신앙적, 반 기독교적 명제다.[381] '좋으면 하라'는 것은 사탄이 '사람의 본능에 충실해라'는 속삭임이라고 생각한다. 하나님께서는 '좋으면 하라'가 아니라, '내 계명대로 하라'이다. 성경은 논리적으로 우리를 경고함으로 자극하고, 약속함으로 우리를 달래며, 경고함으로 죄를 짓지 못하게 한다.[382] 이스라엘은 그 하나님의 가르침, 즉 토라의 말씀대로만 살아가면 되는 것이었다.[383] 하나님의 말씀에 순종하지 않는 사람들은, 도적질과의 영적전쟁에서도 이기지 못하는 것을 성경을 통해 볼 수 있다. 사탄은 처음부터 하나님의 영광을 도적질 하려고 하였고(사 14:12-14), 아담과 하와를 공격하여 하나님의 형상과 하나님의 영광을 도적질 하였으며(창 3:1-6), 가인을 통하여 아벨의 목숨을 도적질 했다(창 4:8). 사탄의 도적질은 겉으로 드러나지 않는 완전범죄에 가까운 예술가다. 영적전쟁의 눈으로 봐야만 사탄의 도적질은 보인다. 도적질과의 영적전쟁에서 실패한 사람들을 살펴본다.

첫 번째, 제 8계명과의 영적전쟁에서 실패한 아간을 살펴본다. 유다 지파 세라의 증손 삽디의 손자 갈미의 아들인 아간(수 7:1)은 도적질로 인하여 자신의 하나님 형상을 상실함은 물론이고, 이스라엘에게 큰 피해를 끼친 사람이다. 하나님의 명령에 따라 여리서 성을 칠 때에, 하나님께서는 여호수아에게 명하길 아무 것도 취하지 말라고 하셨다(수 6:18). 이 명령을 들은 이스라엘 백성들은 큰 여리고성을 공격하여 성공하였고, 계속해서 작은 아이성을 공격 했을 때에는 크게 패하여 도망하게 되었다(수 7:4-5). 여호수아가 옷을 찢고, 이스라엘 장로들과 법궤 앞에 엎드리어 머리에 재를 뒤집어쓰고, 하나님께 기도를 했다(수 7:6-9). 하나님께서는 패배의 원인은 하나님의 명령을 어기고 도적질하였기 때문이고, 그 범죄자는 유다 지파 세라의 증손이요, 삽디의 손자요, 갈미의 아들 아간임을 알려주셨다(수 7:10-18). 아간은 시날산의 아름다운 외투 한 벌과 은 이백 세겔과 오십 세겔 중의 금덩이 하나를 도적질 했다고 고백했다(수 7:21).

한 사람의 도적질이 너무나도 엄청난 피해를 가져왔다. 여호수아는 아간의 가족과 소유물 전부를 아골 골짜기로 끌고 가서, 이스라엘 백성들이 돌로 쳐 죽이고 불살랐다(수 7:24-25). 돌로 쳐 죽이는 것은 당시의 관례였으며, 시체를 불사른 것은 고대 이스라엘 사람에게는 더 한층 무서운 형벌이었다. 여기서 도적질을 한 아간에 대해서 생각해 볼 필요가 있는데, 그것은 아간의 도적질은 도적질의 유혹성이 얼마나 큰가를 알려주기 때문이다. 아간은 구세대 사람들이 광야에서 다 죽고 가나안 땅에 들어가는 젊은 세대, 즉 만나세대로서, 하나님의 엄청난 이적과 놀라운 기사를 체험하면서 자라난 세대였다. 철저하게 하나님 말씀에 순종하면서 요단강을 건넜고, 여리고성도 무너트리고 온 사람이다. 그러한 세대의 아간이 도적질이라고 하는 사탄의 함정에 쉽게 무너졌다. 이것은 그 만큼 재물이라고 하는 것은 엄청난 마력을 가지고 있다는 것을 알게 한다(마 6:24). 이런 엄청난 힘을 가진 재물을 보고, 도적질을 하는 것은 어떻게 보면 자연스러운 결과일수도 있다. 하지만 하나님께서는 어떤 이유라 할지라도 도적질은 용납하시지 않는다. 그것은 제 8계명이 '말라'는 명령으로 되어 있는 것을 보면 알 수 있다. 아간은 도적질과의 영적전쟁에서 패했다. 아간이 도적질함으로 만나세대에서 처음으로 범죄한 사람으로 오늘날까지 이름이 내려오는 불명예를 가지고 있고, 아간의 가정에 온 가족이 죽는 저주를 가져오게 했다.

두 번째로 아나니아와 삽비라이다. 사도행전 5:1- 에 보면, 당시 초대교회 식구였던 아나니아와 삽비라가 땅을 팔아서, 그것을 교회에 가지고 올 때 일부를 감추었다(행 5:1-2). 아나니아와 삽비라가 어떤 이유로 돈의 일부를 감추어 두었는지 알 수가 없지만, 그들의 행동은 당시 초대교회의 사람들의 행동과는 달랐다. 초대교회 성도들은 모든 재산을 팔아서 서로 통용했고(행 2:44-45), 조금이라도 제 것이라 하는 이가 하나도 없었다(행 4:32). 밭과 집 있는 자가 그 소유를 팔아, 그 판 것의 값을 가져다가 사도들의 발 앞에 두면, 사도들이 각 사람의 필요를 따라 나눠 주었기 때문이다(행 4:34-35). 그리고 바로 사도행전 4:36-37에 바나바가 등장하여 자신의 밭을 팔아서 사도들에게 두었다. 당시 교회가 재산을 유무상통한 것은, 하나님의 은혜 속에서 서로 나누는 것이었지, 공산주의나 사회주의 제도를 실시했던 것은 아니었다.

이러한 영적 질서가 있을 때에 아나니아와 삽비라의 사건이 나온다. 아나니아와 삽비라의 사건은 가정에서 부부가 공모하여, 사도 베드로와 교회를 속인 사건이다. 이는 마치 구약에서 아간의 죄와 비슷하다. 여기 '감추어'란 말이 여호수아 7:1의 '취하였음'이란 죄명과 같은 술어($\alpha\nu\sigma$ $\varphi\iota\delta\alpha\tau o$)라고 하는데, 아마 사도행전 기자는 이 두 사건을 비교하려는 의도가 있은 듯하다.[384] 초대교회의 은혜로운 단체 생활에도 사탄은 멈추지 않고, 그리스도인들을 공격했었다는 것을 알 수 있다. 아나니아의 행동은 성령으로 말미암아 하나님을 기쁘시게 하는 일을 하는 듯이 보였으나, 실상 그런 것이 아니었다. 그것은 보통 종류의 거짓이 아니고, 특별한 종류의 것이었는데, 곧 성령을 속임이다. 아나니아가 돈의 일부를 감추어 두었던 것을 알고 베드로는 말하길 "아나니아야 어찌하여 사단이 네 마음에 가득하여 네가 성령을 속이고 땅값 얼마를 감추었느냐"(행 5:3)라고 했다. 결국 아나니아와 삽비라는 죽어서 장사되었다.

신앙생활을 하고, 교회 안에서 그리스도인처럼 살았지만, 결국에는 아름답지 못한 죽음으로 끝났다. 아나니아와 삽비라는 도적질과의 영적전쟁에서 진 것이다. 아나니아와 삽비라의 사건을 통해서 알 수 있는 것은 도적질은 사탄의 장난이라는 것이다. 겉으로 드러난 사실은 아나니아와 삽비라가 돈의 일부를 도적질 하고, 숨긴 것이지만, 그러한 일을 하게 한 존재는 사탄인 것을 베드로는 분명하게 말했다. 영적전쟁에서 진 아나니아와 삽비라는 초대교회에서 최초의 범죄자로 이름이 기록되는 불명예와 모든 사람들에게 나쁜 면으로 본이 되었고(행 5:5, 11), 회개 할 기회를 주지 않고, 성령께서 죽이신 것으로 보아 하늘나라에 들어가지 못한 것으로 짐작된다. 도적질과의 하나님 형상 회복과 유지를 위한 영적전쟁에서 실패한 아간과 아나니아와 삽비라를 보면, 한 가지를 확실하게 알 수가 있는데, 그것은 도적질을 하게하는 유혹의 엄청난 힘이다.

하나님께서 원하시는 대로 되지 못하도록 막는 것은 유혹이다. 그러나 유혹 없이는 보다 훌륭한 그리스도인이 될 수 없다. 유혹 가운데서 승리를 발견하지 못한다면, 어디서도 승리를 맛볼 수 없기 때문이다.[385] 아간과 아나니아와 삽비라가 도적질하는 과정은 서로 비슷해 보인다. 아간도 하나님의 초자연적인 기사와 이적을 보고 자라난 만나 세대였지만 도적질을 했었고, 초대교회에서 성령의 놀라운 표적과 기사와 이적이 일어났던 것을 보았던 아나니아와 삽비라가 도적질했기 때문이다. 이것은 그만큼 도적질의 유혹은 대단하다는 것을 알 수 있다. 정말 이해하기 어려운 것은 '도대체 어떻게 그렇게 놀라운 일들을 보면서도 사탄에게 넘어가서 도적질을 할 수 있을까?'라는 것이다. 정말 아이러니하다. 그러나 다른 한편으로 생각해 보면 하나님의 기사와 이적을 보면서도 도적질 하는 것은, 사람의 힘이 아닌 사탄의 힘이니까 가능하다는 생각도 든다. 이러한 도적질하게 하는 사탄과 하나님의 형상 회복을 위한 영적전쟁은 오늘날에도 계속되고 있다.

영적전쟁에서 패함으로 도적질을 해서 생기는 성경적 결과들을 보면, 도둑질을 한 사람은 자신이 하나님을 잊었음을 말하는 것이고(겔 22:12), 자신을 더럽히고, 그 자신을 불결하게 만들며(마 15:19-20), 잠언 20:10에 "한결 같지 않은 저울추와 말은 다 여호와께서 미워하시느니라"라고 말씀하신 것같이, 하나님의 미움을 받음으로(수 7:1; 잠 11:1; 렘22:13), 자신의 생명을 치명적인 위험에 빠트린다(잠 21:6). 또한 도둑질 하는 것은 대적인 사탄의 모습을 따르는 것으로(요 10:10), 다른 사람들에게 경제적 어려움을 주고(레 19:13), 고통을 주는 것이며(삼상 30:1-4), 하나님의 나라를 유업을 받지 못한다(고전 6:10).

B. 하나님의 형상 회복

첫 번째로 도적질과의 영적전쟁에서 승리한 사람 중에 야곱을 볼 수 있다. 야곱의 삶은 많은 도적질로 타나나고 있다. 야곱의 삶은 그의 이름에서부터 나타난다. '야곱'(יַעֲקֹב)의 뜻은 '발꿈치를 잡은 자, 속이는 자, 대신 들어앉은 자(찬탈자)'를 의미한다. 야곱은 태어날 때부터 그의 형의 발꿈치를 잡고 나오면서 뭔가를 빼앗으려는 것을 암시하고 있다.

그는 형의 장자권을 팥죽 한 그릇에 빼앗아 오고(창 25:31-33), 아버지를 속이고, 축복기도를 빼앗아 왔다(창 27:27-29). 이런 야곱의 삶이 '아브라함과 이삭과 야곱의 하나님'이라는 빛나는 영광을 누리게 된다. 분명 야곱은 형 에서의 것을 도적질 했음에도 불구하고, 그의 삶은 하나님의 형상을 회복하여, 하나님의 영광과 은혜로 빛나고 있다. "이 부분은 어떻게 해석을 해야 하는가?" 먼저 생각할 것은 야곱은 육적인 것을 훔친 것이 아니었다고 하는 것이다. 야곱이 에서의 장자권을 빼앗은 것은, 영적인 것을 사모하는 영적전쟁에서 이긴 것이라고 봐야한다. 이것은 창세기 32:24-28에서 야곱이 천사와 씨름하여 이기는 것과 같은 맥락이다. 야곱은 영의 눈으로, 영적세계의 축복을 바라 본 것이다. 이것이 야곱의 삶을 승리로 이끌어 역설적인 삶으로 만들었다.

반대로 에서는 "에서가 가로되 내가 죽게 되었으니 이 장자의 명분이 내게 무엇이 유익하리요"(창 25:32)라고 하면서, 육신의 눈으로 영의 세계를 보지 못했다. 이것을 히브리서 12:16에서 "음행하는 자와 혹 한 그릇 식물을 위하여 장자의 명분을 판 에서와 같이 망령된 자가 있을까 두려워하라"라고 말했다. 에서의 행동을, '음행하는 것'과 같은 동격으로 보면서 '망령된 짓'이라고 말하고 있다. '망령된'이란 헬라 원어로 '베벨로스'(βέβηλος)로서 '신성하지 않는, 불경스런'이란 뜻이다. 즉 에서의 행동은 하나님을 모독하는 불경스런 행위였다는 것이다.

야곱은 하나님의 은혜와 축복을 사모해서 그것을 훔치려고 한 반면에, 에서는 하나님의 은혜와 축복을 별 볼일 없는 것으로 여긴 것이다. 예수 그리스도께서도 "세례 요한의 때부터 지금까지 천국은 침노를 당하나니 침노하는 자는 빼앗느니라"(마 11:12)라고 하시면서, 하나님의 은혜와 축복을 사모하여 빼앗는 자는 그것을 누린다고 하셨다. 영의 세계를 보고, 영적전쟁을 한 사람과 그렇지 못한 사람의 차이는 너무나도 엄청났다. 야곱은 믿음의 조상으로 이름을 올렸으나(마 1:2; 히 11:21), 영의 눈으로 영의 세계를 보지 못하여, 영적전쟁을 하지 못한 에서의 행위는 하나님으로부터 미움을 받았다(말 1:2-3). 야곱의 도적질이 하나님의 은혜와 축복을 사모한 영적전쟁임을 인정한다면, 실로 영적전쟁이 얼마나 중요한지를 알 수 있다.

두 번째로 유다왕 히스기야이다. 히스기야는 아하스가 죽고 유다의 왕(BC 715-687)으로(왕하 16:20), 이십 오세에 즉위하여 이십 구년을 치리하였다(대하 29:1). 성경에서 말하고 있는 히스기야는 여호와 보시기에 정직히 행하였고(왕하 18:3), 철저하게 여호와를 의지하므로, 그의 전후 유다 여러 왕 중에 그러한 자가 없었으며(왕하 18:5), 여호와께서 모세에게 명하신 계명을 지켰다(왕하 18:6). 히스기야는 왕으로서 다른 사람들의 것을 빼앗거나, 탐하거나, 다른 사람들을 권력으로 압제할 수 있었지만, 성경 어디에도 그런 모습을 찾아볼 수 없을 정도로(유대 최고의 성군이었던 다윗과도 비교된다), 유대 왕국의 위대한 왕 중의 한 사람이었다(대하 29:2-5, 31:20-21).

히스기야의 명성은 종교적 측면과 정치, 군사적 면에 걸쳐 극히 정력적인 활동에 의하여 얻어졌다. 구약성경 중 세 책이 그의 활동을 중시하고, 꽤 자세히 기록을 남기고 있다(왕하 18-20장; 대하 29-32장; 사36-39장). 열왕기와 이사야서와 달리 역대기는 히스기야에 의한 종교 개혁의 상황을 세부에 이르기까지 보도하는데 주력하고 있다.[386] 히스기야는 즉위하자마자 종교 개혁을 착수했다(대하 26:2-). 그는 아하스에 의해 닫혀져 있던 성전의 문을 열고, 이것을 수리하였고, 레위인에게 명하여 전을 정결하게 하였으며, 종교개혁을 선포한다(대하 29:6-10).

히스기야는 올바른 예배 회복을 위해 노력했으며, 또 유월절을 부활시켰다. 역대하 30:1-3에 보면 히스기야는 온 이스라엘과 유다에 전갈을 보내고, 에브라임과 므낫세에는 각각 특별히 편지를 보내서, 예루살렘에 있는 주의 성전에서 이스라엘의 하나님이신 주를 기리며, 유월절을 지키도록 오라고 초청하였다. 히스기야가 대신들과 예루살렘의 온 회중과 더불어 의논하여 둘째 달에 유월절을 지키기로 한 것이다. 이처럼 유월절을 한 달이나 늦추어 지키기로 한 것은, 성결 예식을 치를 제사장도 부족한데다가, 백성도 예루살렘에 많이 모이지 못하였으므로, 본래 정해진 첫째 달에 지킬 수 없었기 때문이었다. 히스기야는 브엘세바에서 단에 이르기까지 이스라엘 전역에 명령을 선포하여, 모두 함께 예루살렘으로 와서, 주 이스라엘의 하나님 앞에서 유월절을 지키도록 하였다.

이 유월절 절기는 나라가 남북으로 갈라진 이래 최대의 제사였는데(대하 30:26), 이 제사에는 유대인뿐만 아니라, 이스라엘 사람으로 "앗수르 왕의 손에서 벗어난 자"도 초청되어(대하 30:6), 일부는 기꺼이 이에 참가했다(대하 30:10-11; 왕하 17:25-28). 이 유월절 제사 후, 사람들은 유다 성읍에 있는 주상(柱像)이나 목상을 부숴버리고, 유다, 베냐민, 에브라임, 므낫세에 이르기까지 산당과 제단을 없애 버렸다(대하 31:1). 히스기야는 레위 사람들과 제사장들을 반차를 따라 다시 조직하여, 각자에게 특수한 임무를 맡겼다. 제사장들과 레위 사람들은 각자 맡은 임무에 따라, 번제, 화목제, 성전 예배에 참석하는 일, 주의 성전의 여러 곳에서 찬양과 감사의 노래를 부르는 일을 하였다. 히스기야도 자기의 가축 떼 가운데서, 아침저녁으로 드리는 번제에 쓸 짐승을 바치게 하고, 또 안식일과 초하루와 기타 절기의 번제에 쓸 짐승을 바치게 하였으니, 모두 율법에 규정된 대로 하였다(대하 31:2-4). 히스기야는 또 모세의 놋뱀이 우상 예배의 대상이 되어 있었으므로, 이것마저 제거해 버릴 만큼 종교 개혁에 열심을 다하였다(왕하 18:4).

히스기야는 앗수르의 침략에 대비하여 예루살렘의 수비를 공고히 하고, 물을 확보하기 위해 성내의 실로암에 저수지를 만들고, 기혼에서 거기까지 터널을 건설하여 물을 끌어왔다고 전해진다(왕하 20:20; 대하 32:1-8, 30; 사 22:9). 앗수르라는 광포한 대국의 위협 아래에 있음으로 인해, 히스기야의 행동이 종종 정치적 판단에 의해 좌우된 것은 어쩔 수 없는 일이었을 것이다. 그럼에도 불구하고 그가 이사야의 감화를 받고 보인 하나님에 대한 열심은, 역대의 왕 중에서도 뛰어난 것이라고 말할 수 있을 것이다.[387] 이렇게 하나님 앞에 성실과 정직으로 행했던 히스기야에게 선지자 이사야가 와서 죽을 준비를 하라고 통보를 했다(왕하 20:1). 죽음을 통보받은 히스기야는 "여호와여 구하오니 내가 진실과 전심으로 주 앞에 행하며 주의 보시기에 선하게 행한 것을 기억하옵소서 하고 심히 통곡하더라"(왕하 20:3)라고 했다. 히스기야가 하나님께 '진실과 전심'으로 행했다고 말을 하고 있다.

히스기야의 '진실과 전심'을 보신 하나님께서는 이사야가 성읍 가운데에 이르기 전에 "왕의 조상 다윗의 하나님 여호와의 말씀이 내가 네 기도를 들었고 네 눈물을 보았노라 내가 너를 낫게 하리니 네가 삼일 만에 여호와의 전에 올라가겠고"(왕하 20:5)라고 말씀을 하시며, 응답을 하신다. 왕으로 남의 것을 도적질하거나, 탐하지 아니하고, 오직 하나님 앞에서 진실과 전심으로 행한 히스기야에게 하나님께서는 15년을 더 살게 해주시고, 성을 보호해 주신다고 축복하셨다(왕하 20:6). 응답받은 히스기야는 하나님께 감사와 찬양의 글을 남긴다(사 38:9-20). 도적질하지 아니하고, 하나님 앞에 진실과 전심으로 행한 히스기야는 수

명을 연장 받을 뿐만 아니라, 적의 손에서 구원을 받게 되고, 하나님의 보호를 받게 되며, 오늘날까지 존경받는 왕 중에 한 사람이 되고, 예수 그리스도의 조상이 된다(마 1:9-10).

도적질하지 말라는 계명을 영적전쟁을 통해서 지키게 되면, 하나님의 임재와 돌보심을 체험하게 되며(히 13:5), 많은 문제들과 슬픔들을 피하게 되고(딤전 6:9-10), 의와 화평으로 살아가게 되며(잠 10:9), 허영과 기만으로부터 자유롭게 된다(잠언 30:8-9). 또한 도적질하지 말라는 것과의 영적전쟁에서 승리하게 되면, 큰 재물을 가지고 있는 사람보다 더 행복하게 살게 되고(잠 15:6), 진정한 노동의 기쁨을 알게 되며(잠 13:11), 부족한 가운데 있는 사람들을 도우면서 자신의 손으로 일을 하며(엡 4:28), 죽음에서 구원을 받고(잠 10:2), 주님을 강하게 증거하게 된다(딛 2:10).

9. 네 이웃에 거짓 증거 하지 말라(출 20:16)

1) 영적배경

A. 말에 대하여

십계명 중에 말에 대한 계명이 둘이 있다. 첫째는, 제 3계명으로 하나님에 대한 말이고, 둘째는, 9계명인데 사람에 대한 말에 관련된 것이다.[388] 제 9계명은 하나님께서 인간에게 부여하신 가장 우수하고, 고귀한 기능 중의 하나인 우리의 언어에 관한 교정을 하고 있다.[389] 말이 중요한 이유는 말이 입에서 나오는 것이 아니라, 마음에서 나오기 때문이다. 예수 그리스도께서 사람은 마음에 있는 것을 입으로 말한다고 말씀하셨다(마 12:34; 눅 6:45). 그러므로 말은 그 사람의 속에 있는 마음 중심을 나타내는 것이고, 그 사람의 인격을 알 수 있는 중요한 표시이다. 따라서 말이란 제대로 쓰면 도움이 되지만, 잘못 쓰면 큰 해악이 된다. 말이란 언뜻 보면 사람이 자기 마음대로 사용할 수 있는 것처럼 보이지만, 실은 우리의 내적인 자아에서부터 생겨났음에도 불구하고, 그 내적 자아의 통제를 벗어나서 혼자 돌아다니는 성격을 띠고 있다.[390]

이렇게 중요한 말을 하기만 하고 행하지 않으면 "그러므로 무엇이든지 저희의 말하는 바는 행하고 지키되 저희의 하는 행위는 본받지 말라 저희는 말만 하고 행치 아니하며"(마 23:3)라고 하신 예수 그리스도의 말씀처럼 실속 없는 것이 된다. 말이 많으면 허물을 면키 어렵고(잠 10:19), 말로만 하면 듣지 않는 경우가 있고(잠 29:19), 말만하고 수고하지 않으면 궁핍하게 된다(잠 14:23). 또한 말을 하되 과격한 말을 하면 분노를 일으키고(잠 15:1), 말로 인해 다른 사람들에게 상처를 주기도 한다(잠 26:22). 사도 바울은 말만 하는 사람들에게 경고하고 있다(고전 4:19-20). 말을 잘 사용하면, 약한 자를 붙들어 주게 되고(욥 4:4; 사 50:4), 죄악 가운데 걸어가는 죄인과 악인을 구원할 수 있으며(겔 3:18), 부드러운 말은 뼈를 움직인다(잠 25:15). 또한 예수 그리스도께서는 무슨 말을 하든지 자신이 한 말로 심판을 받는다고 하셨다(마 12:36-37). 그러므로 사도 요한의 말대로 말로만 하지 말고, 오직 행함과 진실함으로 해야 할 것이다(요일 3:18).

B. 거짓말(거짓증거) 뒤에 있는 사탄

제 9계명은 사회적으로 아주 중요한 것이다. 공의가 없고, 거짓으로 가득한 사회에서는 안전하게 살 수가 없다. 하나님께서는 제 9계명을 주심으로써, 우리가 이 세상에서 살 수 있게 하시고, 사회의 평화와 안전을 유지하게 하신 것이다.[391] 이러한 하나님의 계획을 사탄은 방해하고, 공격하고 있다. 하나님께서 말씀하신 모든 것은 신실하시기에, 자신을 따르는 자들도 그렇게 행하기를 기대하신다. 칼빈은 "진리이신 하나님은 거짓을 증오하시는 분이시므로, 우리는 기만이 없이 상호간의 진실을 지켜야 한다. 우리는 중상이나 거짓, 비난 등으로 남을 손상시켜서는 안 되며, 또 허위를 가지고 남의 재산을 해하여서도 안 된다."라고 했다(기독교강요 제 2권).[392] 거짓 증거를 금하는 계명은 법정에서 허위 진술, 혹은 부정확한 진술을 하는 것을 징계하기 위한 것이다. 법정에서의 허위 진술은 생명과 자유, 혹은 소유물의 상실을 의미할 수도 있기 때문에 위증을 해서는 안 된다.[393] 그것은 모든 거짓말이 도덕적으로 옳지 않다는 의미를 함축하고 있기 때문이다.[394] 그래서 하나님께서는 이스라엘의 거짓 증거를 방지하기 위한 제도적 장치와 형벌에도 불구하고, 위증의 범죄는 사라지지 않았다. 그래서 유대인들의 사회에서는 거짓 증거를 막기 위한 여러 가지 상세한 규정들이 제정되었다.[395]

하나님께서 만드신 세상에는 거짓이 없었다. 하나님께서 하나님 되심은, 그 말씀의 진실성과 그것을 실행함에 있어서의 신실함으로써 증명된다. 랍비 문헌도 하나님은 거짓말과는 아무 상관이 없다는 것을 천명하고 있다. 하나님께서는 세계에 있는 모든 것을 창조하셨으되, 거짓말만 빼놓고 창조하셨다. 거짓말은 그가 창조한 것이 아니다. 사람들은 그것이 자기 마음속에 있다는 것을 안다.[396] 하나님께서 만드시지 않은 거짓말, 거짓 증거가 사람들 사회에서 나오게 된 것은 타락한 사탄의 공격 때문이다. 이러한 죄가 얼마나 비열하고, 증오할 만한 것인가를 알 수 있는데, 그것은 사람을 사탄과 같이 되게 하는 것이기 때문이다.[397] 사탄은 그리스도인들이 거짓말을 함으로, 자연스럽게 사탄 자신의 길로 따라 오게끔 공격하여, 사람들이 잘못된 선택을 하도록 하게 만든다.[398]

제 9계명은 소위 혀로 말미암은 모든 죄를 다 금하는 것이다. 거짓 증언은 이 중 가장 큰 죄이다. 사탄은 하와에게 그녀가 하나님의 말씀을 어기고, 선악과를 먹도록 거짓말을 했다. 이처럼 혀가 범하는 죄의 배경에는 사탄이 있다. 하나님께서는 우리의 혀를 창조하셨지만, 우리가 죄인 된 이후에, 사탄은 우리의 혀를 자신의 목적을 이루도록 조작한다.[399] 거짓말은 또 다른 거짓말을 낳는다. 게하시는 나아만의 뒤를 쫓아가서 엘리사가 은 한 달란트와 옷 두벌을 달라고 한다고 하면서 거짓말을 했다(왕하 5:20-22). 은과 옷을 집에다 숨겨두고 온 게하시는 엘리사가 물어볼 때, 아무데도 가지 않았다고 거짓말을 했다(왕하 5:25). 한 번 거짓말을 하면, 그 거짓말을 덮기 위하여 다른 거짓말을 하게 된다. 이것은 베드로도 마찬가지였다. 예수 그리스도께서 잡혀가시자 베드로는 뒤 따라갔다가 예수 그리스도를 모른다고 부인하였고, 그것을 덮기 위하여 저주까지 하며 무려 세 번씩이나 부인하였다(막 14:66-72). 이것은 "욕심이 잉태한즉 죄를 낳고 죄가 장성한즉 사망을 낳느니라"(약 1:15)라고 하신 말처럼, 거짓말은 자꾸 자라게 되는데, 그것은 거짓말이 죄의 속성, 곧 사탄의 속성이기 때문이다.

하나님께서 거짓말을 싫어하시는 이유는 거짓말이 사탄의 것이며, 사탄은 거짓의 아비이기 때문이라고 하셨다(요 8:44). 그래서 거짓말은 사탄이 갔던 길로 따라가는 지름길로서, 곧 멸망의 길이고(잠 11:9; 26:18-19), 하나님께서 미워하시며(잠 6:16-19), 심판하신다(겔 13:8; 참조: 사 28:17). 거짓말은 사람을 기만하며, 사람을 타락하도록 할 뿐이다(잠 23:3). 하나님께서 선지자들을 통하여 증명하시려고 한 것은 바로 이런 것이다.[400] 바울의 경고처럼 사탄은 때로는 광명한 천사처럼 가장하고(고후 11:14), 사탄은 때로는 거짓말을 진실처럼 가장하여 말한다. 그러나 분명한 것은 사탄은 처음부터 거짓말했다. 사탄의 입에서 나오는 모든 말은 다 거짓이다. 거짓말쟁이(Liar)라는 이름의 사탄은 진실을 말하기도 한다. 그러나 예수 그리스도께서는 사탄이 진실을 말하고 있을 때도 그를 거짓말쟁이라고 하는데, 왜냐하면 그가 진실을 말한다 해도 선한 목적에 의한 것이 아니기 때문이다(요 8:44).[401]

창세기 3장에 사탄이 아담과 하와를 공격할 때에도 그러했다. "너희가 그것을 먹는 날에는 너희 눈이 밝아 하나님과 같이 되어 선악을 알 줄을 하나님이 아심이니라"(창 3:5)고 했다. 이 말이 전부 거짓말은 아니었다. 눈이 밝아진 것은 사실이었다. 그러나 눈이 밝아짐으로 하나님과 같아지기는커녕 수치를 알고, 고통과 수고가 왔다. 하나님께서 입을 열면, 진리와 진실이 나오고, 거짓을 말하지 못하신다. 그것은 그분의 인격과 성품이 그렇기 때문이다. 그러나 사탄은 정반대다. 사탄에게서 나온 어떠한 말도 좋은 말이 없고, 다 거짓인데, 그것은 사탄의 속성이 그렇기 때문이다. 가인이 그의 형제 아벨을 쳐 죽이고는 동생이 어디 있는지 알지 못한다고 거짓말을 했다(창 4:9). 그 이후로 지금까지 사탄의 거짓말은 계속되고 있다. 그러므로 거짓말은 우리를 사탄처럼 만드는 죄이고, 진리 그 자체인 하나님의 본성을 가장 크게 거스르는 죄이며, 우리가 사탄에게 속하게 하며, 사탄의 자식인 것처럼 보이게 하는 죄이다. 또한 거짓말은 하나님으로부터 영원한 죽음을 선고받게 하는 죄이며(계 22:15), 타락한 겁쟁이가 위대한 하나님을 경멸하는 죄이며, 하나님으로부터 능멸 받는 죄이다(잠 12:19).[402]

2) 이웃에 대하여 거짓 증거 하지 말라

A. 이웃에 대하여

제 6계명은 이웃의 생명, 제 7계명은 이웃의 아내, 제 8계명은 이웃의 재산, 그리고 제 9계명은 이웃의 명예에 대해서 말하고 있다.[403] 이 계명은 중상모략 함으로 남을 헐뜯는 것과 이웃사람들에 대한 편견으로 거짓 증거 하는 것을 금하여,[404] 이웃에 대하여 사랑 안에서 진실을 말함으로 이웃의 명예를 존중하도록 가르친다.[405] 이웃이란 단어는 히브

리 원어 남성 명사로 '레아'(רֵעַ)인데, '라아'(רָעָה)에서 유래했으며, 그 뜻
은 우연히 알게 된 사람 및 동료뿐만 아니라, 비교적 가까운 친구를 말하
는데, '친구, 동무, 동료(companion, fellow), 타인(another person)'을 의
미하며, 구약성경에서 이 단어는 약 187회 나온다.[406] 즉 하나님께서는
사회생활을 할 때 가까운 친인척들만 보호하는 것이 아니라, 주위에 있
는 사람들, 고아(출 22:22; 신 14:29)와 과부(신 16:14; 24:17, 19)와 나그
네(출 22:21; 23:9, 12; 신 10:18)까지 보호하도록 하셨다.

　이러한 하나님의 마음은 예수 그리스도께서 하신 말씀에 잘 나타나
있다. "나는 너희에게 이르노니 너희 원수를 사랑하며 너희를 핍박하는
자를 위하여 기도하라. 이같이 한즉 하늘에 계신 너희 아버지의 아들이
되리니 이는 하나님이 그 해를 악인과 선인에게 비취게 하시며 비를 의
로운 자와 불의한 자에게 내리우심이니라"(마 5:44-45). 하나님의 의는
차별이 없으시고(롬 3:22, 10:12), 하나님께서는 모든 사람들을 품기를
원하신다(딤전 2:4). 이런 하나님의 마음에서 본 이웃에 대하여 예수 그
리스도께서는 누가복음 15:29-36에 나오는 '사마리아인의 비유'를 통해
서 말씀하셨다. 즉 성경에서 말하는 이웃은 '자신의 주위에 있는 어려
운 사람들'이다.

B. 거짓 증거의 의미

　이 계명 자체만 보아도 그 때에 이미 법정이 있었음을 유추할 수 있는
데, 이것은 이미 그때 법정이 존재해야 할 필요성이 있었음을 나타내 준
다.[407] 법을 집행하는 현장에서 '증인'의 역할은 매우 중요했다. 그의 역
할은 실제적인 진실을 찾는 것이면서, 동시에 사회공동체가 그에게 요구

하는 성실성을 확인하는 것이기도 하다. 그것은 공동체 안에서 이웃의 삶에 다가서는 건강한 태도를 전제하고 있다. '거짓'이란 말은 히브리 원어로 남성 명사 '셰케르'(שֶׁקֶר)인데 '샤카르'(שָׁקַר)에서 유래했으며, '사실 또는 실제상 그것들이 근거가 없다'는 의미에서 거짓된 말이나 행위에 사용된다.[408] 증인이란 어떤 사건에 대하여 직접적인 지식을 가지고 있는 사람이나, 그가 들은 이야기에 근거하여 증언을 할 수 있는 사람을 가리킨다.[409] 그래서 '거짓 증거'라는 말은 '거짓말, 허위성'이라는 의미인데, 여기서는 근거 없이 하는 말이나 행위를 말한다.[410] 즉 아무 근거도 없이 반복하여 증언하는 모든 거짓말을 뜻한다. 구약 성서 안에 거짓말과 거짓말을 하는 것에 대하여 정죄한 사실이 많다고 하는 것은, 사람들이 이러한 죄를 범하는 일이 널리 퍼져있었다는 것을 보여주고 있다.[411]

칼빈은 "이 계명을 주신 목적은 진리 자체시오, 거짓을 저주하시는 하나님이시기 때문에, 우리가 조금도 위선 없는 진실을 보존하기 위함이다."[412]라고 했다. 사람들은 말로서 이웃을 살릴 수도 있으며, 죽일 수도 있다(잠 14:25). 거짓말에는 흰 거짓말, 검은 거짓말, 업무상의 거짓말, 정치상의 거짓말, 사교상의 거짓말, 종교상의 거짓말 등이 있다.[413] 윌리엄 바클레이의 저서 '오늘날의 십계명'에서 말하는 거짓말을 보면 여러 종류의 거짓말이 나온다.[414] 하지만 제 9계명에서 말하는 거짓말은, 좁은 의미로는 재판의 상황에서 거짓 증언하는 것을 금지한 것이고, 넓은 의미로는 모든 형태의 부정직한 말을 금지한다(시 101:7; 습 3:13).

거짓말을 하는 것이 작위적(作爲的)인 죄라면, 진실 앞에서 침묵하는 것은 부작위적(不作爲的) 죄이다. 구약은 이 점을 명확하게 밝혀주고 있다. 즉, 능동적인 거짓과 허위의 말을 금지하고 있을 뿐만 아니라, 수동적인 거짓말도 금지하고 있다.[415] 거짓말뿐만 아니라, 중상, 고자

질과 험담, 슬며시 암시하는 듯한 말, 진실 앞에 침묵하는 것도 거짓말이다.[416] 사람에게 아첨하는 것(시 12:2)과 단순히 그의 비위를 맞추고, 그의 허영을 만족시키기 위하여 인사하는 것도 그의 안전을 위험하게 한다.[417] 그러므로 그리스도인들은 틀린 말을 쓰지 말고, 풍설을 만들지 말며, 남의 허물을 말하지도 말아야 한다.[418] 교묘하게 다른 사람에 대해 과장해서 말하거나, 그들을 깎아내리거나, 다른 사람의 실수나 약점을 은밀하게 말하는 사람들은 사탄의 충실한 증인들이다.[419] 따라서 '거짓 증거'는 이웃을 해하는 모든 말이 포함이 된다. 어떤 소문이 이웃의 불명예를 말 할 때에는 그 소문이 사실일지라도 퍼트려서는 안 된다(레14:16).[420]

C. 거짓 증거에 대한 예수 그리스도의 가르침

예수 그리스도께서는 거짓말, 거짓 증거에 대해서 철저하게 금하셨다. 그것은 예수 그리스도께서 "가로되 어느 계명이오니이까 예수께서 가라사대 살인하지 말라, 간음하지 말라, 도적질하지말라, 거짓증거하지 말라"(마 19:18)라고 하시면서, 십계명을 인용하심으로 보여주셨다. 예수 그리스도께서 이렇게 거짓말을 금하신 것은 거짓말은 사탄으로부터 온 것임을 알았기 때문이다(요 8:44). 그러므로 거짓말을 포함한 어떤 말에라도 그것에 대해서 책임을 져야한다고 말씀하셨다(마 12:36). 그러나 다른 사람들이 거짓말로 공격하고, 핍박하는 것에 대해서는 기뻐하고, 즐거워하며, 이기라고 하셨다(마 5:11-12). 거짓말을 절대적으로 금하신 예수 그리스도께서는 거짓 증거의 최대의 희생자가 되셨다(마 26:59-60). 예수 그리스도께서는 거짓 증인과 거짓 증거로 인해 '신성 모독죄'로 몰려서 죽으셨다(마 26:63-66). 결국 거짓말을 절대적으로 금하신 예수 그리스도 께서는 거짓 증인과 거짓 여론에 의해 죽음의 길로 가신 것이다.

3) 거짓 증거와 하나님의 형상 회복과 상실

A. 하나님의 형상 상실

사탄이 가룟 유다에게 그리스도를 배반할 마음을 불어 넣은 것처럼 (요 13:2), 사탄과 사탄의 추종세력들은 그리스도인들의 마음속에 말 을 건다. 그들은 그리스도인들이 말하는 것을 듣고, 그리스도인들의 반응을 살피고, 계획과 작전을 세운다.[421] 무심코 하는 거짓말이나 거 짓 증거에, 자기 자신도 모르게 자신의 영혼이 사탄에게 잠식당하게 된 다.[422] 사탄은 그의 거짓으로 가득 찬 활동을 통하여 하나님의 사역에 대적하고, 공공연하고 무서운 적대 행위를 통하여 하나님의 사역을 방 해하며, 사람들의 마음을 멀게 하여 복음의 빛을 보지 못하게 한다.[423] 거짓 증거하지 말라는 계명과의 영적전쟁에서 실패한 사람들 중에 이 세벨을 살펴보도록 한다. 이세벨은 성경에서 나오는 인물 중에 오늘날 까지 사악한 사람의 대명사로 불리는 사람이다.

이세벨(אִיזֶבֶל)은 보편적인 유럽인의 이름인 '아그네스'(A-gnes, 순 진한 처녀)와 같이 '정숙한'(순결한)을 의미하는 듯하다.[424] 시돈 왕 엣 바알의 딸이며, 아합과 결혼을 하였다(왕상 16:31). 이세벨은 레반트 (the Levant, 동부 지중해의 여러 섬과 연안 제국)의 가나안 사람들과 히브리인 간의 결혼을 엄히 금하고 있는 모세 율법을 어기고, 아합과 불법적 결혼을 했다. 이세벨은 음행과 술수가 많았으며(왕하 9:22), 하나님의 선지자들을 조직적으로 멸하였다(왕상 18:13; 19:10). 갈멜산의 대결에서 그녀의 상에서 먹는 바알의 선지자 450명과 아세라의 선지자 400명은, 제물을 태우지 못하여, 엘리야에게 전멸되었다(왕상 18:19, 40). 이 소식을 들은 이세벨은 엘리야에게 사자를 보내 죽이겠다고 위협했다(왕상 19:1-2). 이세벨은 여장부로서 남편을 좌지우지하여, 가정이나 정치에 간섭한 교활하고, 영민한 독부였다(왕상 21:25). 하나님을 대적하고, 아세라를 섬긴 이세벨의 윤리와 도덕 수준은, 타락한 마음을 쫓아가는 전형적인 이방인이었다. 이세벨의 사악함을 잘 보여주고 있는 것이 '나봇의 포도원 사건'이다.

아합이 있는 별궁 가까이 이스르엘 사람 나봇의 포도원이 있었는데, 아합은 그 포도원을 가지고 싶어 했다. 합당한 가격을 주겠다고 했음에도 불구하고, 나봇은 '조상으로부터 유업으로 받은 것'이라고 하며 거절하자, 아합은 포도원으로 인해 고민하다가 결국 침상에 누웠다. 이 모습은 본 이세벨은 포도원을 뺏기 위해 "나봇이 하나님과 왕을 저주했다"라는 말을 하는 거짓 중인 두 명을 내세웠다. 그리고 금식을 선포하고, 나봇을 백성 가운데 높이 앉게 하고, 거짓 증거를 지어서 죄인으로 몰아 성 밖으로 데리고 가서 돌로 쳐 죽였다. 이 소식을 접한 아합은 내려가서 그 포도원을 취했다(왕상 21:1-16). 나봇이 죽은 사건은 겉으로 드러난 사실로만 보면 아무런 하자가 없다. 율법대로 두 세 중인이 있었고(신 19:15), 사람들 앞에서 재판을 했고(신 19:18), 성 밖에서 돌로 쳐 죽였다(레 24:14-16). 그러나 속으로 숨어있는 진실을 보면, 이것이 사탄이 역사했음을 알 수 있는데, 이세벨이 한 행동은 사탄의 행동을 그대로 하고 있음을 볼 수 있다.

첫째, 거짓 증인을 만들었다. 거짓은 하나님께서 싫어하시고 미워하신다. 유대인들은 거짓말에 대해서 매우 싫어하고, 엄중하게 생각하고 있다. 미쉬나(mishnah)의 제 4편, 산헤드린에는 하나님을 보지 못할 사람들의 이름이 네 부류로 열거되어 있다. 조롱하는 사람(scoffers), 위선자(hypocrites), 거짓말쟁이(liars), 그리고 중상하는 사람(slanderers)이 그들이다. 이웃에게 거짓 증거하는 것은 하나님께 거짓 증거한 것으로 간주된다는 말이다.[425] 그런데 이세벨은 거짓 증인(왕상 21:10)과 거짓 증거(왕상 21:13)를 만들었다. 보편적인 이스라엘 백성들은 거짓 증거를 하지 않으니까, 이세벨은 '비류'들에게 돈을 주고 시켰다. 한 사람의 영혼과 포도원이라는 큰 사건을 거짓 증인을 서게 한 것은, 사탄만 할 짓이다.

둘째, 이세벨은 하나님을 믿는 사람도 아니었음에도 '하나님과 왕을 저주했다'(왕상 21:10)고 거짓말 하게 했다. 하나님의 이름을 망령되이 부른 것이다. 이세벨은 자신의 목적과 욕망을 위해 철저하게 하나님의 말씀인 율법을 동원하면서 하나님을 이용했다. 이것도 사탄의 속성이다. 이것은 마태복음 4장에 나오는 사탄이 예수 그리스도를 공격할 때도 그러했다. 사탄은 '기록되었으되'(마 4:6)라고 하면서 하나님의 말씀으로 포장을 했고, 세상 만물은 자기 것인데 자기에게 경배하면 주겠다고 합법을 말했다(눅 4:6). 겉으로 드러난 것은 합법이지만, 속에 있는 진실은 사탄에게 굴복하고, 순종하라는 것이다.

길을 인도하던 별을 잃어버린 동방박사들이 헤롯을 찾아가서 길을 물을 때, 헤롯은 "가서 아기에 대하여 자세히 알아보고 찾거든 내게 고하여 나도 가서 그에게 경배하게 하라"(마 2:8)고 했다. 태어난 아기 예수를 죽이기 위해 거짓말 한 것이다. 겉으로 드러난 것은 헤롯이 왕권을 지키기 위하여 거짓말 한 것이지만, 진실은 그리스도를 죽이기 위한 사탄의 계략이었다. 사탄이 하나님의 형상을 상실하게 하기 위하여, 그리스도인을 공격할 때에 주로 사용하는 것이 거짓을 진실처럼 하는 것이다. 대제사장들과 온 공회가 예수 그리스도를 죽이려고 할 때도 거짓 증거로 고발했고(마 26:59-61), 스데반을 공격할 때에도 거짓 증인들을 내세웠으며(행 6:11, 13), 바울이 복음 전할 때에도 거짓 증인들을 내세워 공격했고(행 16:20; 17:5; 24:5), 예수 그리스도의 무덤을 지키던 군병들에게도 돈을 주어 거짓말 하게 했다(마 28:13-15).

이렇게 거짓말은 하나님의 형상을 입은 하나님의 백성들을 공격하고, 하나님의 뜻을 방해한다. 그렇기에 거짓말을 하는 사람들은 둘째사망에 간다고 말하고 있다(계 21:8). 이러한 모든 거짓말과 거짓 증거 뒤에는 하나님의 형상을 파괴하려고 공격하는 사탄이 있다. 비록 성경에는 모든 거짓말 뒤에 역사하는 사탄의 모습이 나오지는 않지만, 모든 거짓말 뒤에는 사탄이 역사하고 있다고 확신한다. 어떤 사상이나 이념이 하나님을 반대할 때는, 근본적으로 정치적인 것이라기보다는 영적인 것이기 때문이다.[426] 이세벨은 처음부터 영적전쟁을 하고 싶은 마음이 없었던 사탄의 앞잡이였다. 거짓 증거를 하지말라는 계명과의 영적전쟁에서 진 이세벨에게 "개들이 이스르엘 성 곁에서 이세벨을 먹을지라"(왕상 21:23)라고 엘리야가 이세벨의 죽음을 예언했고, 예후가 엘리야의 예언을 성취시켰다(왕하 9:30-37). 이러한 이세벨의 이름은 예수 그리스도께서 두아디라 교회의 거짓 선지자에 대한 상징적 명칭으로도 사용하셨다(계 2:20). 이세벨은 거짓 선지자의 대명사로 사용될 만큼, 그의 이름은 영구적인 불명예와 더럽고, 추한 이름의 대명사가 되었다.

"거짓말 하지 말라"라는 계명과의 영적전쟁에서 짐으로, 거짓말을 하여 하나님의 형상을 상실하게 되면, 하나님을 반역하고, 하나님의 법을 무시하는 것으로(시 30:9; 렘 7:28), 하나님을 잊는 것을 말하는(렘 3:25; 13:25) 어리석은 자로서(잠 10:18), 그가 하는 일도 어리석은 일이 될 것이며(사 44:25-26), 이웃 사람들의 명예와 삶을 파괴하며(잠 11:9), 사회를 부패시킨다(사 58:13-15; 렘 9:4-5). 또한 하나님의 사람들이 잘 못된 결정을 하도록 만들어(렘 23:32), 수많은 사람들을 죄의 노예로 만 들고(롬 1:28-30), 파괴적이며, 더러운 삶을 살게 만들어(약 3:6), 하나 님께로 미움을 받아(잠 6:16, 19), 하나님 앞에 서지 못한다(시 101:7). 그리고 하나님께서 그들의 혀를 끊으심으로(시 12:2-3), 입이 막히게 되 고(시 63:11), 하나님께서 치심으로(겔 13:8), 베임을 당하게 된다(잠 10:31). 그러므로 거짓말을 하면 망하고(잠 19:9), 영영히 멸망하게 되 고(시 52:5), 하나님의 나라를 유업으로 받지 못하며(시 5:6; 계 22:14-15), 지옥에 가게 된다(계 21:8).

B. 하나님의 형상 회복

그리스도인들은 하나님의 형상을 입어 하나님의 뜻을 이루는 삶을 살아야 한다. 그리스도인들의 거룩한 삶은 자연스럽게, 혹은 하나님이 알아서 하는 것이 아니다. 그리스도인들의 거룩함은 이미 십자가에서 승리하시고, 내주하시는 그리스도에 의해 새로운 생명을 주신 삶에서, 몸의 행실을 죽이는 것을 포함한다.[427] 즉 자기 자신을 보호하려 하거 나, 자기 자신의 욕심을 위해서 거짓말(거짓증거) 하려는 유혹을 이겨야 만 하는 것이다. 그러나 사탄은 하나님의 백성들이 몸의 행실을 죽이지 못하도록 우리를 유혹하고 있다. 이러한 사탄은 막연한 대적이 아니라, 바로 나의 대적, 모든 그리스도인들의 대적이다.[428] 거짓말 하게끔 하는 사탄의 유혹을 이긴 사람 중에 선지자 미가야와 베드로를 살펴본다.

첫 번째, 선지자 미가야이다. 열왕기상 22장에 보면 여호사밧과 아합이 연합하여 전쟁에 나가고자 할 때, 하나님을 경외하는 여호사밧이 하나님께 물어보고 전쟁에 나가자고 했다(왕상 22:5). 아합이 시드기야를 비롯한 400명의 선지자들에게 물었을 때 그들은 전쟁에서 승리한다고 말하자, 여호사밧은 다른 선지자를 구했다(왕상 22:6-7). 미가야를 부르러 간 사자가 미가야에게 거짓말 할 것을 조언했다(왕상 22:13). 그 말을 들은 미가야는 "여호와의 사심을 가리켜 맹세하노니 여호와께서 내게 말씀하시는 것 곧 그것을 내가 말하리라"(왕상 22:14)라고 하면서 여호사밧 앞에 섰다.

진실을 요구하는 여호사밧의 요청에 미가야는 "하나님의 뜻대로 그냥 집으로 돌아가라"고 하면서 "이제 여호와께서 거짓말하는 영을 왕의 이 모든 선지자의 입에 넣으셨고 또 여호와께서 왕에게 대하여 화를 말씀하셨나이다"(왕상 22:23)라고 경고했다. 이 말을 들은 시드기야는 가까이 가서 미가야의 뺨을 때렸다(왕상 22:24). 가짜가 진짜를 박해한 것이다. 이런 방법은 사탄이 즐겨 사용하는 방법이다. 사도 바울이 갈라디아서 4:22-31에서 복음과 율법을 비유하면서, 이삭과 이스마엘을 말했다. 그러면서 "그러나 그 때에 육체를 따라 난 자가 성령을 따라 난 자를 핍박한 것같이 이제도 그러하도다"(갈 4:29)라고 하면서, 첩의 아들인 이스마엘이 적자인 이삭을 핍박했다고 말했다. 진리를 알지 못하는 자들이 진리인 예수 그리스도를 박해하고, 진리를 따라가는 사람들을 박해하고, 방해하는 것은 사탄이 즐겨 사용하는 일이다.

미가야의 말을 통해서 거짓말의 원인을 알 수 있다. 겉으로 드러난 것은 시드기야를 비롯한 400여 명의 거짓 예언이었지만, 그 원인은 거짓말하는 영이 시드기야와 400여 명의 선지자 입에 거짓말을 하도록 했다는 것이다. 여기서 거짓말 하게 한 '한 영'의 존재가 무엇인지 분명하지 않으나, 추측하건데 사탄의 추종세력들이라고 본다. 왜냐하면 사탄도 하나님 앞에 왔었기 때문이다(욥 1:6; 2:1; 슥 3:1). 그러므로 사람의 거짓말은 자기 자신이 하는 것처럼 보이지만, 진실은 그 사람 속에서 사탄이 주는 생각과 마음에 의하여 말을 하고 있는 것이다. 미가야는 거짓말을 하라는 유혹을 물리치고, 분명하고, 확실하게 하나님의 뜻을 전했다. 당시의 시대는 최고로 악한 아합과 이세벨이 다스리고 있었던 영적인 암흑기로서 이방 선지자들이 대접을 받고(왕상 18:19), 거짓 선지자들이 득세하는 때였다(왕상 22:5-6). 미가야는 암흑으로 어두운 때에 감옥에 투옥되는 것과 죽음을 두려워하지 않고, 하나님의 진리의 빛과 하나님의 뜻을 보여준 하나님의 종이었다. 미가야는 거짓증거와의 영적전쟁에서 승리하여 하나님의 형상을 회복함으로, 하나님으로부터 인정받은 확실한 하나님의 종의 모습을 보여주었다.

두 번째로 베드로이다. 위대한 신앙인이라고 할지라도 영적전쟁에서 항상 이기는 것이 아니라는 것을, 베드로를 보면 잘 알 수 있다. 누가복음 22장에 보면 예수 그리스도께서 마지막 만찬을 하실 때 베드로를 향해서 "시몬아, 시몬아, 보라 사단이 밀 까부르듯 하려고 너희를 청구하였으나 그러나 내가 너를 위하여 네 믿음이 떨어지지 않기를 기도하였노니 너는 돌이킨 후에 네 형제를 굳게 하라"(눅 22:31-32)라고 하셨다. 그러자 베드로는 "내가 주와 함께 옥에도, 죽는데도 같이 가기를 준비했습니다"(눅 22:33)라고 대답했다. 베드로는 예수 그리스도의 말씀을 이해를 하지 못한 것이다. 예수 그리스도의 말씀은 "사탄이 너를 밀 채질하듯 공격하였으나, 내가 너를 위해서 기도 했다"는 말씀이다. 즉 "사탄이 너를 집중적으로 공격하려고 하니, 너는 그것을 극복하고 난 후에 믿음으로 네 형제를 굳게 해라"는 것이다. 베드로에게 "사탄이 너를 공격하고 있다"고 경고의 말씀을 하신 것이다. 그러나 베드로는 이 사실을 알지 못하고, 현재 마음의 준비만으로 대답을 했다. 그러자 예수 그리스도께서는 "베드로야 내가 네게 말하노니 오늘 닭 울기 전에 네가 세 번 나를 모른다고 부인하리라 하시니라"(눅 22:34)라고 하신 것이다.

사탄이 베드로를 공격하려고 하는데 아무런 준비 없이 대답을 하니까, 예수 그리스도께서 베드로의 실패를 알려주신 것이다. 사탄이 자기를 공격하여, 자기가 실패할 것이라는 예수 그리스도의 경고에도 불구하고, 아무런 준비가 없었다는 것은 베드로의 아이러니다. 예수 그리스도께서 말씀하신 대로 베드로는 거짓말과의 영적전쟁에 임하게 된다. 예수 그리스도께서 잡혀가시자 베드로는 멀찍이 따라가서 그 사람들과 함께 앉아서 불을 쬐었다. 그러다 베드로는 어린 여종의 말에 하나님과 사람들 앞에서 예수 그리스도를 모른다고 세 번씩 거짓말을 했다(눅 22:57, 58, 60). 베드로는 거짓말을 함으로 영적전쟁에서 실패한 것이다. 영적전쟁에서 실패한 베드로가 하나님의 종으로, 사도로서 사명을 감당하게 된 것은, 회개라는 하나님의 비밀 무기가 있었기 때문이다. 누가복음 22:62에 "밖에 나가서 심히 통곡하니라"라고 하면서, 통곡하는 베드로의 모습이 나온다. 이 통곡은 단순한 반성이 아니라 회개이다.

딘 셜먼(Dean Sherman)은 "이미 패배한 사탄은 사람들이 죄를 짓고, 이기적으로 살 때만 기승을 부린다. 꼭 그만큼만 그렇다. 더도 덜도 아니다. 죄는 사탄에게 문을 개방하는 것이다."[429] 라고 말했으며, 웨슬리도 "우리가 그리스도인으로서 가야 하는 과정에서, 순서적으로 이어지는 모든 단계마다 요구되는 회개와 믿음이 있다"[430] 라고 했다. 죄가 있으면 하나님의 은혜에 거할 수가 없고, 영적전쟁에서 패할 수밖에 없다.[431] 영적 전쟁에서 이기려면 죄와는 상관이 없는 성결, 즉 거룩함이 있어야 한다. 왜냐하면 영적전쟁은 우리의 힘으로 이길 수 있는 싸움이 아니고, 하나님께서 함께 하셔야 만이 이길 수 있는 전쟁이기 때문이다. 죄는 사탄의 것이다(요일 3:8). 만약 죄가 존재하지 않는다면 어떤 종류의 전쟁도 없었을 것이다.[432] 하나님의 형상 회복은 그리스도인들이 영적전쟁을 통해 얻은 도덕적 특성의 성취이다.[433] 그러므로 사탄과 사탄의 추종세력들이 들어오지 못하도록, 죄가 살아서 자라지 못하도록 뽑아야 하며, 몰아내야만 영적전쟁에서 이기게 된다. 온전한 회개로 사탄의 공격을 차단하는 것만이 영적전쟁에서 승리 할 수 있다. 비록 베드로는 거짓말함으로 영적전쟁에서 졌지만, 회개함으로 극복하여 하나님의 형상을 회복하였다.

거짓말과의 영적전쟁에서 승리하게 되면, 하나님의 형상을 회복하여 하나님 앞에 합당함을 받아(시 15:1-2), 구원을 받게 되고(시 7:10; 잠 11:3, 6), 하나님의 얼굴을 뵙게 된다(시 11:7). 그리고 하나님과 교제를 나누게 되고(잠언 3:32), 하나님의 의를 얻어 흑암 중에도 빛을 보게 되며(시 112:4), 주님 앞에 거하게 되고(시편 140:13), 번영하게 되며(잠 4:11), 안전하게 거하게 된다(사 33:15-16). 또한 하나님의 좋은 것을 누리게 되며(시 84:11), 기도의 응답이 있으며(잠 15:8), 기쁨이 있고(시 97:11), 아름다운 땅을 얻게 된다(신 6:18; 잠 2:21). 또한 영광을 얻게 되고(시 64:10), 주님의 인자가 함께 하며(시 36:10), 후손이 복을 받으며(시 112:2), 주님의 임재 가운데 살게 되고(시 15:1-2), 그 속에 진리의 영이 있으며(요14:16-17), 세상 앞에서 의롭게 나타날 것이며(잠 12:17), 수치를 당하지 않을 것이다(잠 13:5; 요 3:21).

10. 네 이웃의 소유를 탐내지 말라(출 20:17)

1) 영적배경

A. 탐심의 배후

제 10계명이 십계명의 제일 마지막에 나온 것은 의미심장하다. 왜냐하면 탐심은 우상숭배와 간음, 도적질 및 기타 모든 죄를 불러일으키는 근원이 되기 때문이다(약 1:15; 골 3:5).[434] 제 6계명, 제 7계명, 제 8계명은 다 행동에 관한 계명이고, 제 9계명은 말에 대한 계명인데 반하여, 제 10계명은 마음에 관한 계명이다.[435] 즉 제 7계명과 제 8계명은 남의 것을 탐내어 빼앗고, 훔치는 행동을 금지하고 있다. 그러나 제 10계명은 한걸음 더 나아가서 이러한 불의한 행동을 일으키게 하는 내면의 탐욕과 탐심 자체를 금지하고 있다.[436] 십계명은 제 10계명이 지켜지지 않는 한 결코 지켜질 수 없으며, 이 계명은 또한 사랑하는 마음이 없이는 결코 지켜지지 않는다.[437]

탐심은 하나님보다 다른 무엇을 더 사랑한다는 증거이자, 다른 사람을 돌아보고자 하는 마음은 조금도 없이, 오직 자신의 안일과 욕심만을 채우려는 극단적인 이기주의의 발로이다. 이 계명은 실로 사람의 생각과 마음까지 규제 대상으로 삼고 있는데, 이것은 하나님께서 사람의 마음을 감찰하시는 분임을 알려 준다.[438] 창세기 3장에 기록된 사람의 타락 기사에서도 죄의 근본적인 원인은 탐심이었다(창 3:6). 탐욕은 우리 이웃을 우리들 마음속에서 욕되게 만들고, 탐욕으로 인해 우리의 영혼

속에 죄의 씨가 자라게 한다.[439]

하나님께서는 우리 마음에 있는 목표와 계획을 다 아시기 때문에, 우리의 악한 생각과 계획까지도 책망하시고, 벌하신다. 이 계명은 하나님께서 금하신 것을 행하기 위해 생각하고, 준비하는 것까지 금지하시는 것이다.[440] 예수 그리스도께서는 모든 죄의 샘(井)은 이 세상이 아니라, 우리 마음에서 일어나는 생각이라 하셨다(막 7:21-23). 이 계명은 바로 마음에 있는 죄를 금하는 것이다.[441] 하나님께서는 십계명 속에서 이것을 문자적으로 분명하게 기록하셔서, 물질로 향하는 우리의 최초 마음의 움직임까지도 구체적으로 열거하여 책망하신다. 그렇게 함으로서 이 십계명 전체를 강하시키는 고리가 되는 것이다.[442] 문제는 사람들이 이 계명을 어기어도 아무도 모르며, 가족들도 알 수 없다. 이러한 탐심의 공격이 너무도 은밀히 진행되기 때문에, 인간은 치명적인 상처를 입고도 그것을 의식하지 못하는데 있다.[443] 창세기 3:1-6에서 아담과 하와에게 탐심을 주어서 타락하게 한 사탄은, 계속해서 모든 사람들에게 탐심으로 넘어트렸다. 골로새서 3:5에 "그러므로 땅에 있는 지체를 죽이라 곧 음란과 부정과 사욕과 악한 정욕과 탐심이니 탐심은 우상 숭배니라"라고 하면서, '탐심은 우상숭배'라고 말하고 있다. 그러므로 성경에 사탄이 그렇게 했다는 말이 없다 할지라도, 모든 탐심 배후에는 사탄과 사탄의 추종세력들의 역사가 있다고 봐야 한다.

B. 탐심이 들어오는 통로

제 10계명은 다른 사람에게 속한 것을 탐내는 것, 혹은 그들의 지위나, 축복이나, 영예 같은 것을 부러워하는 것을 금한다. 이 계명은 우리의 외적 행동보다는 내적인 마음에 대해 직접적으로 말하고 있다.[444) 우리가 탐심을 정복하지 않으면, 탐심이 우리를 정복한다. 탐심이 모든 계명을 어기게 한다. 탐심이 얼마나 무서운 죄인지 알아야 한다. 탐심은 제 1계명부터 시작하여, 제 9계명을 다 어기게 만드는 무서운 죄이다.[445) 하나님은 십계명 전체에 튼튼한 담을 두름으로서 외부적인 죄를 금하실 뿐만 아니라, 우리의 생각과 감정 속에 있는 내부적인 악의 움직임까지도 금하신다.[446) 이러한 탐심은 두 가지 통로를 통해서 사람들을 공격한다.

첫 번째 생각을 통해서 들어온다. 사탄과 사탄의 추종세력들이 하나님의 백성들에게 탐심을 주기 위해서 공격 할 때는, 먼저 생각을 사로잡으려 한다. 생각은 히브리어 '마하샤바'(מַחֲשָׁבָה)로서, 동사 '하샤바(חשׁב. 생각하다, 계획하다, 평가나 판단을 하다, 고안하다)에서 유래했는데, 이 말은 어떠한 문제에 대하여 깊이 생각하고, 골똘히 연구하는 것을 의미한다.[447) 그러므로 생각은 마음과 다르다는 것을 알 수 있다. 어떤 생각은 스쳐지나가서 다시는 기억하지 못하는 생각도 있고, 어떤 생각은 몇 번 갈등을 일으키다가 사라지는 경우도 있는 등, 여러 가지 생각을 할 수 있지만, 그 생각이 마음은 아니다.

생각은 마치 디스켓에 있는 여러 가지 소프트웨어 자료와 같다. 여러 가지 자료를 컴퓨터에 입력을 시키면 하드에 저장이 되듯이, 생각은 자료와 같다. 좋은 자료를 넣으면 좋은 작품이 만들어지고, 나쁜 자료를 입력을 시키면 나쁜 작품이 나올 수밖에 없다. 창세기 6:5에 "여호와께서 사람의 죄악이 세상에 관영함과 그 마음의 생각의 모든 계획이 항상 악할 뿐임을 보시고"라고 말하고 있다. 생각이 항상 악하니, 그 열매는 심판이었다. 바울은 생각에 따라 사망과 생명과 평안이 결정된다고 말했다(롬 8:6). 그러므로 탐심과의 영적전쟁에서 승리하려는 사람들은 생각의 문에 파수꾼을 두어서 탐심이 들어오지 못하도록 해야 한다. 만일 적합하지 않은 것이 들어온다면 내쫓아야 한다. 모든 생각들에 대하여 경계를 서는 이것이 영적전쟁이다.[448] 사람들은 생각의 지배를 받는다. 성경에도 "대저 그 마음의 생각이 어떠하면 그 위인도 그러한 즉…"(잠 23:7)라고 말했다. 하나님은 사람이 4차원을 변화시킬 수 있도록 생각(thinking)을 우리에게 주셨다. 생각은 3차원으로 계산할 수 없다. 오직 4차원에서만 나타난다. 그것은 두께도 없고, 넓이도 없고 보이지도 않기 때문이다. 생각은 영원하고 무궁하다.[449]

생각이 무서운 것은 그 결정된 생각은 마음으로 굳어지기 때문이다. 그리스도인들의 생각의 문을 두드리는 경로가 세 가지가 있다. 먼저, 생각은 사람 자체 내에서 생길 수 있다. 사람은 생각으로 창조적인 것을 만들고, 생각으로 초자연적인 것을 추구할 수 있는 특별한 존재이다.[450] 이렇게 사람이 생각 할 수 있는 존재가 된 것은, 하나님께서 사람들을 다른 원천과는 상관없이, 생각을 만들 수 있는 능력을 지닌 존재로 창조하셨기 때문이다. 그 다음에 생각은 하나님으로부터 올 수 있다. 하나님께서는 우리들의 생각에 말씀하실 수 있다. 마지막 원천은 사탄이다. 어둠의 세력 역시 우리에게 말을 한다. 불행하게도 많은 그리스도인들이 적의 말을 듣고, 그 영향을 받아, 그 결과 고통스러워한다.[451] 그러므로 그리스도인들은 생각에 항상 파수꾼을 두어서 탐심이 들어오지 못하도록 걸러내야만 한다. 하나님의 형상 회복을 위한 영적전쟁에서 승리하려는 사람들은, 하나님께서 베푸신 큰일을 생각하고(삼상 12:24), 주의 행사를 깊이 생각하며(시 77:12), 우리의 믿는 도리의 사도시며, 대제사장이신 예수를 깊이 생각해야만 할 것이다(히 3:1).

두 번째 탐심의 통로는 마음이다. 마음이란 단어는 히브리어 '레브' (לב)로 '레바브'(לבב)의 한 형태이며, 몸의 기관을 가리키기도 하고(출 28:29; 삼하 18:14), 어떤 것의 내부나 한가운데를 가리키기도 하며(출 15:8; 신 4:11), 그 사람 자체, 혹은 그 사람의 인격에 대해 사용되기도 하는데(창 17:17; 전 1:16), 마음(레브)은 감정이 자리를 잡는 곳으로 생각된다(신 6:5; 삼상 2:1).[452] 즉 사람에게 여러 생각들이 많이 떠오르고, 또 사라지기도 한다. 그 많은 생각과 기억들이 모두 다 마음에 자리를 잡는 것은 아니다. 좋지 못한 생각들이 들어오려고 하다가 '생각의 파수꾼'에게 걸려 마음에 자리를 잡지 못하는 경우도 있을 것이고, 미처 '생각의 파수꾼'에게 걸러지지 않은 여러 생각들이 한두 번 들어오다가 사라지는 경우도 있을 것이고, 어떤 생각들은 결국에 마음에 기록 되고, 자리를 잡게 되기도 한다. 마음이 중요한 것은, '마음의 상태'가 그 사람의 '신앙의 상태'이고, 그 사람의 '인격 상태'이기 때문이다. 마음의 상태는 신앙의 척도를 말하기 때문에, 사탄은 그 마음이라는 고지를 점령하고자, 모든 방법을 다 동원한다. 사탄은 하나님의 백성들이 영적전쟁에서 패하도록 악한 생각, 더러운 생각, 죄의 생각들, 탐심이 마음에 자리를 잡도록 계속해서 공격을 하고 있다.

사탄이 정조준하고 있는 공격 목표는 사람의 마음이다. 사람의 마음이 사탄의 주요 공격대상이다. 사탄의 거짓된 음성을 듣고, 그 유혹에 넘어가게 될 때, 사람의 마음은 진리를 외면하게 된다.[453] 일단 생각이 마음에 자리를 잡으면, 그것은 반드시 그 사람을 움직여 행동으로 나오게 한다. 예수 그리스도께서도 "독사의 자식들아 너희는 악하니 어떻게 선한 말을 할 수 있느냐 이는 마음에 가득한 것을 입으로 말함이라"(마 12:34)라고 하셨고, "선한 사람은 마음의 쌓은 선에서 선을 내고 악한

자는 그 쌓은 악에서 악을 내나니 이는 마음의 가득한 것을 입으로 말
함이니라"(눅 6:45)라고 증언해 주셨다. 다시 말해서, 마음은 그 사람을
실지로 움직이게 하는 힘의 근원이다. 그렇기 때문에 솔로몬은 "무릇
지킬 만한 것보다 더욱 네 마음을 지키라 생명의 근원이 이에서 남이니
라"(잠 4:23)라고 경고했다.

마음을 지키는 것에 대해 예수 그리스도께서는 마 12:43-45에서 말
씀하셨다. 악한 귀신이 어떤 사람에게서 나와 쉴 곳을 찾아서 헤맸으나
찾지 못하고, 자기가 나온 집으로 되돌아 와서 보니, 그 집은 비어 있고,
말끔히 청소되어 있었고, 잘 정돈되어 있었다. 그래서 그 귀신은 가서,
자기보다 더 악한 다른 귀신 일곱을 데리고 와서, 그 집에 들어가 자리
를 잡고 살게 되었다. 즉 예수 믿고 죄사함을 받아 깨끗한 영혼과 마음
을 소유했다면, 그 깨끗하고 정돈된 영혼과 마음을 비워두지 말고, 좋
은 것으로 가득 채워서 탐욕이 들어오지 못하도록 마음을 지켜야 한다
는 것이다. 베티 텝스콧(Betty Tapscott)은 이사야 53:5의 말씀을 통하
여 주님께서 우리의 마음을 지키시고 고치심을 말하고 있다.[454] 우리
의 마음은 잠시도 멈추지 않는 영적 전쟁터이다. 사람의 마음에 침투한
사탄의 세력은 육체와 영혼을 아주 잔인하게 파괴시킨다.[455]

2) 네 이웃의 소유들 탐내지 말라

A. 네 이웃의 것들

첫 번째로 이웃의 것들 중에 탐내지 말 것은 집이다. '집'은 히브리

원어로 남성 명사 '바이트'(בַּיִת)로 '집, 가정'을 의미한다. 구약성경에서
이 단어는 약 2,050회 나오며,[456] '땅'에 대해 사용되었다. '바이트'(בַּיִת)
는 어떤 종류의 재료로 만든 고정된, 세워진 구조물을 나타낸다(집, 건
물). 이것은 '영구적인 거처'로서, 대개 장막과 구별된다(창 19:2; 삼하
16:21-22). 또 방이나 가옥의 부속물을 의미하기도 하며(에 2:3), 종종
어떤 것이나, 사람이 거하거나, 안식하는 장소(가정)을 가리키기도 하
며(욥 17:13), 가끔 한 집에 사는 사람들, 즉 '가족'(ho-usehold)의 의미
로 사용되기도 한다(창 7:1).[457] 여기에서 '집'은 매매가 가능한 물건이
아니라, '공동체를 실현해 가는 최소의 단위'를 뜻한다.

두 번째로 네 이웃의 아내이다. 여기서 말하는 '아내'는 히브리 원어로
여성 명사 '잇샤'(אִשָּׁה)인데, 구약성경에서 이 단어는 780회 나온다.[458] 그
듯은 연령이나 처녀성과는 전혀 관계없이 여자를 의미하며, 또 '아내'라
는 의미로 자주 사용되었다(시 128:3; 잠 12:4; 18:22). 세 번째로 남종과
여종이다. 남종은 히브리 원어로 남성 명사 '에베드'(עֶבֶד)로 '아바드'(עָבַד.
일하다, 섬기다)에서 유래했으며, 구약성경에서 이 단어는 약 800회 나오
며,[460] 가장 기본적인 의미는 '노예(slave), 종(ser-vant)'이다. 여종은 히브
리 원어로 여성 명사 '아마'(אָמָה)인데, 기본어근인 듯하다. 구약성경에서
이 단어는 56회 나오며, '하녀, 여자노예'를 의미하는데, 겸손과 순종의 표
시로서, 상징적으로 자기 자신에 대해서도 사용했다.

B. 탐심의 의미

탐심의 금지란, 첫째는, 물질로 향하는 탐심에 경고를 주는 말씀이
고(딤전 6:10), 둘째, 신분에 대한 탐심을 금하는 것이고, 셋째는 사람에

대한 탐심, 즉 이웃의 아내나 그의 남종이나 여종에 대한 탐심을 금하
는 것이다.[461] '탐내다'는 히브리 원어로 동사 '하마드'(חָמַד)로서 기본어
근이며, '몹시 바라다, 갈망하다, 탐내다, 기뻐하다'를 의미하는데, 구약
성경에서 이 단어는 21회 나온다. 즉 탐심은 자신에게 주어진 것에 만
족하지 못하고, 다른 사람의 것, 다른 것을 탐내는 것을 말한다. 웹스터
는 "탐심이란 남에게 속한 것을 소유하고 싶은 욕망"이라고 정의 하고
있다.[462] '탐욕'(covetousness)이라고 번역된 헬라어는 프레오네크시아
($\pi\lambda\epsilon o\nu\epsilon\zeta\iota\alpha$)인데, 두 헬라어의 합성어이다. 헬라 사람들과 로마 사람들
은 이 말을 혐오스러운 성질을 나타내는 곳에 사용했다. 그 뜻은 '더 많
이 갖는 것(to have more)'이다. 그리고 이것은 항상 더 많은 것을 갖기
를 원하는 정신이다. 더구나 가장 더러운 방법으로 더 많이 소유하기를
욕망하는 정신이다.[463] 사람은 무엇인가를 욕망하도록 만들어졌다. 우
리의 이러한 본능적 욕망이, 우리의 본성의 가장 강력한 일부분의 되도
록 우리는 만들어졌다. 이 본능적 욕망들은 우리 속에 있는 강력한 힘
이요, 추진력이다. 어떤 강력한 힘의 가치는 그것을 어떻게 사용하느냐
에 달려있다.[464]

C. 탐심에 대한 예수 그리스도의 가르침

탐심에 대한 예수 그리스도의 가르치심은 매우 엄격하셨다. 그러
나 진실로 진리 안에 거하는 사람에게는 너무나도 가벼운 교훈이었다.
예수 그리스도께서 수고하고 무거운 짐 진 자들을 쉬게 하시는 비결을
말씀하시는데, 그것은 예수 그리스도의 멍에를 메고 배워야 된다고 하
셨다. 그런데 예수 그리스도의 멍에는 쉽고, 짐은 가볍다고 하셨다(마

11:28-30). 즉 예수 그리스도를 사모하는 자는 누구든지 멜 수 있다고 하셨다. 탐심의 교훈 역시 마찬가지이다. 탐심을 물리치는 것은 마음의 욕망을 다스리는 것이다. 예수 그리스도께서는 여자를 보고, 마음에 음욕을 품으면, 이미 간음이라고 하셨다(마 5:28). 그렇다면 다른 것을 보고, 가지고 싶은 마음을 품었다면, 이미 탐심으로 도적질 했다는 말이 된다. 정말 무거운 멍에가 아닐 수 없다. 그러나 예수 그리스도의 은혜 속에 있으면, 무거운 멍에는 있을 수가 없다. 예수 그리스도께서는 사람들에게 명하실 때, 불가능한 것을 말씀하신 적이 없다. 모든 말씀은 가능하기에 명하셨고, 또 가능하도록 도우시기 때문에 명하셨다.

무거운 멍에를 메고 어떻게 살아야 할지 고민하는 사람들에게 가벼운 멍에를 메는 법에 대해서 말씀하셨다. 무엇을 먹을까, 무엇을 마실까, 무엇을 입을까 하고 염려하지 말고, 먼저 하나님의 나라와 그의 의를 구하여라. 그리하면 이 모든 것을 너희에게 더하여 주신다고 하셨다(마 6:30-33). 즉 탐심에 대한 예수 그리스도의 가르치심은 "가지고 싶은 것에 대해 염려 하지 말고, 하나님을 믿고 살아라"는 것이었다. 그 이유는 사람의 삶이 그 소유의 넉넉한데 있지 않기 때문이라고 하셨다(눅 12:13-15). 그리고 계속해서 말씀하시길 '어리석은 부자'를 비유로 말씀하셨다(눅 12:16-21). 즉 이 땅에서 많은 것을 가지고 있어도 하나님께 부요하지 못하면, 아무런 의미가 없다는 말씀인 것이다. 그래서 예수 그리스도께서는 자신을 위하여 보물을 하늘에 쌓아 두라고 하셨다(마 6:20-21).

3) 탐심과 하나님의 형상 회복과 상실

A. 하나님 형상의 상실

구약은 이스라엘 공동체가 탐욕을 자제하고, 모든 사람이 함께 어울려 사는 사랑의 공동체가 될 것을 강조한다. 가진 자일수록 갖지 못한 자들에게 너그러움과 사랑을 베풀라고 한다. 그래서 구약성경에는 다른 사회에서는 볼 수 없는 독특한 제도로 나타나고 있다.[465] 제 10계명에서의 집이라는 것과 네 이웃의 아내, 남종, 여종, 소나 나귀 등은 한 개인의 배타적인 소유권이 보장되는 것을 의미하는 것이다.[466] 그러므로 이 계명은 다른 사람이 소유한 선한 모든 것을, 존중할 의무가 모든 이들에게 있음을 의미한다.[467] 탐욕은 선하시며, 친절하신 하나님께 직접적으로 반대하고, 거역하는 것뿐만 아니라, 하나님을 불명예스럽게 만들고, 사람의 마음에 하나님이 들어오지 못하게 하여 사람의 마음을 강퍅하게 하며, 사람의 사회에 평화와 행복을 파괴한다.[468]

이러한 탐심과의 영적전쟁에서 져서 하나님의 형상을 상실하게 되면, 엄청난 결과들을 가져온다. 탐심은 사람이 타락한 결과로서 도적질을 하게 만들고(수 7:21), 살인하게 하며(왕상 21:13-14), 물질에 대해 왜곡된 시각을 갖게 되어(눅 12:15), 전 가족에게 슬픔을 당하게 하고(잠 15:27), 많은 슬픔과 비탄에 잠기고(잠 1:19), 장수하지 못하며(잠 28:16), 말씀이 결실을 맺지 못하게 된다(막 4:19; 눅 8:14). 그리고 믿음에서 떠나게 되고(딤전 6:10), 때때로 사람들을 억누르고, 그들이 갖고 있는 것을 도둑질하며(창 31:36-42; 미 2:2), 악한 방식으로 이익을 남기고자 하고(행 16:16-19; 19:24-26), 때때로 돈을 위해 다른 사람을 노예로 만든다(렘 7:9). 또한 탐심으로 병들게 되며(잠 25:16) 위선자로서 살게 되고(겔 33:31), 축적된 부와 재산을 의지하는 삶을 살므로(시 49:6), 만족감과 성취감을 느끼지 못하며, 불행할 것이다(시 56:11; 전 4:7-8; 5:10; 6:7). 탐심은 서로 다투게 하되(잠 28:25, 약 4:1-2), 엄청난 고통과 고난과 분열을 초래하면서 관계를 황폐화 시킨다(창 27:35-38, 41; 삼하 11:2-5, 14-17, 26-27),

탐심을 가진 자는 하나님을 배반하게 만들고(눅 22:3-4; 시 10:3)), 하나님을 시험하게 되며(시 78:18), 하나님을 배척하게 되어(히 13:5), 하나님의 대적이 된다(빌 3:18-19; 약4:4). 그리고 탐심은 그리스도인들과 교제가 끊어지게 되고(고전 5:11), 열매 없는 삶을 살게 되며(막 4:18-19), 기도 응답을 받지 못하고(약 4:1-3), 우상숭배 자가 된다(골 3:5). 그래서 탐심을 가진 사람은 하나님의 진노를 사게 되며(사 57:17), 생명도 잃게 되고(잠1:18-19), 영혼도 잃게 되며(마 16:26; 비교, 막 8:36-37; 눅 9:25; 12:15-21), 침륜과 멸망에 빠지게 되며(딤전 6:9), 심판받고(렘 6:12-13; 빌 3:18-19; 벧후 2:13-14, 20-21), 하나님 나라에 들어가지 못하게 된다(마 19:23; 엡 5:5; 고전 6:9-10). 성경에서는 탐심에 대한 경고가 너무 많아 일일이 기록하기가 어렵다. 그것은 타락한 사람들의 마음에는 너무나도 쉽게 탐심이 들어올 수 있기 때문일 것이다. 성경에 탐심과의 영적전쟁에서 실패한 사람들 중에 롯과 사울을 살펴보도록 한다.

첫 번째, 탐심과의 전생에서 패한 사람으로 롯을 볼 수 있다. 성경을 통해서 보면 롯처럼 비참한 인생을 살은 사람도 없을 것이다. 그것은 탐심 때문에 그랬다. 롯은 하란의 아들이며, 아브라함의 조카이다(창 11:27). 아브라함이 가나안으로 떠날 때 롯이 함께 했으며, 하나님께서 아브라함을 축복하실 때에, 함께 있는 롯도 같이 복을 받았다(창 13:4-6). 그러다 아브라함의 종들과 롯의 종들이 서로 다툼으로 인해(창 13:17), 서로 헤어지기로 하였다. 그때 아브라함이 롯에게 선택권을 주었다(창 13:18-19). 선택권을 부여 받은 롯은 눈에 좋아 보이는 소돔과 고모라 땅으로 들어가게 되었다. 눈에 보이는 소돔과 고모라 땅은 소알까지 온 땅에 물이 넉넉해서 여호와의 동산 같고 애굽 땅과 같아보였기 때문이었다(창 13:10).

롯에 대해서 기록된 것을 보면, 롯이 특별히 죄를 범하는 장면이나, 하나님 앞에 아름답지 못한 것들은 보이지 않는다. 그는 심판하러 온 천사를 나그네로 알고 영접했고(창 19:1-3), 그들을 보호하기 위하여 자신의 딸들을 희생하려고 했으며(창 19:7-8), 사위들을 구하려고 했었는데(창 19:14), 베드로는 이러한 롯을 의인이라고 말하고 있다(벧후 2:7-8). 의인이라고 불린 롯의 삶이 파괴되어진 것은 정말 아이러니다. 왜 롯의 삶이 자신의 의지와 상관이 없이 망가지게 되었는가? 그것은 롯이 소돔과 고모라 땅에 들어가는 잘못된 선택을 한 것에 있다고 생각한다. 왜 롯의 선택이 잘못된 선택이었는가? 그것은 첫째, 아브라함이 선택권을 주었을 때 "삼촌 먼저 하시지요"라고 아브라함에게 양보하는 것이 좋지 않았을까? 만약에 아브라함이 먼저 선택할 수 있도록 했었다면 어떻게 되었을까? 둘째, 육의 눈으로 보기에 좋은 것을 택하지 말고, 영의 눈으로 하나님을 섬기기에 좋은 곳을 택했다면 어땠을까? 소돔과 고모라 땅이 육의 눈으로 보기에는 하나님의 동산 같았고, 애굽 땅(창 13:10) 같았는지 몰라도, 소돔과 고모라는 이미 하나님으로부터 심판 받기 직전 상태였다(창 13:13). 셋째, 산으로 피하라는 하나님의 말씀보다(창 19:17), 자기가 가고 싶은 가까운 소알성으로 들어갔다(창

19:20). 하나님의 명령에 순종하여 산으로 갔다면, 술에 취하지 않고, 딸들과 부끄러운 행위를 하지 않을 수도 있지 않았을까?

롯은 탐심과의 하나님의 형상을 위한 영적전쟁에서 패함으로 너무나도 엄청난 실패를 하게 된다. 낙심한 롯은 딸들이 주는 술에 취해 두 딸들과 관계를 맺음으로 아들을 낳게 된다(창 19:30-36). 그러나 롯은 그것을 몰랐다(창 19: 33, 35). "큰 딸은 아들을 낳아 이름을 모압이라 하였으니 오늘날 모압 족속의 조상이요 작은 딸도 아들을 낳아 이름을 벤암미라 하였으니 오늘날 암몬 족속의 조상이었더라"(창 19:37-38)라고 하면서, 롯은 두 딸을 통해 모압 족속과 암몬 족속의 조상이 되었다. 모압(아비의 소생)과 벤암미(내 백성의 아들)는 이스라엘 백성들에게 항상 가시가 되었다. 모압 족속은 그모스 백성이라고도 불렸는데(민 21:29), 가증한 우상 그모스를 섬겼고(왕상 11:7), 미신을 숭배하였으며(렘 27:2-3, 9), 자고하고, 교만하고(렘 48:29), 이스라엘이 출애굽하여 가나안을 향해 전진하다 가데스에 이르러서 그 땅을 지나기를 청했으나, 통과를 거절하였고(삿 11:17-18), 미디안과 함께 이스라엘을 저주하였다(민 22:4). 모압 왕 발락이 발람으로 하여금 이스라엘을 저주하게 했고(수 24:9; 미 6:5), 솔로몬이 모압 여인과 혼인함으로(왕상 11:1, 7-8), 솔로몬이 그들의 신 그모스의 산당을 세워주었다(왕하 23:13).

유다 여호사밧 왕 때에는 공격을 했고(대하 20:1), '부모를 공경'함으로 영적전쟁에서 승리하여 축복을 받은 모압 여인 룻을 제외한, 모든 모압 족속은 여호와의 총회에서 영원히 제외되었다(신 23:3; 느 13:1). 에스라 9:1-2에 보면 이스라엘 백성은, 제사장이나 레위 사람들마저 이방 백성과 관계를 끊지 않고, 가나안 사람과 헷 사람과 브리스 사람과 여부스 사람과 암몬 사람과 모압 사람과 이집트 사람과 아모리 사람이

하는 역겨운 일을 따라서 했다. 이방 사람의 딸을 아내로, 또는 며느리
로 맞아들였으므로, 주변의 여러 족속의 피가 거룩한 핏줄에 섞였다.
지도자와 관리라는 자들이 오히려 이러한 일에 앞장을 섰다고 했다. 이
처럼 모압 족속은 이스라엘에게 올무가 되었다(민 25:1-3; 왕상 11:1;
대상 8:8).

암몬 족속은 우상을 섬겼고(삿 10:6; 왕상 11:7, 33; 왕하 23:13), 무정
하며(겔 25:2-3, 6), 잔인하였고(대하 20:23; 암 1:13), 교만하였다(습 2:9-
10). 출애굽 하는 이스라엘을 영접치 아니하였고(신 23:4), 여호와의 총
회에서 제외되었으며(신 23:3), 이스라엘 자손을 학대하였다(삿 10:9).
또한 솔로몬이 암몬여인을 사랑하여 결혼함으로 우상이 들어오게 했으
며(왕상 11:1; 느 13:26), 암몬 여인 나아마가 솔로몬과의 사이에서 르호
보암을 낳았다(왕상 14:21, 31; 대하 12:13). 역대하 20:1에 보면 "그 후에
모압 자손과 암몬 자손이 몇 마온 사람과 함께 와서 여호사밧을 치고자
한지라"라고 하면서, 여호사밧 때에 유다를 공격했으며(대하 20:1, 30-
37), 앗수르 멸망 후 유다를 공격하였고(렘 49:1-6; 습 2:8, 10), 여호야김
때에 바벨론 부대와 함께 유다를 쳤다(왕하 24:2-3). 모압 족속과 암몬
족속은 이스라엘에게 너무나도 많은 어려움을 준 골칫덩이였는데, 이것
은 탐심을 가짐으로 영적전쟁에 실패한 롯 한 사람으로 인해 생긴 결과
였다. 이스라엘 백성들은 너무나도 큰 대가를 치렀다.

두 번째는 사울이다. 베냐민 지파 사람으로 기스의 아들로서(삼상
9:1), 이스라엘에서 사울보다 잘 생긴 사람이 없었고, 키는 모든 백성
들보다 어깨 위는 더 했다(삼상 9:2). 아버지의 명을 따라 잃어버린 나
귀를 찾으러 나왔다가 사무엘에게 기름부음 받고(삼상 10:1), 사십 세
때 미스바에서 왕이 되었다(삼상 13:1). 왕으로서 승승장구 하던 사울

이 하나님께로 버림받게 되는 사건이 있는데, 그것은 바로 탐심이었다. 사울이 첫 번째 탐심으로 하나님께 죄를 범하게 된 사건은, 블레셋과의 전투를 위해 백성들이 길갈에 모여서 사울을 좇을 때였다(삼상 13:4). 오기로 한 사무엘이 정한 기일에 오지 않고, 날은 저물어가고, 백성들은 흩어지자, 급한 마음에 사울이 사무엘을 대신하여 번제를 드렸다(삼상 13:8-9). 제사장직을 침해하였으므로 사무엘에게 책망을 받게 되는데(삼상 13:13-14), 이것은 사울이 탐심으로 인해 사무엘을 대신하여 제사를 드렸기 때문이다.

사울의 입장에서는 제사를 드릴 수밖에 없는 이유가 있었을 것이다. 그러나 그것은 '하나님께 속한 제사장 직'까지 탐한 것이다. 세상 권력을 가진 사울이 이제 영적인 권세까지 탐하게 된 것이다. 하나님께서 세우신 법칙을 사울이 깨뜨린 것이다. 사울의 두 번째 탐심 사건은 아말렉과의 전쟁을 할 때였다. 하나님께서 사무엘을 통하여 아말렉의 모든 남녀노소는 물론, 우양과 약대와 나귀까지 죽이라고 말씀하셨다(삼상 15:1-3). 명을 받은 사울이 한 행동은 아각과 그 양과 소의 가장 좋은 것, 또 기름진 것과 어린 양과 모든 좋은 것은 남기고, 가치 없고, 낮은 것만 죽였다(삼상 15:9). 이유는 살진 짐승으로 하나님께 제사를 드리기 위함이라는 변명이었다(삼상 15:15).

영적전쟁은 한 순간으로 끝나는 것이 아니라, 한 순간으로부터 시작되는 것이다. 사탄은 하나님께 반역한 최초의 반역자다. 하나님을 경외하고, 섬기고, 순복해야 할 하나님의 모든 피조물로 하여금, 도리어 하나님께 대항하도록 사주하는 존재다.[469] 이런 사탄이 그의 창조주이신 하나님의 뜻 대신에 자기의 뜻을 앞세우므로, 선과 악 사이의 장기적인 투쟁이 시작되었다. 이러한 갈등은 여러 세대를 거쳐 하나님의 나라 가기까지 계속 될 것이다.[470] 이런 갈림길에서 사탄이 아담과 하와에게 탐심을 주었듯이 사울에게도 탐심을 주므로, 사울은 하나님의 뜻보다 사탄의 음성에 귀를 기울인 것이다. 사탄의 말은 항상 그럴듯하게 들린다. 사울의 변명이 그럴듯하게 들리는 것도, 뒤에서 사탄이 일하고 있다는 증거가 된다.

사울이 하나님의 음성을 듣지 않고, 자신의 생각대로 하게 된 것은, 그 동물들을 보고, 탐심이 생긴 결과이다. 사울이 직접 제사를 드린 것이 영적인 탐심이라면, 동물들을 살린 것은 육신적인 탐심인 것이다. 사울은 탐심과의 영적전쟁에서 패함으로 왕권은 물론이고, 왕조도 끝나고, 자신의 모든 것을 잃어버린다(삼상 15:23). 잘 생기고, 뛰어난 외모와 이스라엘의 초대 왕으로서, 대대손손 왕조를 누릴 수 있는 위치에 있음에도 불구하고, 당대로 끝나는 안타까운 일을 당했다. 이렇게 된 것은 사울이 탐심으로 인해 하나님의 형상이 상실되므로, 그의 인생과 가정, 그리고 가문까지 망친 아이러니의 대표적인 사람이 되었다.

B. 하나님 형상의 회복

하나님께서는 탐심을 가진 사람들을 미워하시는 것은, 탐심이 사탄의 속성이기 때문이다. 바울은 "도적이나 탐람하는 자나 술 취하는 자나 후욕하는 자나 토색하는 자들은 하나님의 나라를 유업으로 받지 못하리라"(고전 6:10)라고 하면서, 하나님의 나라를 유업으로 받지 못하는 것 중에 '탐람하는 자'도 있다고 했다. 여기서 '탐람하는 자'는 헬라 원어로 명사인 '플레오네크테스'(πλεονέκτης)로서 '다른 사람에게 속한 것을 더 많이 가지기를 원하는 자, 탐욕스러운 자'를 의미한다. 즉 탐심을 말하는 것으로 ,이 탐심을 가진 자는 하나님의 나라에 못 간다는 말이다.

그래서 바울은 이 탐심에 대해서 골로새서 3:5에서 탐심은 우상 숭배라고 했다. 즉 탐심은 하나님을 떠나 다른 것을 섬기는 것을 말하는 것이다. 사탄은 악이 인격화된 존재로서, 세상의 모든 악과 죄의 원인이 되며, 악의 세계를 주관하고 있다. 사람의 마음을 자기 마음대로 이용하기 위하여 공격하는 초차연적이고, 초인적인 영력을 가지고, 인간을 속이며, 악의 세력 밑에 복종시키는 존재이다.[471] 따라서 탐심은 사탄이 사람의 마음속에 심어주는 또 다른 하나의 우상이다. 그러므로 탐심과의 영적전쟁에서 승리할 때, 하나님의 형상을 회복할 수 있고, 또한 유지할 수 있다. 탐심과의 전쟁에서 승리한 사람 중에 엘리사를 살펴본다.

하나님께서는 엘리야에게 명하시길, 엘리사에게 기름을 부어 엘리야를 대신할 선지자로 세우도록 하셨다(왕상 19:16). 엘리야가 엘리사에게 자신의 겉옷을 엘리사에게 던졌을 때(왕상 19:19), 하나님의 부르심이 엘리사에게 임한 것이다. 엘리사는 이때 '하나님'과 '나' 사이에서 선택을 해야 하는 영적전쟁을 하게 되었다. 엘리사는 자신을 포기하고 '하나님의 부르심'에 응답하는 결단을 하게 된다. 엘리사는 엘리야를 따르기로 작정하고, 소 한 쌍을 취하여 잡고, 소의 기구를 불살라 그 고기를 삶아 백성에게 나누어주어 먹게 하고, 엘리야를 좇으며 시중들었다(왕상 19:21). 그 이후에 엘리사는 하나님의 종으로서의 삶을 살았다. 그런 엘리사에게 아람 왕의 군대장관인 나아만이 찾아온다. 나아만은 아람의 귀한 자이며, 용사였으나 문둥병자였다(왕하 5:1). 엘리사는 나아만에게 요단강에서 일곱 번 씻으면 깨끗케 된다고 하였고, 나아만은 일곱 번을 씻음으로 문둥병에서 고침 받게 되었다(왕하 5:10-14).

깨끗함으로 받은 나아만은 엘리사에게로 와서 감사 예물을 드리려고 했으나, 엘리사는 거절했다(왕하 5:16). 엘리사라 할지라도 재물은 필요했다. 엘리사에게는 선지자 생도들이 많이 있었는데, 그들 중에는 열왕기하 4:1- 에 보면 "선지자의 생도의 아내 중에 한 여인이 엘리사에 게 부르짖어 가로되 당신의 종 나의 남편이 이미 죽었는데 당신의 종이 여호와를 경외한 줄은 당신이 아시는 바니이다 이제 채주가 이르러 나 의 두 아이를 취하여 그 종을 삼고자 하나이다"라고 말한 사람처럼, 가 난한 사람들이 있었기 때문이다. 그 외에도 엘리사가 하나님의 일을 함 에 분명 돈이 필요했을 것이다. 그런데 왜 엘리사는 나아만의 강권을 고사했을까? 이것을 살펴보기 위해서는 "내가 이제 이스라엘 외에는 온 천하에 신이 없는 줄을 아나이다 청컨대 당신의 종에게서 예물을 받으 소서"(왕하 5:15)라고 한 나아만의 말을 생각해 보아야 한다.

나아만의 말에는 몇 가지 문제점을 찾아 볼 수 있다. 첫째는, 나아만 은 치유 받은 것에 감사를 했지만, 그 감사는 이방의 관례대로 은혜를 베푼 신과 선지자에게 최선의 예우를 다하여 예물을 드렸다. 엘리사는 이스라엘의 선지자가 이방의 제사장들과 다르다는 것을 보여주려고 함 과 동시에, 모든 사람을 은혜와 자비로 치유해 주시는 분이 여호와 하 나님이라는 사실을 확신시켜 주기 위해서 거절하였다(Lange).[472] 둘째 로, 생각해 보아야 할 것은 나아만이 흙을 달라고 한 것이다. 왜 나아만 이 흙을 달라고 했을까?[473] 그 흙으로 재단을 만들든지, 아니면 그것을 기념으로 삼기 위해서인지, 그것도 아니면, 그것으로 성역화를 삼기 위 함인지 모르지만, 나아만은 엘리사가 있는 곳의 흙을 달라고 했다. 이 것은 나아만이 하나님을 무소부재(無所不在)하신 하나님이 아니라, 이 스라엘에만 계시는 하나님으로 알고 있다는 것을 알 수 있다.

셋째로, 생각할 수 있는 것은 나아만의 정치적인 현실 상황이다. 나아만은 하나님께 대한 온전한 헌신이 아닌, 하나님과 자신의 위치를 절묘하게 타협을 하고 있다. 나아만은 하나님을 섬기면서 하나님께만 제사를 드리겠다고 말하고서(왕하 5:17), 아람으로 돌아가게 되면 '림몬의 당'[474] 에서 우상에게 절할 것이라고 말했다(왕하 5:18). 그러니까 하나님께서는 이 예물을 받으시고, 자기가 우상에게 절한다고 할지라도 용서해 달라는 것이다(왕하 5:18). 물론 나아만의 입장에서는 온전한 헌신이라는 것은 매우 어려울 것이다. 특히 이방인으로서, 우상을 섬기는 왕의 신하로서는 더욱더 어려웠을 것이다.

나아만의 입장과 비슷한 상황에 있었던 오바댜를 본다. 왕상 18:3-4에 보면 "아합이 궁내대신 오바댜를 불렀으니 이 오바댜는 크게 여호와를 경외하는 자라 이세벨이 여호와의 선지자들을 멸할 때에 오바댜가 선지자 일백인을 가져 오십인씩 굴에 숨기고 떡과 물을 먹였었더라"라고 말하고 있다. 우상을 섬기는 아합과 이세벨 밑에서 하나님을 섬겼던 오바댜는 겉으로 드러내놓고 하나님을 섬길 수 없었지만, 은밀하게 하나님의 선지자들을 구했던 것이다. 나아만의 입장도 오바댜의 입장과 일맥상통한 입장이었을 것이다.

엘리사의 영성으로 나아만의 상태를 몰랐을 리가 없다. 하나님께서는 온전한 헌신, 은밀한 영광이 아니라 당당하게 나타나는 영광을 원하신 것이다. 그래서 엘리사는 비록 가난하고, 어려운 상태였지만, 나아만의 재물을 받지 않았던 것이다. 엘리사는 승리하여 하나님의 형상을 회복하여, 하나님의 놀라운 능력으로 많은 기사와 이적을 통해 하나님의 영광과 하나님의 뜻을 이루었다. 열왕기하 13:14에 "엘리사가 죽을 병이 들매 이스라엘 왕 요아스가 저에게로 내려가서 그 얼굴에 눈물을 흘리며 가로되 내 아버지여 내 아버지여 이스라엘의 병거와 마병이여 하매"라고 말하고 있다. 엘리사는 나이가 많아 죽을 때가 되었어도 왕으로부터 "내 아버지여"라는 말을 들을 정도로 존경받았다.

탐심과의 영적전쟁에서 승리하여 하나님의 형상을 회복하게 되면, 풍성한 하나님의 공급을 받음으로(잠3:9-10; 슥8:12) 필요한 모든 것을 얻고(마6:33; 빌 4:19), 어려운 문제가 닥칠 때에도 흔들리지 않게 된다(시 33:18-19; 37:18-19; 욜 2:26). 또 모든 일에 만족하되(신 29:9; 대상 22:13; 대하 20:20; 31:21; 시 1:3), 영원히 만족할 것이며(시 16:11), 큰 복을 받고, 많은 성공을 거둘 것이고(신 28:2; 수 1:8; 시 40:5; 잠 28:20; 말 3:10), 그의 신실함으로 인해 보상을 받을 것이며(눅 19:17; 대하 1:11-12), 주님께 만족하는 사람은 큰 이적과 돌보심을 보게 된다(수 24:13; 느 9:21). 그리고 어떤 상황에서도 만족하며(빌 4:11-12; 딤전 6:6-8), 기도의 응답을 받음으로(요일 3:21-22), 주님이 채워주시는 분이심을 체험하게 되고(느 2:20), 시편 24:1에 "땅과 거기 충만한 것과 세계와 그 중에 거하는 자가 다 여호와의 것이로다" 함과 같이 모든 것이 하나님께 속한 것임을 알 게 된다.

결론

영적전쟁을 통한 하나님의 형상 회복

사람은 땅에 속한 존재이면서, 영적 존재로서, 사람 속에 하나님의 형상을 지니고 있기에 알아야할 2가지 중요한 사실이 있다는 사실을 알았다. 첫째로, 하나님에 대한 반역은 사람속의 하나님의 형상에 영향을 끼쳐서, 하나님과 영원히 사는 권리를 상실하게 된다. 하나님에 대한 반역은 하나님의 세계보다 다른 세계를 좋아한다는 것이다. 둘째로, 사람 속에 있는 하나님의 형상을 회복시킬 수 있음을 알았다. 사람이 거듭날 수 있다. 예수 그리스도께서 말씀 하시기를 "사람이 거듭나지 아니하면 하나님의 나라를 볼 수 없느니라… 사람이 물과 성령으로 나지 아니하면 하나님의 나라에 들어갈 수 없느니라"(요 3:3, 5)라고 하셨다.

성경은 말하기를, 사람은 새사람(the new man)을 입어, 하나님의 신성을 함께할 수 있다고 하여 "하나님을 따라 의와 진리의 거룩함으로 지으심을 받은 새 사람을 입으라"(엡 4:24)라고 하였으며, 그리고 사람은 예수 그리스도 안에서 재창조 될 수 있다고 하여 "그런즉 누구든지 그리스도 안에 있으면 새로운 피조물이라 이전 것은 지나갔으니 보라 새 것이 되었도다"(고후 5:17)라고 하였다. 사람이 하나님의 형상을 입어, 하늘에 속한 백성으로 살 수 있음을 "우리가 흙에 속한 자의 형상을 입은 것 같이 또한 하늘에 속한 이의 형상을 입으리라"(고전 15:49)라고 말했다. 이러한 하나님의 형상을 회복, 유지하기 위하여 하나님께서는 이스라엘 백성들에게 십계명을 주셨다.

제 1계명에서 제 4계명은 그리스도인들이 하나님을 섬기지 못하게 방해하고, 유혹하며 공격하는 사탄과 싸우라는 계명들인 것이다. 사람이 하나님과의 관계에서 승리하는 계명인데, 예수 그리스도께서는 "네 마음을 다하고 목숨을 다하고 뜻을 다하여 주 너의 하나님을 사랑하라"(마 22:37)라고 하셨다. 사도 바울은 사람들과 하나님과의 관계를 다른 말로 표현하기를 "우리가 살아도 주를 위하여 살고 죽어도 주를 위하여 죽나니 그러므로 사나 죽으나 우리가 주의 것이로라"(롬 14:8)라고 했다. 즉 제 1계명에서 제 4계명은 '하나님 먼저'의 신앙으로, 영적세계에서 일어나고 있는 영적전쟁을 하라는 계명들인 것이다. 제 5계명에서 제 10계명들은, 사람이 사람과의 관계에서 영적전쟁을 통해 하나님의 형상을 회복하라는 것으로서, 예수 그리스도께서는 "네 이웃을 네 몸과 같이 사랑하라"(마 22:39)고 하셨다. 즉 5계명에서 10계명은 그리스도인들이 영적전쟁을 통하여 하나님의 성품을 소유하라는 계명인 것이다.

영적전쟁에서 승리하기 위해서는 "하나님과의 관계에서의 영적전쟁"(제 1계명에서 제 4계명)과 "사람과의 관계에서의 영적전쟁"(제 5계명에서 제 10계명)에 임하는 자세가 다르다는 것을 알았다. "하나님과의 관계에서 영적전쟁"은 하나님을 사랑하는 사랑과 믿음이다. 어렵고 힘든 상황 속에 있다 할지라도 다른 신들을 바라보지 않고, 오직 하나님만을 바라보는 사랑과 그 하나님을 의지하는 믿음만이, "하나님과의 관계에서 영적전쟁"에서 승리하여 하나님의 형상을 회복하게 되었다. 반대로 하나님을 사랑하는 마음이 식어지고, 믿음이 흔들릴 때면, 어김없이 영적전쟁에서 패하여 하나님의 형상을 상실하게 되고, 영적전쟁에서 승리는 오직 하나님의 은혜로 성령의 능력으로 된다는 사실이다.

"사람과의 관계에서의 영적전쟁"(제 5계명에서 제 10계명)에 임할 때는 사랑을 가지고, 하나님의 섭리를 인정하며, 탐심을 버릴 때에 영적전쟁에서 승리하여 하나님의 형상을 회복하게 되었고, 반대로 하나님을 사랑하는 마음이 식어지며, 하나님의 섭리를 인정하지 못해서 탐심이 들어오게 될 때에는 "사람과의 관계에서의 영적전쟁"에서 패하여 하나님의 형상을 상실하게 되었음을 알 수 있었다. "사람과의 관계에서의 영적전쟁" 역시 하나님의 은혜로, 성령의 능력만이 승리하게 한다.

영적전쟁에서 실패한 결과로는 하나님으로부터 버림을 당하여, 하나님의 얼굴을 보지 못하고, 하나님의 분노와 진노가 임하게 된다. 그리고 하나님의 심판을 받게 되고, 죄 가운데서 지옥으로 감으로, 하나님의 나라를 유업으로 받지 못하며, 또 무엇을 하든지 천국에 들어가지 못하는데, 이것의 무서움은 이 죄의 대가가 후손들까지 영향이 미친다는 것이다.

영적전쟁에서 실패한 사람들을 보면, 다른 신을 섬김으로 출애굽한 이스라엘 백성들은 광야에서 죽었고, 하나님의 이름을 저주하라고 한 욥의 부인은 성경에서 이름을 찾을 수가 없으며, 우상을 섬기고, 안식일을 지키지 않았던 이스라엘 왕국과 유다 왕국은 결국은 망하고, 백성들은 포로가 되어 잡혀갔으며, 하나님의 이름을 함부로 사용했던 시드기야와 거짓선지자들은 죽임을 당하였으며, 부모공경에서 실패한 르우 벤은 장자권을 상실하게 되었다.

살인한 가인은 최초의 살인자가 되어, 하나님의 은혜의 족보에서 떨어지게 되었고, 시므온과 레위도 살인함으로 영적인 장자권과 하나님의 축복의 길에서 멀어지게 되었다. 간음의 계명을 어긴 발람과 이스라엘 백성들은 저주와 죽임을 당했으며, 도적질을 한 아간은 자신뿐만 아니라, 가문까지 죽임을 당했다. 거짓증거를 한 이세벨은 자신은 죽임을 당하고, 집안도 망하게 되며, "탐내지 말라"는 계명을 어긴 롯은 모압과 암몬 조상이 되어, 이스라엘에게 많은 고난과 어려움을 주는 조상이 되었고, 탐심으로 인해 사울은 하나님으로부터 버림을 받게 된다. 이 모든 것은 영적전쟁에서 실패한 결과였다.

영적전쟁에서 승리한 결과로는 하나님의 자녀가 되는 권세를 가지게 되며, 구원을 받게 되고, 하나님의 얼굴을 뵙게 된다. 그리고 하나님의 영광을 나타내게 되며, 고난의 날에 기도의 응답과 도움을 받게 되고, 안전하게 거할 것이며, 하나님과 교제를 나누게 된다. 또한 이 땅에서 풍성한 하나님의 공급을 받고, 보상을 받아, 형통하게 됨으로 영원히 만족하게 된다.

영적전쟁에서 승리한 사람들을 보면, 이스라엘 백성들을 가나안으로 인도한 여호수아와 갈렙, 하나님을 끝까지 믿고 섬김으로 영적전쟁에서 승리한 욥, 또 엘리야는 영적전쟁에서 승리함으로 비가 오게 하고, 바알 선지자들을 죽임으로 하나님의 영광을 나타내었다. 하나님을 만나기 위하여 모든 우상을 제하여 버리고 간 야곱, 하나님의 이름을 멋지게 나타낸 다윗 등은 하나님의 형상을 회복하여 하나님의 뜻을 이루었다.

라합과 룻은 부모를 잘 공경함으로 축복을 받아 예수님의 조상이 되었고, 십브라와 부아는 어린아이를 죽이지 않고 살리므로, 히브리백성들이 많아지게 하였고, 유다는 살인하지 않음으로 예수님의 조상이 되어 하나님의 뜻을 이루었다. 간음의 유혹을 물리친 요셉은 애굽의 국무총리가 되어 하나님께서 하시고자 하는 뜻을 이루었으며, 미가야는 거짓증거를 하지 않음으로, 히스기야는 탐심을 가지지 않고, 성실과 전심으로 행함으로 수명이 15년이 더 연장되어 하나님께서 원하시는 뜻을 이루었다.

결론적으로 영적전쟁에서 승리하면, 하나님의 형상이 회복되어 하나님의 완전하심과 빛과 영광과 사랑과 거룩과 영원성을 나타내게 된다. 하나님의 형상이 회복된 사람은 그의 삶에 그리스도의 형상이 이루어지게 된다(갈 4:19). 그리스도의 형상이 이루어진 그리스도인에게는 내적으로는 살든지, 죽든지, 자신의 몸에서 그리스도가 존귀하게 하려는 마음으로 충만하게 된다(빌 1:20). 살아도 주를 위해, 죽어도 주를 위해, 그래서 사나 죽으나 주의 것이라는 말을 하면서(롬 14:8), 오직 예수 그리스도를 위하여 힘쓰게 된다.

하나님의 형상이 회복되어 예수 그리스도의 형상이 외적으로 나타날 때에는 크게 세 가지의 삶으로 나타나게 된다. 첫째는, 주위의 모든 사람들에게 예수 그리스도를 증거하고, 전하는 삶이 되고(마 28:19-20; 행 5:42; 고전 1:17), 둘째는, 선을 행함과 서로 나눠주기를 좋아하고(히 13:16), 즐거워하는 자들과 함께 즐거워하고, 우는 자들로 함께 울며, 이웃을 위해 섬김과 봉사로 나타나게 된다(롬 12:15). 셋째는, 삶을 통해 예수 그리스도의 빛을 사람 앞에 비춰게 하고, 착한 행실로 하나님 아버지께 영광을 돌리는 빛된 생활로 나타나게 된다(마 5:16). 그러므로 하나님의 형상 회복을 위한 영적전쟁은, 그리스도인들이 하나님 나라에 갈 때까지 계속해야 하는 전쟁이다.

미주 (Endnote)

1) 이영택, 「영적전쟁의 통합적 이해와 실천적 접근」, 국회전자도서관, TD.
266-8-100. 107호, p. 21.

2) 전춘부, 「십계명 해설」, 대구: 보문서점. 1979, p. 44.

3) Klaus Bockmuehl 외6인. 민소란 역. 「지금도 꼭 십계명을 지켜야 하는가」.
서울: 나침판사. 1994. p. 16.

4) C. Peter Wagner, 명성훈 역, 「영적 원수를 대적하라」, 서울: 나단 출판사,
2004, pp. 26-27.

5) 영적전쟁은 창세기 3:15 이후로 사람이 피할 수 없는 한 부분이 되었다. 여기
서 명심할 부분은 예수 그리스도께서 십자가와 부활을 통하여 우리의 상대
를 패배시켰으나, 하나님의 선하신 뜻에 따라 적에 대한 최후의 심판을 아
직 유보하고 계시다는 것이다.(Timothy Warner, 안점식 역, 「영적전투」,
서울: 죠이선교회, 1996, p. 16-17.)

6) 터툴리안도 그의 책 'To Scapula' 제 5장에서 그의 악령추방과 치유에 관하여
말하기를 "법정에서 일하던 한 서기는 악령에 의하여 땅에 거꾸러지기를
잘하였는데 그 병에서 고침을 받았다. 그의 비슷한 일이 세 살짜리 아이에
게도 일어났다. 여러 계층의 많은 사람들이 귀신에게서 놓임을 받고 병을
치료를 받았다. 안토니의 아버지인 베루스는 신실한 기독교인인데 기름부
음으로 자기의 병을 치료해준 프로쿨루스의 은혜에 감사하여 그를 자기의
궁전에 불러다가 죽는 날까지 머무르게 하였다(윤석호, 「가계에 흐르는
저주론에 대한 선교 문화인류학적 비판」, 국회전자도서관, TD 206 0477o
107호, p. 18.)

7) 십자가와 부활을 통한 예수 그리스도의 승리는 결정적인 것이지만 아직까지

완전히 실현되지는 않았다. 예수 그리스도께서 영광중에 재림하실 때까지 사탄은 그 권세를 계속 행사할 것이다. 사탄의 권세는 주목할 만한 것이긴 하지만 제한을 받고 있는 상태이다.(Ken Blue, 이충율 역, 「치유사역」, 서울: 도서출판 나침반사, 1993, p. 133.)

8) C. Peter Wagner, 명성훈 역, 「기도는 전투다」, 서울: 도서출판 서로사랑. 1998, pp. 18-20.

9) Dean Sherman, 이상신 역, 「영적전쟁」,도서출판 예수전도단. 2002. p155

10) 나미영, 「출 20:3-17과 신 5:7-21의 십계명 비교연구」, 2004. TM 222.1 ㄴ 149ㅊ, 107호. p. 6.

11) 박준서, 「십계명 바로보기」,서울: 한들출판사. 2007, p. 20.

12) Arnold B. Rbodes, 문희석, 황성규 역, 「통독을 위한 성서해설」, 서울: 대한 기독교출판사, p. 43.

13) 박준서, 「십계명 바로보기」, p. 116.

14) 「바이블렉스 8.0 CD」, 브니엘성경연구소, 성경사전. 창세기 1:10에서 '좋 았더라'

15) 박준서, 「십계명 바로보기」, p. 116.

16) 안철훈, 「히브리민족에게 수여된 십계명의 헌법적 기능」, 2008, TM 253-8-136, 107호, p. 9.

17) 정충신, 「신명기 12장의 주경적 연구」, 국회전자도서관, 2009. TM 221-9-18, 107호, p. 45.

18) 이 법전은 약 B.C 2350년경 메소포타미아 동쪽 하부의 도시국가인 라가시 (Lagash)의 왕이 우르-이님기나(일명 우르-카니아)에 의해 수메르어로 작성 되었다(안철훈, 「히브리민족에게 수여된 십계명의 헌법적 기능」, 2008, TM 253 ㅇ8-136, 107호, p. 10.)

19) 이 법전은 B.C 2050년 수메르 왕 우르-남무에 의해 만들어진 것으로 생각되 어 왔으나 그의 아들 술기(Shulgi)에 의한 것으로 여겨진다(김영진. 「율법 과 법전」, 서울: 한들출판사, 2005, pp. 15-16.). 170행의 긴 서문이 있고 37 개의 법 조항으로 구성되었다(이종근, 「메소포타미아의 법사상」, 서울: 삼육대학교출판부, 2003, p. 41.)

20) 이신의 다섯 번째 아들 리피트 아쉬타르(B.C 1934-1924)가 제정한 것으로서, 서문과 법규, 그리고 발문으로 이루어져 있다(Ibid. p. 34.).

21) 에쉬눈나 법전은 B.C 19-18세기 바베론 동쪽에 위치한 도시인 에쉬눈나가 군사적으로 막강한 세력을 발휘하던 대인 나람-신(Naram-Sin) 시대부터 함

무라비에 의해 에쉬눈나가 함락될 때까지 사이에 제정되었다(김영진, 「율법과 법전」, 서울: 한들출판사, 2005, pp. 18-19.).

22) 이종근, 「히브리 법사상」, 서울: 삼육대학교, 2004, pp. 36-37.

23) 힛타이트 법전은 힛타이트 고 왕국시대인 무르실리스(Mursilis. B.C 1620-1590) 또는 하투실리스(Hattusilis. B.C 1650-1620) 시대에 제정되기 시작하였다(안철훈, 「히브리민족에게 수여된 십계명의 헌법적 기능」, 2008, TM 253 ㅇ 8-136, 107호, p. 14.)

24) 이대재, 「자유와 생명에 관한 열 가지 말씀들」, 국회도서관, 2008, TM 220-8-20, 107호, p. 9.

25) 김영찬, 「시내산 계약법에 관한 연구」, 2008, TM 221-8-2, 107호, p. 13.

26) 박준서. 「십계명 바로보기」, p. 12.

27) 이영희. 「폴 리쾨르의 십계명 윤리 연구」, 국회도서관, 2008. TM 241 ㅇ 8-11, 107호, p. 21.

28) 김영찬. 「시내산 계약법에 관한 연구」, p. 18.

29) '하나님의 아들들'을 인류로 보지 않고 천사로 보고 '사람의 딸들'을 인류로 보는 학설이 있다. 타락한 천사와 여자의 후손설(Spirits of Mon-strous offspring of Angles and Woman Theory)인데 즉 귀신의 탄생을 말하는 학설이다. 이 학설은 창세기 6:1-4절의 말씀을 근거로 하여 천사들과 여자들이 동거하여 네피림(반 영물, 반 인간)이 태어났으며, 하나님의 심판을 받아 그 영들이 지상에서 귀신으로 남아있다는 것으로(예영수외 6인, 「한국신학자들이 본 마귀론 이해」, 서울: 도서출판 은성, 1988, pp. 2216-223. 전우섭, 「정신장애와 귀신쫓음」, 서울: 도서출판 코리아 엠마오, 2008, p. 242.) 외경 에녹서와 70인 역과 고대 교부들의 지지를 받고 있다(장석주, 「신약성경과 무속신앙의 귀신 비교 연구」, 2007. TM 225 ㅈ118ㅅ, 107호, p. 17.). 이 이론은 예수 그리스도와 동시대에 살았던 유대 역사학자 요세푸스(Flavius Josephus)와 유대 철학자인 필로(Philo Judaeus), 삼위일체 창시자 교부 터툴리아, 교부 크리소스톰, 신학자 랑케(Lange), 매튜 헨리(Mathew Henry) 등에 의해지지 되었다(전우섭, 「정신장애와 귀신쫓음」, 도서출판 코리아 엠마오, 2008, p. 243.). 그러나 이 설은 천사는 죽지 않는 존재이기 때문에 종족 번성을 위하여 결혼을 할 필요가 없고, 예수 그리스도께서도 천사들은 결혼을 하지 않는다고 증언해 주심으로 한계를 드러낸다(마 22:30).

30) 존 칼빈, 「구약성경주해」, 서울: 성서교재간행사, 1982, p. 231.

31) 「바이블렉스 8.0 CD」, 브니엘성경연구소, 성경사전, 창 10:8에서

32) 「미션디럭스바이블」, 미션소프트, 성경사전, 니무릇에서

33) 「바이블렉스 8.0 CD」, 창 10:8에서

34) 에스겔 28장 12-13절의 내용은 사람에게 사용하기에는 무리가 있는 내용이기 때문이다. 에스겔 28:12에 "너는 완전한 인(印)이었고 지혜가 충족하며 온전히 아름다웠도다"라고 말하는데 어떠한 인간도 이와 같은 식으로 묘사된 바 없으며, 이와는 정반대로 묘사되어 있다. 13절에 "네가 옛적에 하나님의 동산 에덴에 있어서 각종 보석 곧 홍보석과 황보석과 금강석과 황옥과 홍마노와 창옥과 청보석과 남보석과 홍옥과 황금으로 단장하였었음이여 네가 지음을 받던 날에 너를 위하여 소고와 비파가 예비되었었도다"라고 하고 있다. 어떤 사람들은 여기서 에스겔이 묘사하고 있는 것은 아담을 의중에 두고 있다고 추측하지만, 창세기 어디에도 아담이 '각종 보석으로 단장하였었다'는 기록이 없기 때문이다. 그러므로 이 구절은 두로 왕을 교만을 사탄에 빗대어 경고한 말씀이라고 보는 것이 옳다고 생각한다(「바이블렉스 8.0 CD」, 브니엘성경연구소, 3권 교리성경공부 52과 사단론, 2.사단의 기원에서). 이사야 14:13-14에 보면 "네가 네 마음에 이르기를 내가 하늘에 올라 하나님의 뭇별 위에 나의 보좌를 높이리라 내가 북극 집회의 산 위에 좌정하리라. 가장 높은 구름에 올라 지극히 높은 자와 비기리라 하도다"라고 말하고 있다. '내가 하늘에 오르리라' 이것은 하나님의 보좌를 차지하겠다. 하나님의 천사들을 장악하겠다. 하나님의 모든 섭리의 세계까지 장악하겠다는 뜻이다(「DPT 교리강해연구」 9권, 서울: 선린출판사, 1991, pp. 420-421.). 즉 하나님의 영광을 가로채고, 하나님의 권세를 모방하려는 뜻이다(Ibid. pp. 432-433.). 이것은 천사였던 계명성(KJV에는 루시퍼)이 하나님과 같아지려고 한 교만 때문에 하늘에서 쫓겨난 것이라고 본다. 사탄의 배역은 한마디로 종교적, 윤리적, 세계의 '죄의 정의와 요인'이라 정의할 수 있는데, 바로 '피조물이 그 한계를 벗어나 조물주가 되려고 한 성질'을 띠고 있다(Ibid. p. 398).

35) 박준서, 「십계명 바로보기」, p. 43.

36) 이기포, 「고대 근동 가나안 종교와 이스라엘 종교의 비교 연구 ; 이스라엘의 참 하나님 여호와 신앙의 변증」, 2003, TM 231 ㅇ618ㄱ 107호, p. 19.

37) Ibid. pp. 9-22.

38) 「헤세드 종합자료 씨리즈」 2권, 경기: 임마누엘 출판사, 1986, p. 347.

39) 윌리암 바클레이, 이희숙 역, 「오늘을 위한 십계명」, 서울: 컨콜디아사, 1993, p. 11.

40) 박준서, 「십계명 바로보기」, p. 44.

41) 「호크마 종합주석」 2권, 서울: 기독지혜사, 1989, p. 345.

42) 神力, 超自然力. 마나는 인간의 일상적인 힘을 초월하여 모든 것에 작용하는데, 그 힘은 언제나 그것을 행사하는 사람과 결합되어 있어 어떤 추장이 주문(呪文)에 의하여 비를 내리게 하거나, 어떤 무기로 강적을 넘어뜨렸을 경우 추장이나 무기에는 마나가 있다고 생각한다. 이 힘의 관념은 1891년 영국의 민족학자 R.H. 코드링턴이 저서 '멜라네시아인(人)'에서 처음으로 소개하여 유명해졌다. 뒤이어 영국의 인류학자 R.R. 마레트, 프랑스의 사회학자 M. 모스, 독일 철학자 K.T. 프로이스 등 여러 학자들이 세계 각지에서 마나와 비슷한 초자연적 힘의 관념을 발견하여 잇따라 보고하였다. 오늘날에는 경험적으로 설명할 수 없는 힘이나 어떤 지위 또는 권위를 가진 사람의 특수한 힘과 능력을 나타내는 말로 해석된다(「두산세계대백과사전」, EnCyber. 마나에서).

43) 인도철학 용어로써. 다르마, 아다르마라고 병칭(竝稱)된다. 다르마는 원래 인간 행위를 규정하는 규범 전체를 가리키는 명칭이며 인간의 행위를 선악(善惡) 2면으로 나누어 생각할 때, 선(善)·정(正)·덕(德) 편을 다르마, 악(惡)·사(邪)·부덕(不德) 편을 아다르마라고 한다. 불교에서는 죄(罪)·복(福) 등으로 번역된다(Ibid. 마나에서).

44) 「두산세계백과사전 99 CD」, 무신론에서

45) Ibid. 진화론에서.

46) Ibid. 휴머니즘에서.

47) Ibid. 불가지론에서.

48) 독일의 세계적인 신학자 루돌프 불트만(Rudolf Bultmann)은 그의 유명한 저서 '케리그마와 신화'에서 "자연의 힘과 법칙들이 발견된 이상 우리는 더 이상 선한 영이건 악한 영이건 간에, 영이란 존재를 믿을 수가 없다. 질병과 그 치유는 모두가 자연적 인과율에 돌려야 할 것이지, 사탄의 장난 혹은, 악한 귀신의 저주 때문에 생긴 결과가 아니다. 우리가 전기불과 무선전신을 사용하고 또 현대 의학의 내과, 외과의 발견들을 이용하면서, 동시에 신약성서에 나타난 영들의 세계와 기적들을 믿는다는 것은 불가능한 일이다"라고 했다(신태웅, 「성서적 귀신 연구」, 서울: 도서출판 국제선교, 1992, p. 82.).

49) Ibid. 다신교에서.

50) 고재수, 「개혁주의 입장에서 본 십계명 강해」, 서울: 여수룬, 1991, p. 28.

51) Joseph S. Exell 편저, 「신구약 강해 설교 연구 대계」 출애굽기, 서울: 기독지혜사, 1986, p. 363.

52) David A. Seamands and Beth Funk, 김재서역, 「상한 감정의 치유 워크북」, 서울: 예찬사, 1995, p. 93.

53) 허철, 「귀신을 쫓는 영적인 사람들」, 서울: 은혜출판사, 1999, p. 60.

54) 교황이 사탄숭배 이단들(Satanic cults)을 주제로 한 강론의 일부가 기록되어 있다. "나는 여러 기독교 신학자들이 사탄주의운동(Satanic movements)에 대해 관심조차도 보이지 않는다는 사실을 유감스럽게 여깁니다. 많은 신학 자들이 정신분석학과 정신의학에서 그 대안을 구하며, 심지어는 오늘날 세계 각국에 유감스럽게도 널리 퍼져있는 영접주의를 연구하는 가운데서 대안을 찾습니다." 교황은 강론의 마지막에서 부르짖었다. "사탄은 살아 날뜁니다"(Kurt E. Koch, 이중환 역, 「사탄의 전술전략」, 서울: 도서출판 예루살렘, 1990. pp. 420-421.)

55) 노영주, 「성화를 위한 기독교 어린이교육 커리큘럼 설계」, 2009, TD 268-947. 107호., p. 14.

56) 박준서, 「십계명 바로보기」, p. 50.

57) Joel Osteen, 정성묵 역, 「긍정의 힘」, 서울: 사단법인 두란노서원, 2005, p. 236.

58) Jhon Wimber with Kevin Springer, 이재범 역, 「능력치유」, 서울: 나단출판사, 2007, p. 177.

59) 「쉐마 주제별 종합자료사전」 4권, 성서연구사, 1990, p. 323.

60) 배만웅, 「1·2계명에 나타난 다른 신과 우상의 비교연구」, 2007, TM 241.5 ㅂ386ㅇ 107호, pp. 69-70.

61) Ibid. p. 71.

62) 고재수, 「개혁주의 입장에서 본 십계명 강해」, p. 32.

63) 「두산세계대백과사전 EnCyber」, 바알에서.

64) 「성서백과대사전」 4권, 서울: 성서교재간행사, 1982, p. 527.

65) BC 14세기의 텔 아마르나 서신, BC 15세기의 알라라크(Alalakh) 석판, BC. 14세기의 우가릿 본문들, 마리(Mari), 텔 알리마(Tell alRi-mah), 그리고 차가르 바자르(Chagar Bazar)에서 나온 아모리인들의 고유명으로, 그리고 후에는 뵈니게인들과 푸닉(Punic)들의 문헌에 나온다. 성경과 그 외의 문헌에서 이 이름은 독립적으로 나오거나, 지명과 함께 구문으로 나온다(「바이블렉스 8.0 CD」, 브니엘성경연구소, 성경사전, 삿 3:7에서).

66) 고재수, 「개혁주의 입장에서 본 십계명 강해」, 서울: 여수룬,1991, p. 3.

67) 「성서백과대사전」 4권, 서울: 성서교재간행사, 1982, p. 529.

68) 「미션디럭스바이블 CD」, 미션소프트, 성경사전, 바알에서.

69) 「성서백과대사전」 4권, 서울: 성서교재간행사, 1982, p. 529.

70) 「미션디럭스바이블 CD」, 미션소프트, 성경사전, 바알에서.

71) 이기포, 「고대 근동 가나안 종교와 이스라엘 종교의 비교 연구; 이스라엘의 참 하나님 여호와 신앙의 변증」, 2003, TM 231 ㅇ618ㄱ 107호, p. 17.

72) Ibid. p. 534.

73) 윌리암 바클레이, 「오늘을 위한 십계명」, p. 13.

74) 영국의 인류학자 J. 프레이저가 제창한 공감주술(共感呪術)의 2가지 형태 가운데 하나. 모방주술(模倣呪術)이라고도 한다. 특정한 개인에 대하여 저주하거나 위해(危害)하고 싶을 때 나무·종이 등으로 인형을 만들어 마치 당사자인 것처럼 저주하는 말을 퍼붓거나 상해를 입히는 행위를 말한다. 닮은 것은 닮은 것을 낳는다든가 결과는 그 원인을 닮는다고 하는 유사율(類似律)에 바탕을 둔 것으로, 한국에서는 조선 숙종 때 희빈 장씨가 민비(閔妃)의 화상(畫像)에 활을 쏜 행위 등이 이런 예에 해당한다(「두산백과사전99 CD」, 유감주술에서).

75) 윌리암 바클레이, 「오늘을 위한 십계명」, p. 48.

76) Ibid. p. 13.

77) 「미션디럭스바이블 CD」, 아스다롯에서

78) Ibid. 우상에서.

79) Ibid. 바알에서.

80) 「미션디럭스바이블 CD」, 미션소프트, 성경사전, 우상숭배에서.

81) Joseph S. Exell 편저, 「신구약 강해 설교 연구 대계」 출애굽기, 서울: 기독지혜사, 1986, pp. 370-371.

82) 「미션디럭스바이블 CD」, 우상에서

83) 「호크마 종합주석」 2권, 서울: 기독지혜사, 1989, p. 346.

84) 드라빔은 이스라엘 백성의 배교적 요소 가운데 주로 점을 치는 데 이용된 것 같으며(삼상 15:23, 왕하 23:24, 겔 21:21, 슥 10:2), 이러한 점을 치는 기능과 관련하여 드라빔은 문맥에서 에봇과 함께 종종 발견된다(참조: 삿 17:5, 삿 18:14, 삿 18:17, 삿 18:18, 삿 18:20, 호 3:4). 「바이블렉스 8.0 CD」, 신학사전, 우상숭배에서.

85) 박준서, 「십계명 바로보기」, p. 56.

86) J. L Kugal, 김은호, 임승환역, 「고대 성서해석가들이 본 모세오경」, 서울: 기독교문서선교회, 2003, p. 256.

87) 이경숙, 「구약성서의 하나님. 역사. 여성」, 서울: 대한기독교서회, 2000, p. 37.

88) 김민철, 「형상금령(제2계명)에 대한 연구」, 2005, TM 222.16 ㄱ 637ㅎ. 107
호, p. 18.

89) 고재수, 「개혁주의 입장에서 본 십계명 강해」, p. 32.

90) 윌리암 바클레이, 「오늘을 위한 십계명」, p. 17.

91) 「프리처스 설교성경」 2권, 서울: 포도원 출판사, 1998, p. 104.

92) 박준서, 「십계명 바로보기」, p. 61.

93) 아더 W. 핑크, 홍병창 역, 「십계명의 올바른 이해」, 서울: 보이스사, 1984, p. 38.

94) Joseph S. Exell 편저, 「신구약 강해 설교 연구 대계」 출애굽기, 서울: 기독
지혜사, 1986, p. 373.

95) 북왕국, 즉 북쪽 이스라엘 지역에서 아스다롯의 토상(土像)이 많이 출토되는
데 반하여 남왕국, 즉 유다 지역에서는 극히 소수 밖에 출토되지 않는다는
사실은 이것을 뒷받침하는 것이다(「미션디럭스바이블 CD」, 미션소프트,
성경사전, 우상에서).

96) 「바이블렉스 8.0 CD」, 브니엘성경연구소, 신학대전, 우상에서.

97) 아더 W. 핑크, 홍병창 역. 「십계명의 올바른 이해」, p. 39.

98) 박준서, 「십계명 바로보기」, p. 70.

99) 「호크마 종합주석」 2권, 서울: 기독지혜사, 1989, p. 347.

100) Joseph S. Exell 편저, 「신구약 강해 설교 연구 대계」, p. 380.

101) 「바이블렉스 8.0 CD」, 브니엘성경연구소, 신학사전, 이름에서

102) Joseph S. Exell 편저, 「신구약 강해 설교 연구 대계」, p. 382.

103) 「바이블렉스 8.0 CD」, 브니엘성경연구소, 신학사전, 이름에서.

104) Ibid. 이름에서.

105) Ibid. 이름에서.

106) 「호크마 종합주석」 2권, 서울: 기독지혜사, 1989, p. 348.

107) Joseph S. Exell 편저, 「신구약 강해 설교 연구 대계」, p. 361.

108) 잭 R. 테일러, 이석철 역, 「찬양 중에 거하시는 하나님」, 서울: 요단출판
사, 2011, p. 81.

109) 고재수, 「개혁주의 입장에서 본 십계명 강해」, pp. 46-49.

110) 박준서, 「십계명 바로보기」, p. 75.

111) Ibid., p. 70.

112) Joseph S. Exell 편저, 「신구약 강해 설교 연구 대계」, p. 385.

113) 이런 해석은 노르웨이의 구약학자 모빙켈(Sigmund Mowinckel)에 의해서 주장되었다(박준서, 「십계명 바로보기」, p. 70.)

114) 「헤세드 종합자료 씨리즈」 2권, 경기: 임마누엘 출판사, 1986, p. 353.

115) Robert L. Gay, 진이 엘 킴 역, 「차원 높은 영적 전쟁」, 서울: 도서출판 나단, 1997, p. 38.

116) 잭 R. 테일러, 이석철 역, 「찬양 중에 거하시는 하나님」, 서울: 요단출판사, 2011, p. 71.

117) Ibid., p. 72.

118) Ibid.

119) 박준서, 「십계명 바로보기」, p. 33.

120) 「바이블렉스 8.0 CD」, 이름에서

121) Ibid., 성경사전. 출 3:15에서

122) 잭 R. 테일러, 「찬양 중에 거하시는 하나님」, p. 75.

123) 「바이블렉스 8.0 CD」, 브니엘성경연구소, 성경사전, 출 15:26에서

124) 잭 R. 테일러, 「찬양 중에 거하시는 하나님」, p. 78.

125) Ibid., p. 78.

126) Ibid., p. 80.

127) 박준서, 「십계명 바로보기」, p. 68.

128) 「바이블렉스 8.0 CD」, 브니엘성경연구소, 성경사전, 출 20:7에서

129) 박준서, 「십계명 바로보기」, p. 72.

130) 아더 W. 핑크, 홍병창 역, 「십계명의 올바른 이해」, p. 50.

131) 「헤세드 종합자료 씨리즈」 2권, 경기: 임마누엘 출판사, 1986, p. 353.

132) 아더 W. 핑크, 홍병창 역, 「십계명의 올바른 이해」, p. 53.

133) Ibid., 빌 2:10에서.

134) Ibid., p. 48.

135) Ibid., p. 83.

136) Ibid., p. 57.

137) John Edward Zoller, 권명달 역, 「십계명 해설」, 서울: 보이스사, 1990, p. 77.

138) 박준서, 「십계명 바로보기」, p. 73.

139) John Edward Zoller, 「십계명 해설」, p. 79.

140) 잭 R. 테일러, 「찬양 중에 거하시는 하나님」, p. 70.

141) 아더 W. 핑크, 「십계명의 올바른 이해」, p. 54.

142) 「바이블렉스 8.0 CD」, 출애굽기 20:8에서 '안식일'.

143) 「성서대백과사전 9권」, 서울: 성서교재간행사, p. 585.

144) 「바이블렉스 8.0 CD」, '안식일'.

145) 「프리처스 설교성경」 2권 출애굽기, 서울: 포도원 출판사. 1998, p. 142.

146) 「헤세드 종합자료 씨리즈」 2권, 경기: 임마누엘 출판사. 1986, p. 367.

147) 「호크마 종합주석」, 2권, 서울: 기독지혜사, 1989, p. 348.

148) C. F. Keil & F. DeliTZsch, 「구약주해 2권 출애굽기」, 서울: 기독교문화사, 1987, p. 243.

149) Ibid. p. 244.

150) 「호크마 종합주석」, 2권, p. 348.

151) 「헤세드 종합자료 씨리즈」 2권, 경기: 임마누엘 출판사. 1986, p. 367.

152) 「프리처스 설교성경」 2권, 서울: 포도원 출판사. 1998, p. 142.

153) Joseph S. Exell 편저. 「신구약 강해 설교 연구 대계」, p. 387.

154) 윌리암 바클레이, 「오늘을 위한 십계명」, p. 27.

155) Ibid. p. 28.

156) 「바이블렉스 8.0 CD」, '안식일'

157) C. F. Keil & F. DeliTZsch. 「구약주해」 p. 246.

158) 「바이블렉스 8.0 CD」, '안식일'

159) 박준서, 「십계명 바로보기」, pp. 77-78.

160) 아더 W. 핑크, 「십계명의 올바른 이해」, p. 61.

161) Ibid. p. 63.

162) 「바이블렉스 8.0 CD」, '안식일'

163) 박준서, 「십계명 바로보기」, p. 91.

164) Ibid. p. 91.

165) 전춘부, 「십계명 해설」, 대구: 보문서점, 1979, pp. 167-169.

166) 「바이블렉스 8.0 CD」, '안식일'

167) 「미션디럭스바이블 CD」, 안식일에서

168) 박준서, 「십계명 바로보기」, p. 98.

169) Ibid. p. 93.

170) Ibid. p. 95.

171) Ibid. p. 96.

172) 「바이블렉스 8.0 CD」, '안식일'에서

173) 「프리처스 설교성경」 2권, p. 146

174) 「바이블렉스 8.0 CD」, '안식일'에서

175) 박준서, 「십계명 바로보기」, p. 85.

176) 「바이블렉스 8.0 CD」, '안식일'에서

177) Joseph S. Exell 편저. 「신구약 강해 설교 연구 대계」, p. 391.

178) 아더 W. 핑크, 홍병창역, 「십계명의 올바른 이해」, p. 59.

179) Ibid. p. 123.

180) Ibid. p. 121.

181) Klaus Bockmuehl 외 6인, 「지금도 꼭 십계명을 지켜야 하는가」, p. 82.

182) Joseph S. Exell 편저. 「신구약 강해 설교 연구 대계」, p. 387.

183) 「바이블렉스 8.0 CD」, '안식일'에서

184) 박준서, 「십계명 바로보기」, p. 79.

185) Ibid. p. 79.

186) 고재수, 「개혁주의 입장에서 본 십계명 강해」, p. 59.

187) 「미션디럭스바이블 CD」, 안식일.

188) 박준서, 「십계명 바로보기」, p. 89.

189) Ibid. '거룩하게 지키라'

190) Myke Flynn with Doug Gregg, 오정현 역, 「내적치유와 영적성숙」, 한국 기독학생회 출판부, 2007, p. 56.

191) Henry T. Blackaby & Claude V. King, 전우의 역, 「하나님과의 신선한 만 남」, 요단출판사, 2005, pp. 160-162.

192) Dean Sherman, 이상신 역, 「영적전쟁」, 도서출판 예수전도단, 1995, p. 215.

193) C. Peter Wagner, 명성훈 역, 「기도는 전투다」, 도서출판 서로사랑, 1998, p. 133.

194) 「바이블렉스 8.0 CD」, '안식일'에서

195) 전춘부, 「십계명 해설」, 대구: 보문서점, 1979, p. 163.

196) 「헤세드 종합자료 씨리즈」 2권, 경기: 임마누엘 출판사, 1986, p. 358.

197) Joseph S. Exell 편저. 「신구약 강해 설교 연구 대계」, p. 388.

198) 고재수, 「개혁주의 입장에서 본 십계명 강해」, p. 61.

199) Ibid. p. 61.

200) John Edward Zoller, 「십계명 해설」, 서울: 보이스사, 1990, p. 120.

201) 아더 W. 핑크, 「십계명의 올바른 이해」, p. 73.

202) 「미션디럭스바이블 CD」, 미션소프트, 성경사전, 가족에서

203) Klaus Bockmuehl 외 6인, 민소란 역. 「지금도 꼭 십계명을 지켜야 하는 가」, 서울: 나침판사. 1994, p. 125.

204) 「바이블렉스 8.0 CD」, 딤전 4:3, '다스려'

205) Joseph S. Exell 편저. 「신구약 강해 설교 연구 대계」, p. 395.

206) 학자들 중에는 제 5 계명을 하나님에 대한 의무 중에 넣는 이도 있다. 그러나 일반적으로 말하여, 제 5 계명 이하에는, 사람과 사람과의 사이의 기본적 윤리가 규정되어 있고 명해져 있는데서, 사람의 의무 중에 넣는 편이 좋을 것으로 되어 있다(「미션디럭스바이블 CD」, 미션소프트, 성경사전, 부모에서).

207) 박준서, 「십계명 바로보기」, p. 103.

208) 「호크마 종합주석」 2권, 서울: 기독지혜사. 1989, p. 349.

209) 박준서, 「십계명 바로보기」, p. 104.

210) Joseph S. Exell 편저. 「신구약 강해 설교 연구 대계」, p. 400.

211) 박준서, 「십계명 바로보기」, p. 106.

212) Joseph S. Exell 편저. 「신구약 강해 설교 연구 대계」, p. 395.

213) Edith Deen, 도민호 역, 「성서저 가정관」, 서울: 요단출판사, 1980, p. 107.

214) Joseph S. Exell 편저. 「신구약 강해 설교 연구 대계」, p. 396.

215) 「바이블렉스 8.0 CD」, 브니엘성경연구소, 성경사전, 출 20:12. 아버지에서

216) Ibid. 아버지에서

217) Ibid. 어머니에서

218) 아더 W. 핑크, 홍병창 역, 「십계명의 올바른 이해」, p. 69.

219) 「헤세드 종합자료 씨리즈」 2권, 경기: 임마누엘 출판사, 1986, p. 359.

220) 박준시, 「십계명 바로보기」, p. 107.

221) 출애굽기 20:12에는 "Honour thy father and thy mother"라고 하면서 아버지
가 먼저 나오는데, 레위기 19:3에는 "his mother, and his father"라고 하면서
어머니가 먼저 나온다(참조: KJV)

222) 윌리암 바클레이, 이희숙 역, 「오늘을 위한 십계명」, p. 53.

223) 「미션디럭스바이블 CD」, 션소프트, 성경사전, 부모에서

224) Joseph S. Exell 편저. 「신구약 강해 설교 연구 대계」, p. 396.

225) 고재수, 「개혁주의 입장에서 본 십계명 강해」, pp. 66-67.

226) 아더 W. 핑크, 홍병창 역, 「십계명의 올바른 이해」, p. 71.

227) 전춘부, 「십계명 해설」, 대구: 보문서점, 1979, pp. 199-209.

228) 윌리암 바클레이, 「오늘을 위한 십계명」, pp. 56-57.

229) 「미션디럭스바이블 CD」, 미션소프트, 성경사전, 부모에서

230) Ibid. 부모에서

231) 명사 '코르반. $\kappa o \rho \beta \alpha \nu$'은 히브리어 코르반을 음역한 것이며, 신약성경에서
마가복음 7:11에 한번 나온다. 그 뜻은 '하나님께 바쳐진 예물'을 의미한다.
여기에 언급된 예물에는 제물(제사), 선물이 모두 포함되어 있다.(「바이블
렉스 8.0 CD」, 마가복음 7:11. 고르반에서)

232) Edith Deen, 도민호 역, 「성서저 가정관」, 서울: 요단출판사, 1980, p. 165.

233) Ibid. p. 65.

234) 윌리암 바클레이, 「오늘을 위한 십계명」, p. 55.

235) John Edward Zoller, 「십계명 해설」, p. 12.

236) 「미션디럭스바이블 CD」, 르우벤에서.

237) 「기독교문장대백과사전」, 제5권, 서울: 성서연구사, 1993, p. 886.

238) 「바이블렉스 8.0 CD」, 여호수아 2:1. 라합에서

239) Ibid., 라합에서

240) Ibid.

241) 그레이스만(Hugo Gressman) 1877-1927 독일의 구약학자, 모빙켈 (Sigmound Mowinckel) 1884- 노르웨이의 구약학자.

242) 「미션디럭스바이블 CD」, 기생에서.

243) Juan Carlos Ortiz, 김광윤 역, 「보라 사탄이 밀 까부르듯 하려고 너희를 청구하였으나」, 서울: 도서출판 만나, 1994, p. 70.

244) 「바이블렉스 8.0 CD」, 여호수아 2:12. '맹세하고'

245) Ibid. 룻 1:8에서

246) Ibid. 룻 2:11에서

247) 「미션디럭스바이블 CD」, 미션소프트, 성경사전, 룻에서

248) 박준서, 「십계명 바로보기」, p. 115.

249) 고재수, 「개혁주의 입장에서 본 십계명 강해」, p. 74.

250) 박준서, 「십계명 바로보기」, p. 124.

251) 아더 W. 핑크, 홍병창 역, pp. 80-82.

252) 박준서, 「십계명 바로보기」, pp. 119-123.

253) 「헤세드 종합자료 씨리즈」 2권, 경기: 임마누엘 출판사, 1986, p. 363.

254) 전춘부, 「십계명 해설」, 대구: 보문서점, 1979, pp. 280-288.

255) 아더 W. 핑크, 홍병창 역, 「십계명의 올바른 이해」, p. 84.

256) John Edward Zoller, 「십계명 해설」, pp. 145-152.

257) 「호크마 종합주석」 2권, p. 349.

258) Joseph S. Exell 편저. 「신구약 강해 설교 연구 대계」, p. 406.

259) Dean Sherman, 이상신 역, 「영적전쟁」, 도서출판 예수전도단, 2002, p. 53.

260) Ibid., p. 880.

261) Ibid., p. 163.

262) 아더 W. 핑크, 「십계명의 올바른 이해」, p. 79.

263) Klaus Bockmuehl 외 6인, 「지금도 꼭 십계명을 지켜야 하는가」, p. 78.

264) 「프리처스 설교성경」 2권, 서울: 포도원 출판사, 1998, p. 178.

265) Ibid. p. 176.

266) Klaus Bockmuehl 외 6인, 「지금도 꼭 십계명을 지켜야 하는가」, p. 96.

267) 「바이블렉스 8.0 CD」, 출애굽기 20:13에서

268) Ibid., 출애굽기 20:13에서

269) Klaus Bockmuehl 외 6인, 「지금도 꼭 십계명을 지켜야 하는가」, p. 127.

270) 아더 W. 핑크, 홍병창 역, 「십계명의 올바른 이해」, p. 79.

271) Klaus Bockmuehl 외 6인, 「지금도 꼭 십계명을 지켜야 하는가」, p. 97.

272) 고재수, 「개혁주의 입장에서 본 십계명 강해」, pp. 75-76.

273) Dean Sherman, 「영적전쟁」, p. 127.

274) 안락사는 사람의 생명이 견딜 수 없는 지경에 다다랐을 때, 사는 것이 죽는 것보다 더 나쁘게 되었을 때에 합법적으로 생명을 빼앗을 수 있느냐 없느냐를 논의하는 학설이다(윌리암 바클레이, 「오늘을 위한 십계명」, pp. 80-81.)

275) 「두산세계대백과사전. EnCyber」, 안락사에서

276) 「프리처스 설교성경」 2권, 서울: 포도원 출판사, 1998, p. 182.

277) 척추동물의 임신 후 2개월까지의 수정란(受精卵). 국어사전에서

278) 「두산세계대백과사전. EnCyber」, 태아에서.

279) Ibid., 낙태에서.

280) 윌리암 바클레이, 「오늘을 위한 십계명」, p. 82.

281) Ibid., p. 83. (안티오커스 왕의 군대는 피신한 유대인들을 잡아 처단하기 위하여 수색 작업을 폈는데 안식일을 골라 했다. 유대인들은 공격하는 적군과 대항하여 싸우기 보다는 차라리 죽음을 택했다. : 박준서, 「십계명 바로 보기」, pp. 77-78)

282) 윌리암 바클레이, 「오늘을 위한 십계명」, p. 84.

283) 2011. 5. 3. YTN 10시 뉴스에서

284) Ibid. p. 151.

285) 박준서, 「십계명 바로보기」, p. 116.

286) 아더 W. 핑크, 「십계명의 올바른 이해」, p. 83.

287) 허철, 「내적치유를 통한 놀라운 자유」, 은혜출판사, 2000, p. 29.

288) Myke Flynn with Doug Gregg, 오정현 역, 「내적치유와 영적성숙」, 한국
기독학생회 출판부, 2007, p. 233.

289) Ibid. p. 228.

290) 아더 W. 핑크, 「십계명의 올바른 이해」, p. 85.

291) Ibid. 창4:5에서

292) 영적 분별력이 없는 영적전쟁은 패할 수밖에 없다. 영적인 분별력에는 중요
한 법칙 중 하나는 보는 자는 더욱 보게 될 것이고, 보지 못하는 자는 더욱
보지 못하게 된다는 것이다. 하나님의 기준을 보고 그 위에 서는 자는 하나
님의 기준을 더욱 보게 될 것이고, 하나님의 기준을 보지 못하고 임의대로
행하는 자는 하나님의 기준을 더욱 보지 못하게 될 것이다(여주봉, 「십자
가의 복음」, 서울: 요단출판사, 2005, p. 77.).

293) William W. Stevens, 허긴 역, 「조직신학개론」, 대전: 침례신학대학출판
부, 1988, P. 367.

294) 고재수, 「개혁주의 입장에서 본 십계명 강해」, p. 84.

295) 2009년 4월 23일 KBS 9시 뉴스 중에서

296) 윌리암 바클레이, 「오늘을 위한 십계명」, p. 167.

297) Michael Harper, 윤종석 역, 「그리스도인의 영적전투」, 서울: 두란노,
1992. 1992. p7.

298) 부부나 연인들이 그 모임에 참석을 해서 서로 파트너를 바꾸어 가면서 즐기는 것

299) 조선일보. 홈〉뉴스〉사회〉사건, 사고에서 2005.03.22 08:20 / 수정 :
2005.03.22 16:28

300) Ibid. 홈〉뉴스〉국제에서 2008.08.05 14:33

301) Ibid. 홈〉뉴스〉국제에서 2010.05.20 15:10

302) Ibid. 홈〉뉴스〉국제에서 2009.11.23 19:43

303) Ibid. 홈〉뉴스〉국제에서 2008.10.27 18:46

304) 박준서, 「십계명 바로보기」, p. 128.

305) 아더 W. 핑크, 홍병창 역, 「십계명의 올바른 이해」, p. 90.

306) Joseph S. Exell 편저. 「신구약 강해 설교 연구 대계」, p. 411.

307) John Edward Zoller, 「십계명 해설」, p. 164.

308) 「호크마 종합주석」 2권, 서울: 기독지혜사. 1989, p. 350.

309) 「미션디럭스바이블 CD」, 간음에서

310) 헬라어 '게헨나'는 히브리어 '게 힌놈'(םֹנִּה. 애곡의 골짜기, 느 11:30 수 15:8
수 18:16)이다. 구약성경에서 이 단어는 11회 나온다. 힌놈의 골짜기는 원
래 예루살렘의 남동부로 뻗어 있는 히브리어 지명 와디에르 라바비(Wadier-
Rababi)인 힌놈의 아들(또는 아들들)의 골짜기를 의미했다(수 15:8 18:16; 사
31:9 66:24; 렘 32:35 대하 33:6). 이 골짜기에서 아이가 제물로 바쳐졌다(왕하
16:3 왕하 21:6). 이 골짜기는 황소의 형상을 한 우상 몰록(Moloch)의 불로 이
글거리는 팔에 던져진 어린 아이의 울음소리에서 그렇게 불렸다. 유대인들
은 이러한 가공스런 희생 제사가 요시야 왕에 의해 폐지된 이후 이곳을 혐오
하여(왕하 23:10), 이곳을 모든 종류의 쓰레기뿐만 아니라 심지어 죽은 동물
과 처형되었으나 매장되지 아니한 범죄자들의 시체로 더럽혔다. 그런데 죽
은 시체를 태우는 데는 불이 사용되었으니 이는 그 공기가 부패물에 의해 오
염되지 않게 하기 위한 것이었으며, 그곳은 게엔나 투 퀴로스(불의 게엔나)라
고 불리게 되었다. 게헨나가 사용되는 의미로는 1) 게헨나는 선재하는 실체이
다(마 25:41). 2) 게엔나는 일반 부활 이후에 불타는 심연이다(막 9:43 참조; 마
13:42 마 13:50). 3) 게엔나는 최종적 심판 후의종말론적 처벌 장소, 영원한 형
벌의 장소이다(마 5:22; 3:33; 10:28). 4) 게엔나는 최종 심판이 있기 전에 사자
의 영혼들이 거주하는 음부와 구별된다. 후자는 일시적인 곳이고 전자는 최
종적인 곳이고(막 9:43 막 9:48), 후자는 영혼 만이 거하는 곳이며, 전자는 다
시 결합된 몸과 영혼이 거하는 곳이다(막 9:43 이하; 마 10:28). (「바이블렉스
8.0 CD」, 느헤미야 11:30에서)

311) 윌리암 바클레이, 「오늘을 위한 십계명」, p. 107.

312) 아더 W. 핑크, 「십계명의 올바른 이해」, p. 91.

313) 윌리암 바클레이, 「오늘을 위한 십계명」, p. 107.

314) Ibid., p. 107.

315) Ibid., 이름에서, p. 112.

316) John Edward Zoller, 「십계명 해설」, pp. 167-171.

317) 윌리암 바클레이, 이희숙 역, 「오늘을 위한 십계명」, p. 109.

318) 아더 W. 핑크, 홍병창 역, 「십계명의 올바른 이해」, p. 90.

319) 「미션디럭스바이블 CD」, 창세기 6:2에서

320) Ibid. 미전풍 강해. 창6:2에서

321) Ibid. 메켄토시 모세오경. 창6:2에서

322) 「성서대백과사전」, 6권, 서울: 성서교재간행사, 1980, p. 468.

323) 「바이블렉스 8.0 CD」, 창세기 19:5에서

324) Ibid. 신학사전. 소돔에서

325) 「두산세계대백과사전. EnCyber」, 고모라에서

326) 「바이블렉스 8.0 CD」, 간음하다에서

327) 이탈리아 남부 나폴리만(灣) 연안에 있던 고대도시. 지금은 내륙(內陸)이 되었으나, 당시에는 베수비오 화산의 남동쪽, 사르누스강(江) 하구에 있는 항구도시였다. 비옥한 캄파니아 평야의 관문에 해당하여 농업 · 상업 중심 지로 번창하였으며, 제정(帝政)로마 초기에는 곳곳에 로마 귀족들의 별장 들이 들어선 피서 · 피한의 휴양지로서 성황을 이루었다. 제정로마 초기 에 전성기를 맞이한 폼페이는 고대도시로서는 규모가 상당히 컸으며, 인구 는 2만~5만에 이른 것으로 추정된다. 인구가 일정하지 않은 것은 인구의 계절적 변동폭이 크기 때문이었다. 폼페이에서는 대폭발이 있기 이전인 63 년 2월에도 큰 지진이 일어나 큰 피해를 입었으며, 그 뒤 다시 복구되어 전 보다 훨씬 훌륭한 도시로 재건되었으나, 79년 8월 베수비오 화산의 대폭발 로 2~3m 두께의 화산력(火山礫)과 화산재가 시가지를 덮어버렸다(「두산 세계대백과사전. EnCyber」, 폼페이에서).

328) Ibid. 폼페이에서

329) Edith Deen, 도민호 역, 「성서적 가정관」, 서울: 요단출판사, 1980, p. 186.

330) Ibid. p. 187.

331) 「헤세드 종합자료 씨리즈」 2권, 경기: 임마누엘 출판사, 1986, p. 365.

332) Klaus Bockmuehl 외 6인, 「지금도 꼭 십계명을 지켜야 하는가」, p. 97.

333) Ibid. p. 129.

334) 아더 W. 핑크, 「십계명의 올바른 이해」, p. 91.

335) Joseph S. Exell 편저. 「신구약 강해 설교 연구 대계」, pp. 412-423.

336) Edith Deen, 도민호 역, 「성서적 가정관」, 서울: 요단출판사, 1980, p. 32.

337) 「미션디럭스바이블 CD」, 미션소프트, 성경사전, 가정에서

338) Edith Deen, 「성서적 가정관」, p. 33.

339) 「미션디럭스바이블 CD」, 미션소프트, 성경사전, 간음에서.

340) 박준서, 「십계명 바로보기」, p. 132.

341) Edith Deen, 도민호 역, 「성서적 가정관」, p. 66.

342) 아더 W. 핑크, 「십계명의 올바른 이해」, p. 87.

343) John Edward Zoller, 「십계명 해설」, p. 164.

344) 「미션디럭스바이블 CD」, 미션소프트, 성경사전, 음란에서.

345) 아더 W. 핑크, 홍병창 역, 「십계명의 올바른 이해」, p. 89.

346) 「헤세드 종합자료 씨리즈」 2권, 경기: 임마누엘 출판사, 1986, p. 365.

347) Edith Deen, 「성서적 가정관」, p. 187.

348) 아더 W. 핑크, 홍병창 역, 「십계명의 올바른 이해」, p. 89.

349) Ibid. p. 95.

350) Klaus Bockmuehl 외 6인, 민소란 역. 「지금도 꼭 십계명을 지켜야 하는 가」, 서울: 나침판사. 1994, p. 129.

351) 「DPT 교리강해연구」 제9권, 서울: 선린출판사, 1991, p. 340.

352) 「바이블렉스 8.0 CD」, 간음하다에서

353) Joseph S. Exell 편저. 「신구약 강해 설교 연구 대계」, p. 410.

354) Ibid. p. 415.

355) Klaus Bockmuehl 외 6인, 「지금도 꼭 십계명을 지켜야 하는가」, 서울: 나침판사. 1994, p. 415.

356) Ibid. p. 121.

357) Klaus Bockmuehl 외 6인, 「지금도 꼭 십계명을 지켜야 하는가」, 서울: 나침판사. 1994, p. 123.

358) 아더 W. 핑크, 홍병창 역, 「십계명의 올바른 이해」, p. 100.

359) 윌리암 바클레이, 이희숙 역, 「오늘을 위한 십계명」, p. 201.

360) 박준서, 「십계명 바로보기」, p. 142.

361) 「헤세드 종합자료 씨리즈」 2권, 경기: 임마누엘 출판사, 1986, p. 368.

362) Joseph S. Exell 편저. 「신구약 강해 설교 연구 대계」, p. 414.

363) Ibid. p. 416.

364) 전춘부, 「십계명 해설」, 대구: 보문서점, 1979, p. 336.

365) John Edward Zoller, 권명달 역, 「십계명 해설」, p. 186.

366) Ibid. p. 187.

367) 고재수, 「개혁주의 입장에서 본 십계명 강해」, p. 97.

368) Klaus Bockmuehl 외 6인, 「지금도 꼭 십계명을 지켜야 하는가」, 서울: 나침판사. 1994, p. 101.

369) John Edward Zoller, 권명달 역, 「십계명 해설」, p. 88.

370) 「헤세드 종합자료 씨리즈」 2권, 경기: 임마누엘 출판사, 1986, p. 68.

371) 「호크마 종합주석」 2권, 서울: 기독지혜사. 1989, p. 350.

372) 전춘부, 「십계명 해설」, 대구: 보문서점, 1979, p. 354.

373) 계교나 사기로 돈을 빼앗은 사람도 현대적 도적이고, 고용주의 물건을 훔치는 노동자도 현대적 도적이며, 불충분한 임금을 지불하는 고용주도 현대적 도적이다. 더 나아서 갚을 의사도 없이 채무를 지는 사람도, 이웃에게 빌려 온 물건을 돌려줄 의사가 없거나 누구에게서 빌려 왔는지 잊어버릴 때까지 그 물건을 가지고 있는 것, 나쁜 과일일 밑에 넣고 제일 좋은 과일을 위에 놓고 파는 것, 세금을 탈세하는 것도, 남의 명예를 가로채는 것도 현대적 도적이다.(John Edward Zoller, 「십계명 해설」, 1990, pp. 89-198.)

374) 박준서, 「십계명 바로보기」, p. 137.

375) Ibid. p. 138.

376) Ibid. p. 139.

377) 박준서, 「십계명 바로보기」, p. 139.

378) Ibid. p. 141.

379) 「바이블렉스 8.0 CD」, 출애굽기 21:16에서

380) 고재수, 「개혁주의 입장에서 본 십계명 강해」, p. 95.

381) Dean Sherman, 이상신 역, 「영적전쟁」, p. 77.

382) 아더 W. 핑크, 홍병창 역, 「십계명의 올바른 이해」, p. 25.

383) 박준서, 「십계명 바로보기」, p. 14.

384) Ibid. 아나니아에서

385) Dean Sherman, 이상신 역, 「영적전쟁」, p. 211.

386) 「미션디럭스바이블 CD」, 미션소프트, 성경사전, 히스키야에서

387) Ibid. 히스키야에서

388) John Edward Zoller, 「십계명 해설」, p. 203.

389) 아더 W. 핑크, 「십계명의 올바른 이해」, p. 111.

390) Joseph S. Exell 편저. 「신구약 강해 설교 연구 대계」, p. 419

391) 고재수, 「개혁주의 입장에서 본 십계명 강해」, p. 104.

392) 전춘부, 「십계명 해설」, 대구: 보문서점, 1979, p. 369.

393) Klaus Bockmuehl 외 6인, 「지금도 꼭 십계명을 지켜야 하는가」, 서울: 나침판사. 1994, p. 104.

394) Ibid. p. 30.

395) 박준서, 「십계명 바로보기」, p. 154.

396) 「바이블렉스 8.0 CD」, 거짓말

397) Ibid. p. 115.

398) 그레이그 매시, 임송현 역, 「영적전쟁을 영적승리로」, 나침반사. 1980, p. 21.

399) 고재수, 「개혁주의 입장에서 본 십계명 강해」, p. 105.

400) 「바이블렉스 8.0 CD」, 거짓말에서

401) J. Oswald Sanders, 김문기 역, 「사탄의 정체」, 보이스사, 1992, pp. 39-56.

402) Joseph S. Exell 편저. 「신구약 강해 설교 연구 대계」, p. 422.

403) 고재수, 「개혁주의 입장에서 본 십계명 강해」, p. 102.

404) Joseph S. Exell 편저. 「신구약 강해 설교 연구 대계」, p. 420.

405) 아더 W. 핑크, 「십계명의 올바른 이해」, p. 112.

406) 「바이블렉스 8.0 CD」, 브니엘성경연구소. 성경사전. 출 20:16. 이웃에서

407) Joseph S. Exell 편저. 「신구약 강해 설교 연구 대계」, 출애굽기. 서울: 기

독지혜사. 1986, p. 419.

408) Ibid. 출 20:16. 거짓에서

409) Ibid. 출 20:16. 증거에서

410) 「호크마 종합주석」 2권, 서울: 기독지혜사. 1989, p. 350.

411) 윌리암 바클레이, 오늘을 위한 십계명」, p. 217.

412) 아더 W. 핑크, 홍병창 역, 「십계명의 올바른 이해」, p. 114.

413) Ibid. pp. 207-208.

414) 악의의 거짓말이 있는데 이는 악의에서 만들어냈거나 또는 악의로 반복하
는 이야기다. 공포의 거짓말(the lie of fear)은 인간의 삶 속에서 모든 거짓
말 중에 첫째이다. 하루의 해가 끝날 때까지 가장 흔한 거짓말로 사람이 자
기가 저지른 일의 결과를 피하기 위하여 진실로부터 떠나는 거짓말이 있
다. 부주의의 거짓말(the lie of carelessness)은 사람이 거의 만성적으로 그
의 말에 있어서 부정확하다. 그는 일부러 거짓말을 하거나 허위를 진술하
기보다는 부주의하게 거짓말을 하거나 허위를 진술할 수 있다. 자랑의 거
짓말(the lie of boasting)은 자기가 겪은 경험을 말할 때에 실지로 있었던
것 보다는 더 좋게 보이도록 말하는 것이다. 이익을 위한 거짓말(the lie of
profit)은 이러한 종류의 거짓말을 가장 많이 하는 사람은 세일즈맨일 것이
다. 과대광고도 여기에 속한다. 침묵의 거짓말 (the lie of silence)은 자기의
편함을 위하여 진실을 보고 침묵하는 것이다. 반쪽의 진실의 거짓말(the lie
of half-truth)이 있는데 반쪽의 진실은 명백히 드러난 거짓보다 더 위험하
다. 자신에게 하는 거짓말(the lie to self)은 자신에게 그러한 일이 일어났을
때에는 정당화 하지만 다른 사람에게 나타났을 때에는 정죄한다. 하나님께
하는 거짓말(the lie to God). 하나님께 무엇인가를 숨기거나 형식적으로 행
함으로 인하여 하나님께 거짓말 할 수 있다. (윌리암 바클레이, 이희숙 역,
「오늘을 위한 십계명」, 서울: 컨콜디아사, 1993, pp. 218-223.

415) 박준서, 「십계명 바로보기」, pp. 155-156.

416) John Edward Zoller, 「십계명 해설」, pp. 209-215.

417) 아더 W. 핑크, 홍병창 역, 「십계명의 올바른 이해」, p. 119.

418) 고재수, 「개혁주의 입장에서 본 십계명 강해」, p. 97.

419) Klaus Bockmuehl 외 6인, 민소란 역. 「지금도 꼭 십계명을 지켜야 하는
가」, 서울: 나침판사. 1994, p. 105.

420) Joseph S. Exell 편저. 「신구약 강해 설교 연구 대계」, p. 420.

421) Dean Sherman, 이상신 역, 「영적전쟁」, p. 123.

422) 「바이블렉스 8.0 CD」, 브니엘성경연구소, 신학사전. 거짓말에서

423) 「쉐마 주제별 종합자료사전」 4권, 성서연구사, 1990, p. 321.

424) 「바이블렉스 8.0 CD」, 브니엘성경연구소, 성경사전, 열왕기상 16:31에서

425) Ibid. 신학사전. 거짓말

426) Dean Sherman, 「영적전쟁」, p. 149.

427) 박동국, 「바울의 성화론 내에서의 '몸의 행실 죽이기(롬8:13)」, 2009, TD
    225 ㅂ 9-74, 107호, p. 247.

428) Larry Lea, 김양배 역, 「영적전쟁과 그리스도인의 무기」, 서울서적, 1994,
    p. 26.

429) Dean Sherman, 이상신 역, 「영적전쟁」, p. 215.

430) 존 웨슬리. 이선희 역. 「존 웨슬리 설교선집」 1권, 도서출판 복음, p. 484.

431) 간음이나 낙태와 같은 자명한 죄이건, 또는 용서하지 않음이나 분노와 같은
    잘 인식되지 않는 죄이거나, 죄를 숨길 때, 우리는 귀신들릴 심각한 위험에
    처한다. 숨겨지고 고백되지 않은 죄는, 적에게 들어와서 살 권리를 주게 된
    다.(Charies H. Kraft, 이윤호 역, 「깊은 상처를 치유하시는 하나님」, 서울:
    도서출판 은성, 1995, p. 307.)

432) 이수환, 「선교를 위한 영적전쟁에 대한 연구」, TM 266 ㅇ 761 ㅅ, p. 15.

433) Edgar Young. Mullins, 권혁봉 역, 「조직신학원론」, 서울: 침례회출판사.
    1987. p. 510.

434) 「호크마 종합주석」 2권, 서울: 기독지혜사. 1989, p. 350.

435) 전춘부, 「십계명 해설」, 대구: 보문서점, 1979, p. 393.

436) 박준서, 「십계명 바로보기」, p. 167.

437) Joseph S. Exell 편저. 「신구약 강해 설교 연구 대계」, p. 426.

438) 「호크마 종합주석」 2권, 서울: 기독지혜사. 1989, p. 350.

439) Joseph S. Exell 편저. 「신구약 강해 설교 연구 대계」, p. 426.

440) 고재수, 「개혁주의 입장에서 본 십계명 강해」, pp. 112-113.

441) Ibid. p. 115.

442) 아더 W. 핑크, 홍병창 역, 「십계명의 올바른 이해」, p. 123.

443) Ibid. p. 45.

444) Ibid. p. 47.

445) John Edward Zoller, 권명달 역, 「십계명 해설」, pp. 224-228.

446) 아더 W. 핑크, 홍병창역, 「십계명의 올바른 이해」, p. 79.

447) 「바이블렉스 8.0 CD」, 브니엘성경연구소, 신학사전. 생각에서

448) Dean Sherman, 이상신 역, 「영적전쟁」, p. 55.

449) 조용기, 「4차원의 영성」, 교회성장연구소, 2006, p. 38.

450) 사탄과 사탄의 추종세력들은 과학혁명의 세대들 속에서 초자연적인 체험들 및 초자연적인 힘에 대한 오늘날의 추구로 말미암아 다시 등장하게 되었다."(Stanly J. Grenz, 신옥수 역, 「조직신학」, 크리스천 다이제스트, 2003, p. 328.)

451) Dean Sherman, 이상신 역, 「영적전쟁」, p. 51.

452) 「바이블렉스 8.0 CD」, 브니엘성경연구소, 성경사전, 창세기 6:5. 마음에서

453) 김한욱, 「은혜의 문3」, 경기: 도서출판 해피데이, 2010, p. 11.

454) Betty Tapscott, 구자원 역, 「주님의 평강」, 은혜출판사, 1998, p. 22.

455) 김한욱, 「은혜의 문3」, 경기: 도서출판 해피데이, 2010, p. 17.

456) 「바이블렉스 8.0 CD」, 브니엘성경연구소, 성경사전, 출애굽기 20:17. 집에서

457) Ibid. 출 20:17. 집에서

458) Ibid. 출 20:17. 아내에서

459) Ibid. 출 20:17. 남종에서

460) Ibid. 출 20:17. 여종에서

461) 「헤세드 종합자료 씨리즈」 2권, 경기: 임마누엘 출판사, 1986, p. 374.

462) John Edward Zoller, 권명달 역, 「십계명 해설」, p. 221.

463) 윌리암 바클레이, 「오늘을 위한 십계명」, p. 229.

464) 전춘부, 「십계명 해설」, 대구: 보문서점, 1979, p. 232.

465) 박준서, 「십계명 바로보기」, p. 163.

466) Ibid. p. 164.

467) Klaus Bockmuehl 외 6인, 「지금도 꼭 십계명을 지켜야 하는가」, p. 133.

468) Joseph S. Exell 편저. 「신구약 강해 설교 연구 대계」, p. 427.

469) Juan Carlos Ortiz, 김광윤 역, 「보라 사탄이 밀 까부르듯 하려고 너희를 청구하였으나」, 서울: 도서출판 만나. 1994, p. 28.

470) 「쉐마 주제별 종합자료사전」 제4권, 성서연구사, 1990, p. 323.

471) 「기독교문장대백과사전」, 제5권, 서울: 성서연구사, 1993, p. 891.

472) 「호크마 종합주석」, 열왕기하. 서울: 기독지혜사, 1989, p. 118.

473) (1) 이 흙으로 제단을 쌓기 위해서라는 해석(K.W.B hr,T.R.Hobbs). 출 20:24에 보면 흙으로 만든 토단이 나오는데 나아만은 모세 율법을 따라서 번제단을 쌓아 여호와께 회생물을 드리려고 했다는 해석이다. (2) 흙을 아람 땅 중 적당한 곳에 뿌리고 그곳을 성역화하려고 했다는 해석(Thenius, Vom Gerlach, G.Rawlinson). 이는 유대인들도 바벨론 포로시기에 예루살렘에서 바벨론으로 흙을 나른 적이 있었다는(G.Raw-linson) 역사적 사실을 근거로 한 해석이다. (3)자신이 받은 축복에 대한 기념물로 가져가려고 했다는 해석(Wycliffe)이다(「호크마 종합주석」, 열왕기하, 서울: 기독지혜사 1989, p. 118.).

474) 여기 이른 바 "림몬"의 뜻은 '석류'를 의미한다. 석류는 씨가 많은 열매이므로 그 때 이방인들이 그것으로써 곡식을 풍작케 하는 신(神)을 대표하게 하였는데 그것이 태양신이라고 한다(Delitzsch). 그레이(John Gray)는 여기 "림몬"이란 말은 앗수르 말 라마누(Ramanu, 우뢰질하는 자)를 히브리어식으로 만든 낱말이라고 한다. 라마누는 역식 일종의 바알신인데 곡식을 풍작케 하는 농신(農神)으로 알려져 있었다(「박윤선 주석」, 열왕기하, 경기: 영음사, 1995, p. 475).

참고문헌 (Bibliography)

외국 번역 단행본

그레이그 매시, 임송현 역, 「영적전쟁을 영적승리로」, 서울: 나침반사,
      1980,

데이비드 시몬드 & 베드 펀크(David A. Seamands & Beth Funk), 김재서
      역, 「상한 감정의 치유 워크북」, 서울: 예찬사, 1995.

드필드 & 밴 클리브(Guy P. Duffield & N. M. Van. Cleave, 임렬수 역,
      「오순절신학 기초」, 서울: 성광문화사, 2007.

딘 셔먼(Dean Sherman), 이상신 역, 「영적전쟁」, 서울: 도서출판 예수전
      도단, 1995,

레리 리(Larry Lea), 김양배 역, 「영적전쟁과 그리스도인의 무기」, 서울:
      서울서적, 1994.

로드먼 윌리암(J. Rodman Williams), 박정렬, 명성훈 역, 「조직신학」, 경
      기: 한세대학교출판부, 2001.

로버트 게이(Robert L. Gay), 진이 엘 킴 역, 「차원 높은 영적 전쟁」, 서
      울: 도서출판 나단, 1997.

루이스 코프(Louis Berkhof), 신복윤 역, 「기독교 신학개론」, 서울: 성광
      문화사, 1997.

마이크 플린 & 더그 그린(Myke Flynn & Doug Gregg), 오정현 역, 「내적 치유와 영적성숙」, 서울: 한국기독학생회 출판부, 2007.

마이클 하퍼(Michael Harper), 윤종석 역, 「그리스도인의 영적전투」, 서울: 두란노, 1992.

멜릴 엉거(Merrill F. Unger), 정학봉 역, 「성서적 마귀론」, 서울: 요단출판사, 1983.

베티 텝스콧(Betty Tapscott), 구자원 역, 「주님의 평강」, 서울: 은혜출판사, 1998.

스텐리 그랜즈(Stanly J. Grenz), 신옥수 역, 「조직신학」, 그리스도인 다이제스트, 2003.

아놀드 B. 르보데스(아Arnold B. Rbodes), 문희석, 황성규 역, 「통독을 위한 성서해설」, 서울: 대한기독교출판사,

아더 W. 핑크. 홍병창 역, 「십계명의 올바른 이해」, 서울: 보이스사, 1984.

어디스 딘(Edith Deen), 도민호 역, 「성서적 가정관」, 서울: 요단출판사, 1980,

에드가 영 물린(Edgar Young. Mullins), 권혁봉 역, 「조직신학원론」, 서울: 침례회출판사, 1987.

오스왈드 샌드스(J. Oswald Sanders), 김문기 역, 「사탄의 정체」, 서울: 보이스사, 1992.

윌리암 바클레이, 이희숙 역, 「오늘을 위한 십계명」, 서울: 컨콜디아사, 1993.

윌리암 스티븐스(William W. Stevens), 허긴 역, 「조직신학개론」, 대전: 침례신학대학출판부, 2001.

잭 R. 테일러, 이석철 역, 「찬양 중에 거하시는 하나님」, 서울: 요단출판사, 2011

조엘 오스틴(Joel Osteen), 정성묵 역, 「긍정의 힘」, 서울: 사단법인 두란노서원, 2005.

존 아반지니(John Avanzini), 송원섭 역, 「채무의 영을 결박하라」, 서울:
베다니출판사, 1998.

존 에드워드 졸러(John Edward Zoller), 권명달 역, 「십계명 해설」, 서울:
보이스사, 1990.

존 윔버 & 케빈 스프링거(Jhon Wimber with Kevin Springer), 이재범 역,
「능력치유」, 서울: 나단출판사, 2007.

후안 칼로스 오르디즈(Juan Carlos Ortiz), 김광윤 역, 「보라 사탄이 밀 까
부르듯 하려고 너희를 청구하였으나」, 서울: 도서출판 만나,
1994.

찰스 크레프트(Charies H. Kraft), 윤수인 역, 「사악한 영을 대적하라」,
서울: 도서출판 은성, 2006.

_____, 이윤호 역, 「깊은 상처를 치유하시는 하나님」, 서울: 도
서출판 은성, 1995.

켄 불루(Ken Blue), 이충율 역, 「치유사역」, 서울: 도서출판 나침반사,
1993.

크갈(J. L Kugal), 김은호. 임승환 공 역, 「고대 성서해석가들이 본 모세오
경」, 서울: 기독교문서선교회, 2003.

크르트 코흐(Kurt E. Koch), 이중환 역, 「사탄의 전술전략」, 서울: 도서출
판 예루살렘, 1990.

클라우스 부쿰머치(Klaus Bockmuehl) 외6인, 민소란 역, 「지금도 꼭 십
계명을 지켜야 하는가」, 서울: 나침판사, 1994.

티모시 워너(Timothy Warner), 안점식 역, 「영적전투」, 서울: 죠이선교
회, 1996.

프랭크 & 하몬드(Frank & Ida Mae Hammond), 예태해 역, 「안방속의 돼
지 떼」, 서울: 도서출판 예루살렘, 1990.

피터 와그너(C. Peter Wagner), 나겸일 역, 「영적전투를 통한 교회성장」,
서울: 도서출판 서로사랑, 1997.

_____, 명성훈 역, 「기도는 전투다」, 서울: 도서출판 서로사
　　랑, 1998.

_____, 「영적 원수를 대적하라」. 서울: 나단 출판사. 2004.

헨리 할레이(Henry H. Halley), 박양조 역, 「최신 성서핸드북」, 서울: 기
　　독교문사, 1982.

헨리 블랙가비 & 클라우드 킹(Henry T. Blackaby & Claude V. King), 전
　　의우 역, 「하나님과의 신선한 만남」, 서울: 요단출판사, 2005.

국내 단행본

고재수, 「개혁주의 입장에서 본 십계명 강해」, 서울: 여수룬, 1991.

기독산업교육원, 「그리스도인의 품성계발」, 서울: 도서출판 밀알원,
　　1999.

김보록, 「기도하는 삶」, 광주: 생활성서사, 1998.

김영진, 「율법과 법전」, 서울: 한들출판사, 2005.

김한욱, 「은혜의 문 3」, 경기: 도서출판 해피데이, 2010.

류기종, 「기독교 영성」, 서울: 열림, 1994.

박준서, 「십계명 바로보기」, 서울: 한들출판사, 2007.

박혜경, 「차트로 본 조직신학」, 서울: 아가페출판사, 1991.

성기호, 「이야기 조직신학」, 경기: 엠북스, 2009.

신태웅, 「성서적 귀신 연구」, 서울: 도서출판 국제선교, 1992.

여주봉, 「십자가의 복음」, 서울: 요단출판사, 2005.

예영수외 6인, 「한국신학자들이 본 마귀론 이해」, 서울: 도서출판 은성,
　　1988.

오세광, 「언제나 좋으신 성령님」, 서울: 영성출판사, 2009.

이경숙, 「구약성서의 하나님. 역사. 여성」, 서울: 대한기독교서회, 2000.

이성훈, 「내적치유」, 서울: 도서출판 은혜문화, 1996.

이종근, 「메소포타미아의 법사상」, 서울: 삼육대학교출판부, 2003.

_____, 「히브리 법사상」, 서울: 삼육대학교출판부, 2004.

이천수, 「하나님의 영, 인간의 영, 마귀의 영」, 도서출판 영성목회, 1999.

전가화, 「영적 삶」, 서울: 삶과 함께, 1988.

전우섭, 「정신장애와 귀신 쫓음」, 서울: 도서출판 엠마오, 2008.

전춘부, 「십계명 해설」, 대구: 보문서점, 1979.

조용기, 「4차원의 영성」, 서울: 교회성장연구소, 2006.

최윤식, 「참된 찬양을 위하여」, 선교교회 문서선교회, 1996.

허철, 「내적치유를 통한 놀라운 자유」, 서울: 은혜출판사, 2000.

_____, 「귀신을 쫓는 영적인 사람들」, 서울: 은혜출판사, 1999.

사전, 주석, 전집

「DPT 교리강해연구」 9권, 서울: 선린출판사, 1991.

「기독교문장대백과사전」 5권, 서울: 성서연구사, 1993.

박근용, 「기독교 대백과사전」 2권, 서울: 기독교문사, 1983.

「박윤선 주석」, 창세기, 경기: 영음사, 1995.

_____, 열왕기하, 경기: 영음사, 1995.

「성경과 신학」 43권, 한국복음주의 신학회, 서울: 도서출판 영성, 2007.

「성서백과 대사전」 2권, 서울: 성서교재간행사, 1982.

_____, 4권, 서울: 성서교재간행사, 1982.

_____, 7권, 서울: 성서교재간행사, 1982.

_____, 9권, 서울: 성서교재간행사, 1982.

_____, 11권, 서울: 성서교재간행사, 1982.

「쉐마 주제별 종합자료사전」, 4권. 서울: 성서연구사, 1990.

조세프 엑셀(Joseph S. Exell) 편저, 「신구약 강해 설교 연구 대계」 출애
    굽기, 서울: 기독지혜사, 1986.

존 칼빈, 「구약성경주해」, 서울: 성서교재간행사, 1982.

존 웨슬리, 이선희 역, 「존 웨슬리 설교집」 1권, 경기: 도서출판 복음,

케일 & 델리츠크(C. F. Keil & F. DeliTZsch), 「구약주해 2권 출애굽기」,

서울: 기독교문화사, 1987.

「프리처스 설교성경」, 2권, 서울: 포도원 출판사, 1998.

「헤세드 종합자료 씨리즈」 2권. 경기: 임마누엘 출판사, 1986.

_____, 7권. 경기: 임마누엘 출판사, 1986.

「호크마 종합주석」, 창세기, 서울: 기독지혜사, 1989.

_____, 출애굽기, 서울: 기독지혜사, 1989.

_____, 열왕기하, 서울: 기독지혜사, 1989.

논문

김민철, 「형상금령(제2계명)에 대한 연구」, 국회전자도서관, 2005. TM
    222.16 ㄱ637ㅎ. 107호.

김영찬, 「시내산 계약법에 관한 연구」, 국회전자도서관, 2008. TM
    221-8-2. 107호.

나미영. 「출 20:3-17과 신 5:7-21의 십계명 비교연구」,2004. TM
    222.1 ㄴ149ㅊ. 107호.

노영주, 「성화를 위한 기독교 어린이교육 커리큘럼 설계」, 국회전자
    도서관, 2009. TD 268-947. 107호.

문삼섭, 「성화를 위한 영적 발달과 훈련 연구」, 국회전자도서관,
    2004. TM 234.8 ㅁ 318ㅅ. 107호.

박동국, 「바울의 성화론 내에서의 '몸의 행실 죽이기'(롬8:13)」, 국회
　　　　전자도서관, 2009. TD 225 ㅂ 9-74. 107호.

박성민, 「목회자의 성화의 삶을 위한 연구」, 국회전자도서관 2003,
　　　　TM 253.2 ㅂ 199 ㅁ. 107호.

박원빈, 「하느님의 자비로운 사랑을 통한 일상의 성화 : 소화 테레사의
　　　　자서전을 중심」, 국회전자도서관. TM 282. 092ㅂ. 256ㅎ.107호.

배만웅, 「1, 2계명에 나타난 다른 신과 우상의 비교연구」, 국회전자
　　　　도서관, 2007. TM 241.5 ㅂ386ㅇ 107호.

안철훈, 「히브리민족에게 수여된 십계명의 헌법적 기능」, 국회전자
　　　　도서관, 2008. TM 253 ㅇ 8-136. 107호.

윤석호, 「가계에 흐르는 저주론에 대한 선교 문화인류학적 비판」, 국회
　　　　전자도서관, TD 206 o477o 107호.

이대재, 「자유와 생명에 관한 열 가지 말씀들」, 국회전자도서관,
　　　　2008. TM 220-8-20. 107호.

이기포, 「고대 근동 가나안 종교와 이스라엘 종교의 비교 연구 ; 이스
　　　　라엘의 참 하나님 여호와 신앙의 변증」, 국회전자도서관,
　　　　2003. TM 231 ㅇ618ㄱ 107호.

이수환, 「선교를 위한 영적전쟁에 대한 연구」, 국회전자도서관, TM
　　　　266ㅇ761ㅅ. 107호.

이영택, 「영적전쟁의 통합적 이해와 실천적 접근」, 국회전자도서관,
　　　　TD. 266-8-100. 107호.

이영희, 「폴 리쾨르의 십계명 윤리 연구」, 국회전자도서관, 2008. TM
　　　　241 ㅇ 8-11. 107호.

장석주, 「신약성경과 무속신앙의 귀신비교연구」, 국회도서관, 2007.
　　　　TM 225 ㅈ118ㅅ. 107호.

정충신, 「신명기 12장의 주경적 연구」, 국회전자도서관, 2009. TM
　　　　221-9-18. 107호.

황기식, 「청교도의 거룩한 삶의 실천」, 국회전자도서관, 2005. TD
    274.2 ㅎ263ㅊ 107호.

CD (4)

「바이블렉스 8.0 CD」, 브니엘성경연구소.
「미션디럭스바이블 CD」, 미션소프트
「두산세계대백과사전 CD EnCyber」
「두산백과사전 99 CD」

영적전쟁-십계명과 하나님의 형상 회복

발 행 일	초판 2014년 4월 2일

지 은 이	오 세 광
발 행 인	예 영 수
표 지 · 디 자 인	문 자 현
인 쇄 · 제 작	엠 북 스
등 록 번 호	제 2 0 0 7 - 0 0 2 2 호
전 화 번 호	070) 4015-3585, 016-9228-5012
E-mall	phk22@hanmail.net

ISBN 978-89-978830-9-7

값 12,000원